U0576391

近代中国价格结构研究
（第二版）

王玉茹　著

科学出版社

北京

内 容 简 介

　　价格运动是市场机制的核心。相对价格变动所提供的信号，对资源配置、产业结构、收入分配、消费倾向等一系列有关国民经济的重大问题具有导向和决定作用。本书运用数理统计手段对历史统计数据进行处理，对近代中国价格结构的变动给以动态的计量描述。通过对近代中国物价总水平的变动，货币相对价格的变动及其与中国近代物价变动的关系，各类商品相对价格变动对中国近代产业结构调整、市场发育进程的影响，生产要素——资本、劳动、土地——相对价格变动的趋向、形成的原因及其对中国近代和传统生产部门经营模式的不同作用等方面的研究，综合分析了其对经济增长、国民收入分配和资源流向的影响，从经济运行的内在规律上对中国近代经济发展缓慢的原因做了说明。最后在简短的结论中，对笔者在本研究领域中提出的新观点加以归纳和概括。

　　本书适合对经济学和经济史感兴趣的读者阅读。

图书在版编目（CIP）数据

近代中国价格结构研究 / 王玉茹著. —2 版. —北京：科学出版社，2023.6

　ISBN 978-7-03-074829-4

　Ⅰ.①近⋯　Ⅱ.①王⋯　Ⅲ.①物价波动-研究-中国-近代　Ⅳ.①F726

中国国家版本馆 CIP 数据核字（2023）第 025945 号

责任编辑：李春伶 / 责任校对：韩　杨
责任印制：师艳茹 / 封面设计：黄华斌
联系电话：010-64005207

科 学 出 版 社 出版
北京东黄城根北街 16 号
邮政编码：100717
http://www.sciencep.com

北京九天鸿程印刷有限责任公司 印刷
科学出版社发行　各地新华书店经销

＊

（1997 年 5 月陕西人民出版社第一版）
2023 年 6 月第　二　版　开本：720×1000　1/16
2023 年 6 月第 1 次印刷　印张：19 1/2
字数：220 000

定价：98.00 元

王玉茹博士学位照

吴承明、王玉茹师生学位服合影，2008 年 7 月 1 日补拍

王玉茹与导师吴承明合影，1994 年 5 月 30 日

王玉茹博士学位论文答辩委员会合影，1994 年 5 月 30 日

王玉茹与南开大学时任校长母国光（左）、时任校学位委员会主席胡国定（右）合影，1994 年 10 月 5 日博士学位授予仪式

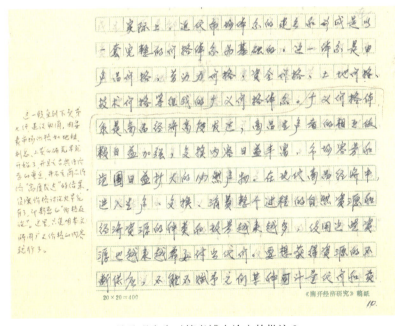

吴承明先生对笔者博士论文的批注1

实际上，近代市场体系的建立不是靠成道以一套完整的价格体系为基础的。这一体系是由产品价格、劳动力价格、资金价格、土地价格、技术价格等组成的广义价格体系。广义价格体系象是商品经济高度发达，商品生产者的相互依赖目益加强，交换内卷日益丰富，市场密芳和范围日益扩大的必然产物。在近代商品经济中，进入生产、交换、消费整个进程的自然资源和经济资源的种类和投芳越来越多，使用之世资源也越来越希罕更当代价。要想获得资源的不断供应，不能不赋予之们某种可计量代奇的交

吴承明先生对笔者博士论文的批注2

吴承明先生对笔者博士论文的批注 3

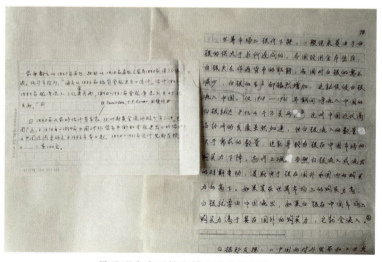

吴承明先生对笔者博士论文的批注 4

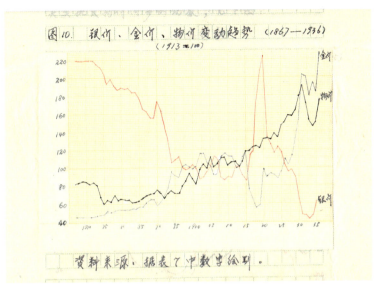

笔者手绘博士论文图 10

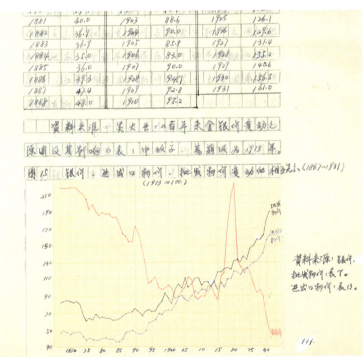

笔者手绘博士论文图 15

吴承明

1993年3月29日

序

吴承明

第 页共 1 页 2 页

吴承明先生来信1-1

吴承明先生来信1-2

吴承明
1993年3月13日

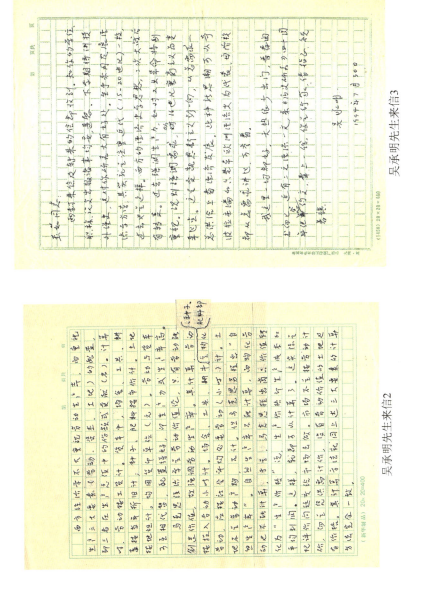

吴承明先生来信3

吴承明先生来信2

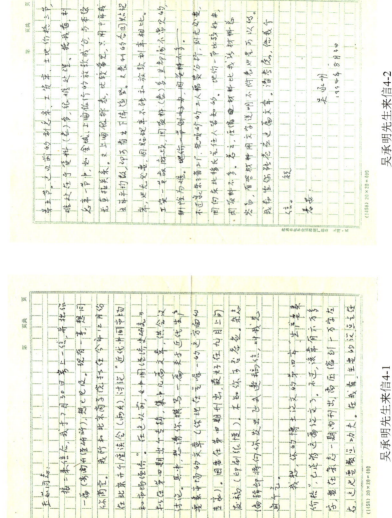

吴承明先生来信4-1

吴承明先生来信4-2

吴承明

1994年8月30日

再 版 序

    时光荏苒，如白驹过隙，1994 年博士研究生毕业已经 29 年了；1997 年 5 月博士学位论文《相对价格变动与近代中国的经济发展》以《近代中国价格结构研究》为题列入陕西人民出版社青年经济学博士研究丛书出版已经 26 年；2004 年我的第一本学术论文集《增长、发展与变迁——中国近代经济发展研究》出版也已经 19 年；在《近代中国价格结构研究》的第二版由科学出版社出版之际，谈谈感受吧。

    在一个人的学术成长过程中，开阔眼界是非常重要的，而最初为我打开经济史学术眼界的是我的两位恩师。1985 年我随刘佛丁先生读硕士研究生开始，刘先生就安排了我们赴京旁听学术大家们为中国社会科学院经济研究所的研究生开设的专业课程；1986 年的暑假，刘先生又带着我到北京遍访经济史学名家，向吴承明、巫宝三、陈振汉、聂宝璋、张国辉、宓汝成、魏金玉、方行、江泰新等名家当面请教；之后刘先生还利用各种机会聘请国内外的知名学者来南开大学做讲座，请北京经济学院的瞿宁武先生为我们开设外国经济史课程，让我们及时了解国内外经济史研究的前沿动态。刘先生一生学习新的理论，不断探索、创新研究方法。随先生一起构建中国近代经济史研究新框架的经历，让我终生受益。

1986 年暑假拜访吴承明先生时，我的第一篇学术论文就得到了吴先生的指点，在我赴日访学前，吴先生又亲笔给日本同行写了推荐信。1991 年从日本访学归来随吴先生读博，更是得到了先生的耳提面命。先生鼓励年轻人创新但从不干预我的观点，只要能自圆其说就给予支持。翻开先生在我的博士学位论文手稿上做的评语、批注和补充的文献，从论文选题到修改完善，无不体现了先生提携年轻人的心血。先生从不随意攻击别人的观点，而是凭自己的研究实力立于学林，让我深受教益。

走出国门，汲取不同国家教学与学术研究的养分，体验国际学术交流的氛围，是开阔学术眼界的另一重要途径。我硕士研究生毕业之后，有幸得到日本上智大学顾琳（Linda Grove）教授所在的比较文化学部的资助，第一次走出国门（1989 年 10 月赴日访学，1991 年 4 月返回），亲身体验了日本社会经济史的教学与研究。取得博士学位之后，1997 年获得首批国家留学基金的资助，我再次赴日，在一桥大学经济研究所访学一年，访学期间有幸跟随合作教授尾高煌之助先生，出席了他主持的日本文部省重点研究项目"亚洲历史统计"相关的系列学术会议，体验了大型国际合作研究项目的组织实施。在访学即将结束的时候，我又受邀加入该项目，成为课题组成员中唯一的中国经济史学者，承担了抗日战争前中国物价和工资的研究任务，利用项目组的资料资源，在博士论文基础上对相关领域进行了深入和拓展研究。

在我读博期间，日本著名经济史学家滨下武志教授在一次来南开大学讲座后的交谈中告诉我，40 岁之前获得博士学位的博士研究生可以申请世界经济史学会的优秀博士论文，从而可以获得参加世界经济史学会年会的邀请和资助，于是我努力在 40 岁生日

之前获得了博士学位，并且懵懵懂懂地向 1998 年 8 月 24—28 日
在西班牙首都马德里召开的世界经济史学会第十二届年会提出了
申请，虽然没能入选优秀论文（事后得知因为不了解申报优秀论
文的具体要求，提交的论文摘要过于简单），但是获得了出席大会
的邀请和资助，如同这届世界经济史年会举办的过程一波三折一
样，历经波折终于到达西班牙首都马德里，在大会开幕式现场聆
听了诺贝尔经济学奖获得者道格拉斯·诺思（Douglass C. North）
的主题演讲，成为中国最早出席世界经济史学会年会的学者之
一。2002 年，一桥大学亚洲历史统计课题组在世界经济史学会第
十三届年会（7 月 22—26 日在阿根廷首都布宜诺斯艾利斯举行）
设立了独立的分会场（Session），我也作为报告人之一在世界经济
史学界最高的学术交流平台上展示了自己的研究成果。2009 年开
始，作为分会场主持人带领中国的青年学者先后出席了在荷兰乌特
勒支（2009 年 8 月 3—7 日）、南非斯特伦布什（2012 年 7 月 9—13
日）、日本京都（2015 年 8 月 4—8 日）和美国波士顿（2018 年 7
月 29 日至 8 月 3 日）举行的第十五至十八届世界经济史学会年
会，直至新冠肺炎疫情暴发错过了原计划 2021 年、延期到 2022 年
7 月 25—29 日在法国巴黎举办的第十九届世界经济史年会。

　　2006 年 8 月，经蒂姆·赖特（Tim Wright）教授推荐，我获
得英国伦敦高校中国委员会（The Universities' China Committee in
London，UCCL）基金资助赴英国访学。虽然正值暑假，但是在赖
特教授的精心安排下，先到他工作的谢菲尔德大学（The
University of Sheffield）访学了一周，在图书馆查资料，周末他们
夫妇带我去体验英格兰牧场生活。随后赴伦敦，在邓钢教授的安
排下访问伦敦大学，在伦敦政治经济学院（The London School of
Economics and Political Science，LSE）感受古典经济学的气息；到

泰晤士河畔的英国国家档案馆（The National Archives），拜谒马克思墓、参观大英博物馆、走访历史遗迹；参观剑桥大学和牛津大学。最后好友蔡维屏博士在她工作的布里斯托大学（University of Bristol）接待了我，带我参观巴斯艺术博物馆、走访历史遗迹。18天的首次英伦之行，丰富而圆满。

2008 年 9 月，我应邀出席了在纽黑文举办的美国经济史学会年会，在会上报告了我的经济周期研究的论文，会后又应邀到耶鲁大学、哥伦比亚大学、哈佛大学、加州大学（伯克利分校和尔湾分校）讲学，报告了我对近代中国城市批发物价研究的新成果。2009 年 10—12 月，获得中华社会文化发展基金资助赴台湾"中央研究院"近代史研究所访学两个月，查阅该所所存王业键先生一生研究积累形成的清代粮价数据库资料，得以在本人主编的《清史•典志•商业志》中使用了粮价变动趋势图，首开在典志中使用图表的先河。

2015 年 9 月底至 10 月初我应邀赴英国格拉斯哥大学交流访问，与该校经济史学教授凯瑟琳•申克（Catherine R. Schenk）共同为该校国际经济关系专业的研究生讲授 1949—1978 年的中国对外经济关系，主讲"新中国为什么选择自力更生"。在深入研究了这段历史之后，我对新中国面对政治冷战、经济封锁的国际环境下，探索经济现代化和中华民族站起来、强起来的艰苦奋斗之路，以及如何在马工程教材《中国经济史》中阐述中国特色的发展道路有了更深入的思考。

1997 年出版的博士学位论文《近代中国价格结构研究》，因当时条件所限，书的印刷装帧简单，印数有限，早已售罄。此次将《近代中国价格结构研究》一书再版，既是为了解决学界相关研究参考之需，也是为了给自己的学术研究做一个总结和纪念。鸦片战争以来，中国在现代化的自强路上探索出了一条独具特色的发展道路，面对当前百年未有之世界大变局，中国经济继续前行需要总结经验，构建中国特色的经济学理论。而一个国家发展道路的特色与其历史积淀是分不开的，价格是市场机制的核心，希望本书对近代中国市场的价格机制的研究能够为中国特色市场经济理论的构建提供一些历史经验。同时，我自 1985 年从政治经济学专业转入经济史专业研究和教学工作已经 38 年，且已届退休年龄，将博士毕业以后在这一领域的相关研究做个总结；1972 年 12 月在南开中学毕业留校从事教育工作迄今已经 50 年，本书再版也可作为从教 50 年的纪念。

此次由科学出版社再版的《近代中国结构研究》，与第一版的不同之处主要是增加了彩页和附录。首先，我在一桥大学访学和其后作为课题组成员参加亚洲长期经济统计项目研究的过程中，利用项目组的资料资源，重新编制了近代中国城市批发物价指数；对农村物价的变动趋势做了更深入的研究；在原有的运用物价指数和外贸指数等流通类指标对近代中国经济的周期波动研究的基础上，加入了生产类指数指标的研究，使研究结论建立在更为坚实的基础上。同时博士论文相关的近代价格结构的研究领域得到拓展，先后获得国家社科基金和教育部社科基金资助，主持完成了国家社科基金项目"世界市场价格变动与近代中国产业结构模式研究"（2001—2003 年）和教育部博士点基金项目"中国近代物价、工资和生活水平研究"（2003—2005 年），两项研究成果2007 年先后由人民出版社和上海财经大学出版社出版。2016—2021 年又获得国家社科基金资助，主持完成国家社科基金重大项目"近代中国经济指数整理及数据库建设"的研究工作，带领学术团队，对近代中国编制的物价指数、工资和生活费指数、外贸指数、金融指数、生产指数进行系统的整理，完成了近代中国经济指数数据库的编制。因为内容很多，所以将这些相关研究成果目录列为附录一，并将第一版出版之后发表的相关主题更为深入研究的三篇论文全文收入，作为附录二至附录四。本书研究近代中国价格结构，为保留历史原貌，对近代中国文献中的单位名称，如亩、斤、公石、公分银、公担等，未作修改，特此说明。

其次，将博士论文答辩的合影、恩师吴承明先生指导我的博士论文的往来信件，以及先生对我的博士论文修改手稿等珍贵照片和图片做成彩页，以资纪念。

王玉茹

2023 年春

初 版 序[*]

　　王玉茹同志这本《近代中国价格结构研究》，原是她 1994 年所作博士学位论文，原名《相对价格变动与近代中国的经济发展》，出版前作了若干修正。

　　王女士原攻政治经济学，20 世纪 80 年代初开始研究中国近代经济史。她从个案分析入手，再进入宏观考察，已有不少论述问世。她 1987 年发表的《论两次世界大战之间中国经济的发展》、1991 年用英文发表的《二元结构与经济增长：1880 年代到 1930年代中日两国近代化过程的比较研究》，都是从计量分析入手，对近代中国经济的发展提出自己的看法。这本书是考察 1860 年代至1936 年相对价格的变动和中国经济发展的关系的，是她用功颇深的著作。在该书中，她过去的思路已比较成熟，广征博引，所提出的论证也更富于创新精神。

　　我常说，史学是研究过去的、我们还不认识或认识不清楚的事情的，如果已认识清楚，就不要去研究了。因此，不论是新老课题，每项研究都应有所创新。从相对价格的变动也即一定的价格结构来研究国民经济的发展，在我国还不普遍，前人的论述主

---

* 初版序在第二版时做了个别文字的修订。——编者

要是一些专题讨论。该书把价格结构作为一个体系，考察它的运行机制和与经济发展的关系，从而提出不少新的看法或观点，其中有的看法与前人相异，这是很自然的。作为该书重点部分的生产要素价格的研究（该书包括资本价格、劳动价格、土地价格三项），前人还罕见系统论述；又因它们关系市场机制下资源的调配和国民收入的分配，需同时考察，因而可以说是一个全新的课题。作者在这部分的研究成果，都可说是创新之作。

创新是好事，好在它能推动学科的进展。任何创新，不仅是新观念，包括新方法至新材料，都不免有缺点以至错误，需要经过讨论、证实或证伪、补充或改正，这就丰富了学科的内容。该书既已问世，我希望能引起读者和同行的关注，促进学科的发展。

另外，我还想趁该书出版之机，在方法上谈两点个人看法。

价格运动，常被看成是一种功能信号。它对生产和消费起调节作用，引导以至支配资源的配置和收入的分配，即所谓市场机制。而实际上，价格原是个因变量，由供求决定，价格结构乃是经济活动的结果。经济史上研究价格运动的前辈，如厄什（A. P. Usher）、阿倍（W. Abel），从相对价格的变动中推测农业生产的兴衰。这是因为他们研究的是 15 世纪以来以至更早时期的欧洲农业，缺乏生产数据，只能从比较有记录的价格相对变动中回测。近代史的研究就不应当是这样了。首先应当探讨相对价格变动的原因，然后研究这种价格结构的机制作用。我不是说每篇文章都要这样，而是就整个学科而言。在西方，由于经济学家在研究现实经济或在理论构架中常把价格结构作为已有的存在，甚至作为经济运行模式中的自变量，以致经济史学界也有这种本末倒置的倾向。而在中国，有个特殊情况，就是尽管近代中国的对外贸易仅占国民生产不大的比重，物价变动却在很大程度上受国际市场价格的支配，因而，中国史学界对近代价格的研究一向是集中在物价水平和价格结构怎样形成的问题上。相比之下，对于这种价格结构怎样影响经济运行，就注意不到了。

该书就原来的命题来说，主要是研究相对价格的变动对经济发展的影响。书中对这方面的考察和分析十分细致，这是该书的贡献。而这种考察总的着眼点是价格变动对中国经济近代化进程的正面的和负面的影响。不幸的是，负面影响似乎更占优势。这也是无可奈何的事。但是，作者并未忽视关于价格变动的原因和价格结构形成的研究，而是首先进行了这方面的研究，即该书的第一章。这章篇幅不大，但考察颇为深入，并提出新的观点。最值得注意的是作者在这里运用一种新的方法，即把价格变动放在近代中国经济发展的周期运动中来考察的方法。

经济发展形成周期运动，是客观的存在。在我国，除对 40 多年来社会主义经济的周期运动有所研究外，对历史上经济周期的论述还几乎是空白的。形成周期的原因，各学派有不同的见解，但研究者都主要从价格变动入手，不仅是资本主义经济的长短周期，西方对中世纪欧洲经济的长周期的考察也是这样。王玉茹参加了对近代中国经济周期运动的研究。①在《近代中国价格结构研究》中，她从物价指数的长期变动中，解析出周期波动因素即周期偏差，重构价格的周期波动曲线。这样，一些价格的相对变动就更明显了。例如，农产品价格的周期波动幅度大于工业品价格的周期波动幅度，说明农产品价格波动的加速原理和农业所处的不稳定地位。又如，进口物价的周期波动与物价总水平的周期波动近似，而出口物价则否。作者从而提出一个中国近代物价的传导机制：世界市场银价的变动通过汇率变动导致进口物价的变

---

① 刘佛丁、王玉茹、于建玮著《近代中国的经济发展》（山东人民出版社 1997 年版）一书中，认为 1887—1935 年中国经济的发展有两个为期 25 年左右的中长周期波，1936 年开始的另一个周期波被战争打断。这种周期波的数理学处理主要是于建玮测算的。

动，再导致中国物价总水平的变动。在传导过程中波动的离中趋势逐步减弱，故相对来说，中国这一时期的物价比较平稳。

以上是我想谈的第一点。第二点是，研究经济史需要有经济学根底，用以解释历史上的经济行为。该书中，作者根据马克思的劳动价值学说来解释价格的形成，但也采用新古典主义的均衡价值理论，并明确提出，用新兴的以道格拉斯·诺思为代表的新制度学派观点解释中国近代经济发展的适用性，这样是否有矛盾呢？否。

我曾提出，在经济史研究中，一切经济学理论都应视为方法论。并且，经济学是一种历史科学，任何伟大的经济学说，在历史的长河中都会变成经济分析的一种方法。不仅如此，马克思的世界观和历史观，即历史唯物主义，用恩格斯和列宁的话说，也是研究历史的方法。①"史无定法。"我认为，经济史研究可以根据问题的性质和资料的可能，采取不同的经济学（以及其他学科）的方法来分析和论证。

在马克思的理论体系中，决定某种商品价值的是生产它的社会平均必要劳动时间，而相对价格所反映的是劳动时间（包括活劳动和物化劳动）在各部门的比例分配，通过相对价格调节生产即价值规律。古典经济学，如亚当·斯密所说的"看不见的手"，实际上也是价值规律。这只手所调动的也是劳动的配置。恩格斯在《资本论》第 3 卷的《增补》中说，价值规律在有文字记载的历史以前就起作用了。直到 15 世纪，它在经济上也是普遍适用的。

然而，社会平均必要劳动或抽象劳动，实际上是无法计量的，生产和市场变得复杂起来，就更难捉摸。在马克思时代，已不是用社会平均必要劳动来解释市场机制即价值规律的作用了，而是用生产价格，即成本价格加各部门的平均利润，来解释相对

---

① 吴承明：《经济学理论与经济史研究》，《经济研究》1995 年第 4 期。

价格的形成。马克思把生产价格称为资本主义条件下劳动价值的变化形式，而西欧资本主义是 16 世纪开始的。

现代所谓市场经济就更复杂了，并且国际化。进入市场的不仅有劳动产品和劳务，还有精神产品如技术市场、信息市场，还有权利如专利权、专用权、知识产权，还有未来的东西如期货、期权、风险市场。所有这些都要有个价格，市场上没有的东西，但也有个影子价格。这许许多多的相对价格的关系已非生产价格所能尽解，比较适用的是新古典主义的均衡价值理论。这种理论既然描述了市场机制，因而也可称之为价值规律。在均衡价值理论的模式中，决定价格的已不是平均成本、平均利润，而是边际成本、边际收益了。边际成本、边际收益，理论上已不是基于劳动量，也许是基于事物的稀少性或效用，但它们是在实践中可以捉摸，可以计量的。

近代中国经济，在我看来，已不同于传统经济，但还远远不是现代的市场经济，不过，它已与现代化的国际市场接轨。在近代中国市场上，可以说有古有今，有形形色色的交易。作为方法论，作者用劳动生产率，也用边际成本、边际收益来解释和分析不同的价格的形成和变动，我认为是可以的。在经济史的研究中，我甚至认为可用不同的经济理论去解释和分析同一个问题。因为作为方法论，它们观察的角度不同。若结论相同，愈增信心；若不同，可待考证。至于诺思的新制度学派理论，作为方法论，显然是有益的。近代中国正处于产权、制度、交易费用开始近代化，而又远远没有完全变革的状况。这方面的研究，大有可为。

吴承明

1996 年元月于北京

目　录

图 目 录

表 目 录

导　　言

通过对世界各民族经济发展历史的观察可以看到，一个国家或地区的经济由传统社会过渡为近代社会的主要标志是自然经济向商品经济，也即依靠习惯或指令分配资源的经济①向自由市场经济转化过程的完成。这两个过程是互相联系并同步进行的，但在理论范畴上又处于两个不同层次。可以说，前者是后者的基础，后者则是前者的发展，只有后者的实现才真正标志着这一转化过程的完成。本书将对这一历史过程中两个不同层次上的相对价格变动问题分别加以讨论。

一、商品形态的普遍化是近代经济的主要特征

可以说，由自然经济向市场经济的转变，不只在由传统社会向近代社会转化的历史上，而且在整个人类文明史上都是最重要的事件之一。马克思在《资本论》第 1 卷讨论资本主义生产过程之始时就指出："资本主义生产方式占统治地位的社会财富，表现

---

① 英国著名经济学家、诺贝尔经济学奖获得者约翰·希克斯（John Hicks）在他所著《经济史理论》（*A Theory of Economic History*）一书中称传统经济为习俗经济或指令经济，有时是二者兼而有之的经济（厉以平译，商务印书馆 1987 年版，第 15 页）。

为'庞大的商品堆积'，单个的商品表现为这种财富的元素形式。"①所以，从传统的生产方式向近代生产方式的转变，无论是历史还是逻辑的起点，都应当从商品生产开始。它是区别资本主义生产方式（近代生产）和诸种前资本主义生产方式（传统生产）的最本质的特征和分水岭。列宁在研究俄国农村资本主义的发展时，首先注意的是其产品卷入市场经济的过程。他的《俄国资本主义的发展》一书的副标题就叫作"大工业国内市场的形成"。可见资本主义发展的中心问题就是市场问题。在该书的序言中，列宁自己也说，他这部著作的写作目的，就是研究一个问题，即俄国资本主义国内市场是怎样形成的。他在书中一再强调要以商品经济性质的强弱来看资本主义化程度的高低。农村资产者的特征便是商品生产者阶级，是经营各种形式的商业性农业以及工商企业。他甚至认为占有份地的农村劳动者，只要他们所生产的产品是为了出售，其生产就是资本主义性质的，而不管他们与土地的关系如何。②农村工人并不一定是完全没有土地的自由人。他们之所以成为农村无产者，主要是由他们被纳入商业性农业体系所决定的，他们的经济是商品经济，也即资本主义经济的一部分。因此可以说，农村资本主义发展和农业近代化的一个主要标志就是农产品的商品化程度。封建所有制和资本主义所有制都有各种不同的形态，是否使用雇佣劳动只是次要的标志。因为雇佣劳动在农业中的使用古已有之，而直到现代在大多数国家的农业生产中并未普遍化。我们不能简单地和机械地把是否大量使用雇工作为区别落后的封建农业与近代资本主义农业的主要标准，而首先应当考察其产品商品化的比率及农民与市场联系的程度。

---

① 《马克思恩格斯全集》第 23 卷，中共中央马克思恩格斯列宁斯大林著作编译局译，人民出版社1972 年版，第 47 页。

② 参见《俄国资本主义的发展》，中共中央马克思恩格斯列宁斯大林著作编译局译，人民出版社1949 年版，第 4 章。

马克思指出："资本主义时期的特征是，劳动力对于劳动者自己，取得他所有的商品形态，他的劳动，也取得工资劳动的形态。另一方面，劳动生产物的商品形态就是从这时起普遍化的。"[①]依据经典作家的论述，笔者认为资本主义经济，或更广义地说所谓近代经济的主要特征，就是劳动生产物的商品形态的普遍化，乃至包括劳动者所有的劳动能力在内的各种生产要素（如资本、土地等）也转化为商品，资源的配置由依靠习俗或指令（或者不同程度地兼而有之）转化为依靠市场。

二、价格结构变动是市场机制的核心

市场机制是以价格运动为核心的。市场机制对商品的生产和交换的调节是以各种商品价格所反映的供求关系来实现的。在商品经济中，市场的供求影响市场价格，而市场价格反过来又影响市场供求。"需求按照和价格相反的方向变动，如果价格跌落，需求就增加，相反，价格提高，需求就减少。"[②]这就发挥了调节生产和消费的职能。在市场供求关系中，平衡只是暂时的、相对的状态，不平衡则是经常的状态。因此，价格是不断运动的，它的运动过程就是市场机制发挥作用的过程。竞争性的价格体系是参与以货币为媒介的市场交易的所有卖者和买者所必须遵循的交易条件。在健全的市场条件下，价格信号是市场机制的唯一信号。供给与需求的变化、利益与风险的权衡、成本与收益的比较，都会通过价格的变动反映出来，或者说以价格的变动为依据。价格机制是市场机制的核心，市场机制的其他组成部分如供求机制、

[①] 《马克思恩格斯全集》第 23 卷，中共中央马克思恩格斯列宁斯大林著作编译局译，人民出版社 1972 年版，第 180 页。

[②] 《马克思恩格斯全集》第 23 卷，中共中央马克思恩格斯列宁斯大林著作编译局译，人民出版社 1972 年版，第 213 页。

风险机制和竞争机制都要通过价格机制来起作用。价格机制的这种地位是由价格的基本功能决定的。

市场在最一般的意义上表现为一定时间和空间范围内的商品供求总汇。市场关系的本质是所有参与其间的商品生产者之间的交换关系的总和。在市场价格体系的连接下,作为供求双方的商品生产者,权衡风险与利益,计算成本与效益,实现各自利益的最大化。另外,追求利益最大化的各市场主体之间的相互作用又影响着某种商品、劳务或生产要素的交易条件,从而使市场机制发挥配置资源、实现利益和分配收入的重要功能。在一个正常运转的市场中,所有的卖者和买者作为理性的经济人,都要根据自己对现期收入和未来收入的预期的约束来决定支出,在既定的价格水平上努力实现支出的最大收益。马克思说,价格的变动能参与"已有财富的另一次分配,看'财富的天平'在有关双方之间的摆动"①。

在近代社会中,市场之所以能发挥配置资源的作用,或通常所谓的看不见的手的作用,除了靠一系列逐步发展起来的社会条件外,主要依靠价格变动的机制,尤其是相对价格的变动。因此又可以说,相对价格的变动趋势是市场价格机制或价格结构的中心问题。正是商品相对价格的变动,它所提供的信号,也即赢利与亏损的信号,决定了资源流向、产业结构、收入分配、消费倾向等一系列有关国民经济发展的重大问题,也即经济学教科书中通常所说的生产什么、如何生产和为谁生产等一系列根本性的选择。消费者的货币选票和企业成本决定生产者生产什么,而各种要素的价格决定生产者将其如何组合,用便宜的方法进行生产,即使效率尽量达到最大而使成本尽可能地趋向最低。工资、地

---

① 《马克思恩格斯全集》第 26 卷,中共中央马克思恩格斯列宁斯大林著作编译局译,人民出版社 1972 年版,第 81 页。

租、利息和利润则决定了劳动、土地、资本等生产要素在不同所有者之间如何对生产物进行分配，得到不断变动的、多少不等的份额。相对价格调节市场各个主体的经济利益，使商品流通得以顺畅地进行，稀缺的资源得到有效的利用，国民经济得到有序的发展。

三、广义相对价格的概念

在过去已经出版的经济学著作中，只偶尔见到使用相对价格的概念。因此总的说来，这一概念的使用并不普遍，其含义也不甚明确，甚至所表述的对象完全不同。

现摘引价格学词典中关于相对价格的说明两则，作为对这一经济学范畴讨论的出发点。

在乔荣章、欧阳胜、陈德尊主编的《价格知识大辞典》中，相对价格条目下的说明为：

> 相关商品之间价格关系的动态反映，专指两种或多种商品之间由于供给与需求作用所形成的价格比例关系。
>
> 在商品经济活动中，导致商品相对价格变动的因素很多。商品价格总是同市场供求、消费倾向、消费结构、劳动生产率等许多经济关系紧密联系的。甚至价格变化本身也会导致相对价格的变动。这种经济现象之间相互联系的客观性质决定了商品价格之间必然存在着相互依存、相互影响、相互作用的比较关系。比如，对于一些可以互相替代的商品来说，其中某一商品价格下跌，会降低对另一种商品的需求……
>
> 相对价格与商品比价是不相同的两个经济概念。相对价

格形成的基础是供求变化和这种变化的随机性，而商品比价的主要依据是商品成本的比例关系和变动。[①]

贾秀岩主编的《物价大辞典》认为相对价格是：

> 反映商品价格之间比例关系的概念。商品相对价格具有多样性。在任何商品经济形态下，市场上每一种商品和劳务都有价格，如果把它们联系起来对比分析，就会得到一个比例关系的相对概念，这就是相对价格。由于商品的种类繁多，相对价格反映的商品价格间的比例关系，也是多样的，有工业品对农产品的相对价格、初级产品与加工产品的相对价格、国内外市场商品的相对价格、工业品之间的相对价格等等。商品相对价格还具有多变性。相对价格是商品之间价格比例关系的动态反映，是市场机制作用的结果，而市场供求关系又在不断变化，因而，商品相对价格具有多变性。[②]

从上述两种对"相对价格"一词所做的定义中可以看出，尽管作者对其形成原因等说法不一致，甚至意见相左，但共同之处（包括国内目前出版的各种价格学原理的教科书中的观点）在于：认为相对价格的讨论范围主要是相关商品之间或相关商品和劳务之间的价格比例关系。这无疑是长期以来国内价格学研究陷于狭义价格体系的结果。

实际上，近代市场体系的建立和形成是以一套完整的价格体系为基础的。这一体系是由产品价格、劳动力价格、资金价格、土地价格、技术价格等组成的广义价格体系。广义价格体系包含所有市场交换对象的以货币为媒介的交易条件，每一种商品、劳务或生产要素都具有明确的比价与差价。不仅在各类商品和劳务

---

① 乔荣章、欧阳胜、陈德尊主编：《价格知识大辞典》，中国经济出版社1991年版，第417页。
② 贾秀岩主编：《物价大辞典》，河北人民出版社1988年版，第658—659页。

之间具有相应的比价与差价，而且还包括资金价格、劳动力价格、土地价格、技术价格、外汇价格之间的比价，以及各类要素（包括土地级差地租、简单劳动和复杂劳动的工资差等）之间的差价。①本书所使用的"相对价格"的含义正是在这样一种广义的价格体系中的相对价格。它较现今流行的价格学教科书中所使用的"相对价格"有远为宽泛的内容。它不仅包括通常价格学原理中所说的商品和劳务的比价（两种或多种相关商品和劳务价格之间的比例关系，如农产品价格与工业品价格的比例；农产品价格中，粮食作物价格与经济作物价格的比例；工业品价格中，重工业品与轻工业品之间的比价；消费资料价格与生产资料价格的比例；等等。它们所反映的是商品流通中的横向联系）与差价（同种商品在流通过程中的各个不同阶段的价格比例关系，如地区差价、批零差价，它反映的是商品价格之间的纵向联系），还包括货币的比价，如金银比价、银钱比价、外汇价格等，以及各种生产要素之间的比价与差价。而且，就某种意义上说，货币价格和生产要素价格的研究是本书的重点。因为根据笔者的观察，货币价格的变动是近代中国物价变动的主要原因，而生产要素价格问题，迄今还罕见系统的研究。

除上述外，就笔者个人的意见，相对价格的含义除包括商品价格、货币价格、要素价格以外，还可作更广义的扩展，即把各种制度的交易成本的比较也作为研究的对象。因为一种旧制度的消亡和一种新制度的建立，在两种交易成本的相对比较中，总是后者较前者更便宜的结果。例如，中国古代某种官手工业制度被和买制度所代替，匠籍制度在某种范围内被和雇制度所代替。在近代化过程中，社会分工广泛发展代替了家内的分工。而后在西

---

① 参见卢中原:《中国市场发育研究》,浙江人民出版社 1991 年版，第 33—34 页。

方，许多公司或企业则不再依靠市场而力图缩减交易费用，垂直合成的经济活动广泛发展，又用企业内的分工代替市场的交换等，均属这种情况。由于计量上的困难，这一领域的研究暂时还只能是一种设想，但涉及概念的完整性，这里需略作说明。

四、本书研究目标的选定和区间范围的说明

商品和劳务千差万别，品种繁多，可作各种分类。本书的研究是从旧中国特定的历史条件出发，选择的相对价格变动是对国民经济发展有重大影响者。作为讨论的对象，显然笔者不会选择在经济学经验积累中无关的两种商品的价格的比例作为研究的对象，也与当前一些着眼在社会主义经济条件下，特别是从计划经济体制或国家宏观调控职能出发，研究如何定价的问题完全不同。本书的着重点是对既定的相对价格变动趋势和特点做出说明，同时对其形成的原因和对国民经济发展的影响作必要的分析。

笔者在参加国家社科基金课题"近代中国的经济发展"的研究过程中，重新估算了中国近代经济发展过程中一些具有代表性年份的国内生产总值和人均国民收入，并以之为基础计算出了各个时期的经济增长率。计算的结果表明，旧中国经济在其发展较为正常的 19 世纪 80 年代至 20 世纪 30 年代期间（没有大规模战乱破坏的时期）有缓慢的增长。本书在关于中国近代经济发展状况的问题中，将把上述研究结果作为结论加以引述，不再作为研究的对象。本书研究的侧重点如前所述，首先弄清在中国近代社会经济发育过程中，价格结构的变动趋势和特点，进而说明它们对中国近代经济的发展与不发展的影响，目的在于对中国近代经济发展缓慢的原因从更深的层次上做出解释。

按照以道格拉斯·诺思为代表人物之一的新制度学派的观

点，决定经济增长的主要因素是制度的变迁，也即有效的经济组织。在他看来，诸如技术进步、规模经济、资本积累等因素都是经济增长本身，而不是经济发展的动因。制度的因素无疑是重要的，应当予以重视。实际上，过去中国经济史研究始终把生产关系，特别是所有制关系置于首要的位置，将中国近代经济落后的原因归结为帝国主义和封建势力的压迫，不能不说是十分重视制度因素的作用的，同时也颇为重视政治对经济的反作用。尽管我们通常所说的所有权（ownership）和制度学派所说的产权（property right）有根本的区别，但在众多的西方经济学流派中，新制度学派的观点备受中国学术界一些人青睐①，不能不认为它与中国传统的经济学理论有某种共同之处。

　　笔者认为，长期以来，中国经济史研究的最主要问题是缺乏深入的经济分析。西方经济史研究已经走过的路，不能用迎头赶上的方法予以超越。诺思新经济史理论的提出是在弄清美国经济增长的实际以后。我们在引进或运用一种国外的新理论和新方法时，必须注意到我国与外国所处的不同条件，否则就有可能误入歧途。切记在没有搞清楚我国经济发展的客观真实状况，特别是没有起码的统计分析之前，不要轻易作出判断，匆忙进行原因分析。本书选定的目标：从相对价格变动的角度解释中国近代经济发展的某些特点，从经济运行的内在规律上进行较为深入的探讨，以克服过去研究中存在的简单化和公式化的缺陷。

　　本书计量分析的重点为 19 世纪 80 年代至 20 世纪 30 年代，尤其是 20 世纪 20—30 年代。原因是这一时期，尤其是后一时期，资料较为适用。1937 年抗日战争全面爆发至 1949 年的十余年

---

① 道格拉斯·诺思的理论见其所著《经济史中的结构与变迁》（陈郁、罗华平等译，上海三联书店 1991 年版）。但他早期研究美国经济增长的著作和文章，如《1790—1860 年美国的经济增长》（1961 年），《美国经济史的数量分析》（1963 年），却迄今都没有被译成中文。

间，国民党统治区、日本统治区、抗日根据地和解放区的货币不统一，价格不可比，战后经济统制政策和国家垄断加强，以及恶性通货膨胀，使价格的信号被严重地扭曲，因而使相对价格的研究陷入困难。但本书仍在可能的范围内力图向后延伸，以保持结构的完整性。

至于本书的上限，一般选择 19 世纪 80 年代，而不选择 1840 年鸦片战争作为起点。一方面自然是考虑资料取得的可能性。因为我国各种物价指数的连续数据统计大多是从 19 世纪 60 年代才开始有，而在这之前则几乎无记录。另一方面是由于笔者一向认为，中国的近代化是从 19 世纪 70 年代才真正开始起步的。这以前，以英国为首的列强虽然用武力打开了中国的大门，但其侵略方式，仍然停留在以暴力掠夺为主的阶段。中国传统的社会经济结构和生产方式，起码是到了 19 世纪 70 年代才开始发生变化。这是由于在 1840 年后近 30 年的时间里，外来的机制品并未能真正打开中国市场，只是英国随着国内劳动生产率的进一步显著提高、苏伊士运河开凿后商路大为缩短、海底电缆的修通加速了信息的传递，以及从中国取得更多的特权和便利，大大增强了其工业品的竞争能力，才使中国传统经济的基础——农业和家庭手工业相结合的自然经济开始分解，并以此为条件，中国的近代工业——先是官办的，而后才是民办的——开始产生。因此严格说来，中国近代经济的发展应当从 19 世纪 80 年代开始。当然，在资料可能的范围内，本书的研究也力图向前延伸至 19 世纪 80 年代以前，甚至鸦片战争以前，以便通过对比阐明中国在传统社会和近代社会中价格结构的不同特点。

五、资料的运用和研究途径

由于研究对象的特性的规定，本书必须以连续的一种或数种数列的纵向和横向的比较分析作为基础。所幸的是有关价格指数资料可能是旧中国统计数据中最为丰富的一部分。这首先是海关统计工作提供了良好的基础。其次是 20 世纪 20 年代以来，一批受到西方良好专业训练的统计学家和经济学家将他们所学的理论和方法用于各种指数，尤其是价格指数的编制。南开经济研究所在这方面做了大量的工作，南开指数成为饮誉中外的历史文献。南开经济研究所的研究人员按照经济学理论和范畴的需要，对历史数据进行了收集和重组，他们的功绩是不可磨灭的。而他们在此基础上所做的研究，在数十年后的今天看来，就其所达到的水平来说，较之今天中国经济史的论著也是毫不逊色的。应当说，正是因为有了前人所做的这些工作，才使本书的研究成为可能。这里需要特别提及的是何廉、吴大业、谷春帆、郑友揆等的成果。但是，由于本书将相对价格的研究扩大到生产要素的范畴，与前述物价指数比较起来，利率、工资、地价的数据相对缺乏、分散和不适用，迫使笔者不得不根据间接的数据、局部地区或企业的数据，乃至不连续的数据加以度量，做出某些探索性的判断。

本书研究的基本途径是对以相对价格变动为核心的市场机制给以动态的、计量的描述。在此基础上，运用某些数理统计的手段对数据进行处理，从而做出理论上的诠释，消除对旧中国经济结构的某些误解，并为发展中国家增长模式的选择从某些侧面提供可以借鉴的历史经验。

第一章　物价总水平的变动趋势

　　本书研究的重点虽然是相对价格的变动趋势，但相关分析需要从物价总水平入手，原因在于：一方面，后述各组相对价格变动具有某些共同的基本特征，而这些特征又与物价总水平的变动有着密切的联系；另一方面，如果我们把中国物价水平的变动置于世界范围内进行国际比较，那么这一研究也可纳入相对价格的范围之内。

第一节　中国传统社会后期物价的变动及其特点

　　众所周知，前资本主义的封建经济是一个以自然经济为基础的社会经济形态。在这种经济形态内虽有商品交换，但很不发达，尤其是在西方和日本的中世纪更是如此。它只是作为自然经济的一种补充形式出现和存在的。因为那时是为买而卖，生产者生产的主要是使用价值。生产的目的主要是为了自己使用，而不是根据市场价格的变动，可谓不计成本。只有多余的产品才拿出去出售，交换一般来说只是在有限的范围内偶然地发生，售卖价格也往往背离它的价值。由于缺乏普遍的竞争，在同一时间的不同地区之间，以至在一个地区内或一个市场上一定量同种商品的每次不同的交换，都具有不同的价格。这种价格的差别甚至大到令人难以置信的程度。这说明，以社会平均必要劳动时间为基础的、统一的市场价格尚在形成过程之中，也即统一的国内市场还未出现。那时，媒介生产者和消费者的封建商业是以贱买贵卖的不等价交换为其特征的。这种欺诈行为加剧了价格体系的混乱，这种交换中所包含的价值概念，只表明不同的商品都有价值，都是社会劳动的体现，都可以表现为货币，因而可以互相交换，但它们并不是相等的价值量。商人从这种不等价交换中获得的利润，不仅是剩余劳动的一部分，甚至是全部剩余劳动以至一部分的必要劳动。因此严格说来，对一个典型的前资本主义时代而言，无论是对价格总水平的研究还是对相对价格变动趋势的研究，都还缺乏充分的条件。

但实证研究的不可能性并不排斥理论上的逻辑思考。一般来说，商品价格的变动主要受三种因素的影响：一是劳动生产率，即商品所包含的价值量；二是货币供应，即货币价值量；三是供求关系。当然，影响商品价格水平的还有其他因素，如工资、利率、信贷、税收、国际收支等，但在传统社会中这些因素都是次要的，本书对其暂不加以考虑。

下面，笔者将分别对上述三种因素在前资本主义时代对价格水平变动的影响加以讨论。

（1）商品价值量。我们知道在产业革命前，无论是农业生产还是工业生产都还停留在手工劳动时代，劳动生产率虽有增长，但增速非常缓慢。从这点来看，商品的价格水平不应有明显的下落趋势。

（2）货币价值量。在封建时代，世界各国虽普遍使用金属货币，但其价值也不是不变的。由于贵金属供应量的变化，货币所代表的价值也会发生变化，因而引起商品价格的变化，即在金银供应不足时，货币将会升值，商品价格将会下降；金银供过于求时，货币将会贬值，商品价格将会上升。但是一般来说，金属材料的金银在国际范围内的大规模流动，在欧洲经济史上是资本原始积累时期才出现的现象。因此，在封建的中世纪，从货币价值量和货币供应量方面分析，物价水平应是在长期内保持稳定的。

（3）供求关系的变动。一般来说，在传统社会中影响供求变化的最主要因素是人口的数量。根据美国经济学家西蒙·库兹涅茨的研究，人口增长的加速是近代经济增长的特征。从世界范围看，这一阶段是从 1750 年开始的。在此之前世界人口的增长速度是十分缓慢的。据他推算，公元 1000 年时世界人口约为 2.7 亿人，到 1750 年时增加为 7.2 亿人，750 年间增加了不到 1.7 倍，年增长率为 1.3‰。[①]因此从人口增长的因素看，其需求的增长在前资本主义时代是极为缓慢的，一般情况下不会造成在一个长时期内求大于供，而导致物价出现明显上升的趋势。战乱、自然灾害、瘟疫等因素才会造成生产力的严重破坏，人口的剧减，使供求失衡，从而出现物价在短期或较长时期内的剧烈波动。

造成欧洲中世纪物价比较稳定的三个因素中的第一个因素和第三个因素大体都是到了 18 世纪中叶以后才发生了变化，即工业革命使劳动生产率开始迅速提高，而经济的迅速增长则使人口增长加速。但早在这之前，第二个因素，即货币的价值量则是在 16 世纪由于金银的大量输入而发生猛烈变动的。这就是地理大发现所引起的欧洲的"价格革命"。西班牙殖民者在中南美洲掠夺和稍后驱使当地土著奴隶劳动者采掘出来的金银，在 16 世纪中叶大量流入欧洲。葡萄牙殖民者在东方和西非也以欺诈和强力的手段掠取了巨额黄金。价格低廉的金银的大量流入，引起了欧洲物价的

[①] Kuznets S. *Modern Economic Growth: Rate, Structure, and Spread*. New Haven: Yale University Press, 1966: 34.

飞涨。在 16 世纪，西班牙的物价上涨了 3 倍多，法国、德国和英国的物价也平均上涨了 1—1.5 倍[①]，其中上涨幅度最大的是农产品。取得"价格革命"巨大利益的是资产阶级以及与市场有密切联系的经营地主、富裕农民，受到损害的是雇佣工人、被夺去了所有剩余产品的贫苦农民，以及收取固定货币地租的封建贵族地主。工业品价格的上涨幅度虽然小于农产品价格的上涨幅度，但是由于实际工资下降、剥削加重及产品销路扩大，手工工场主和商人都获得了巨额利润。在农村中，富裕农民也因农产品价格上涨而发财致富。

中国封建社会长期以来也是自然经济占统治地位的，但其内部商品经济很早就已经出现，并远较西欧的中世纪发达。它较早地出现了西方封建制解体时期的许多特征，国内贸易的自由度很大。西方领主制下对商品流通的一些限制在中国古代基本上是不存在的。特别是到了明清时期，长途贩运贸易有了长足的进步。在这个以家庭为生产经营单位的市场上，由于没有任何力量能起到垄断的作用，所以竞争较为激烈。活跃的商品流通，比较容易形成统一的价格，能促进市场机制的发育。而且前述影响物价变动的三种主要因素，到了这一时期与宋元以前相比较都程度不等地发生了变化。具体如下。

（1）人口增长的加速。与世界大多数工业化国家情况不同的是，中国人口增长在清代进入近代社会前的 200 年间就明显加速。据统计，1650—1850 年中国的人口由 1.25 亿人增加为 4.1 亿人，两个世纪中人口增加了 2.28 倍，年增长率为 6‰[②]，远远高于前资本主义时代欧洲人口的增长速度。

[①] Fischer D H. *The Great Wave: Price Revolutions and the Rhythm of History*. New York: Oxford University Press, 1996: 69;〔法〕米歇尔·博德：《资本主义史 1500—1980》，吴艾美、杨慧玫、陈来胜译，东方出版社 1986 年版，第 8 页。

[②] 刘佛丁：《有关清代农业生产力发展水平的几个问题》，《南开经济研究所季刊》1984 年第 3 期。

（2）农业生产的发展和劳动生产率的停滞。在人口增长的压力下，清代的农业生产有所发展。1650—1850 年，耕地由 6 亿亩增至 12 亿亩，粮食产量由 625 亿斤增加为 2050 亿斤，单位面积产量虽有增加，但人均粮食产量却几乎没有变化，由 1650 年的 500 斤左右，经过一度增长到清中期 1750 年左右的 550 斤，而到 1850 年时又降至 500 斤。[①]与农业情况基本相同的是，这一时期中国的手工业由于技术和设备上没有重大的改进，所以劳动生产率也基本上停留在原有的水平上。

劳动生产率的增长陷于停滞状态，加之人口以较快的速度增长，造成市场供求关系出现变动，使清代 200 年间的物价水平总体呈现一种上升的趋势。由于那时没有也不可能有系统的物价指数，所以本书的讨论只能以当时最具有代表性的，而且为近人研究较有成绩的米价作为代表。因为在传统社会中，粮食是人民生活最主要的必需品，它在人们的消费构成中占了绝大比重，各种物价的变动可以说都是以其为轴心进行的；而米又是中国粮食的主要品种，以其价格变动来代表物价总水平的变动不失为最理想的选择。

关于清代粮价的系统研究，主要有彭信威、王业键、岸本美绪三家。[②]兹采用彭信威的研究结果，如表 1-1 所示。另据刘瑞中的研究，1700—1800 年的一个世纪中，稻米、小麦、高粱、小

---

① 刘佛丁：《有关清代农业生产力发展水平的几个问题》，《南开经济研究所季刊》1984 年第 3 期。

② 研究清代米价者有彭信威、王业键、岸本美绪三家。所论 17 世纪中叶至鸦片战争长期米价，总趋势相同，两降两涨。但彭论鸦片战争前较 17 世纪中叶米价大涨，王业键论持平略降，岸本论下降。彭信威全用正史记载，全国各地零星材料，不能连续，故 10 年平均，其论早出（1954 年）。王业键于江、浙两省，兼用笔记及清政府逐月粮价单，有连续的逐年记录，论成于 1988 年。岸本美绪系用笔记及粮价单，能逐年连续，但有缺数据年份，论成于 1988 年。王业键有关清代粮价的论文有十篇余。最近一篇为 Wang Y C. Secular trends of rice prices in the Yangtze Delta 1638-1935. *In* Rawski T G, Li L M. ed. *Chinese History in Economic Perspective*. Berkeley: University of California Press, 1992: 35-68. 岸本美绪有关清代物价的论文有五篇。最近一篇为《清代物价史研究的现状》，载《民国以来国史研究的回顾与展望研讨会论文集》，台湾大学 1992 年版，第 1307—1335 页。

米，以及其他粮食作物的价格上涨 1 倍略多一些[1]，与彭信威的估计基本一致。

表 1-1 清代米价的变动（1641—1840 年） 单位：公分银

期别	每公石价格	期别	每公石价格
1641—1650	47.11	1741—1750	42.69
1651—1660	44.81	1751—1760	61.06
1661—1670	31.94	1761—1770	64.22
1671—1680	24.31	1771—1780	56.75
1681—1690	32.22	1781—1790	60.01
1691—1700	27.50	1791—1800	73.28
1701—1710	36.01	1801—1810	81.13
1711—1720	34.53	1811—1820	80.19
1721—1730	32.84	1821—1830	72.44
1731—1740	37.37	1831—1840	90.19

资料来源：彭信威：《中国货币史》（第 2 版），上海人民出版社 1965 年版，第 601 页。

从彭信威先生的估算中可以看到，1641—1840 年，中国的米价由每公石 47.11 公分银增加为 90.19 公分银，上涨了几乎 1 倍。18 世纪 30 年代以前，其变动趋势是短期在一度下降后趋于平稳。这是清初生产在明末战乱的严重破坏后得到恢复，劳动生产率提高，而人口增长尚未加速的结果。18 世纪 30 年代后米价呈上涨趋势，这无疑是摊丁入亩后人口迅速增加，而农业劳动生产率的增长陷于停滞，引起市场上粮食供不应求的结果。

（3）货币供应量的增加也是物价上涨的一个重要原因。从地理大发现一直到 19 世纪早期，在对外贸易上中国几乎总是维持顺差。因为西方国家和日本对于中国的若干产品如丝、茶、棉布、瓷器等需求很大，结果白银便继续内流。至于有多少白银流入中国，各家估计不同。有的认为从 16 世纪到 19 世纪早期流入额达

---

[1] 刘瑞中：《十八世纪中国人均国民收入估计及其与英国的比较》，《中国经济史研究》1987 年第 3 期。

8.4 亿— 9 亿西班牙元[①]；有的估计 1700 — 1830 年输入 5 亿银元[②]。另据估计，到 19 世纪早期，中国存银约 10 亿银元[③]，流入的白银显然超过了当时中国商品流通的需要。因为据吴承明先生的估算，到 1840 年时，中国市场上流通的几种主要农产品的商品值尚不到 2.5 亿银元。[④]银价的下落必然造成物价的上涨。

清代民间流通的主要货币是铜钱。这一时期，无论是清中央政府还是各地方政府的铸币额都在增加。到 18 世纪后期，民间私铸之风日盛，造成钱价不断下落。这是造成物价上涨的另一货币因素。

从上述分析可以看出，中国在封建社会末期物价的变动趋势及其原因与西欧中世纪后期的价格革命既有相似之处，又有不同之处。相似之处在于货币供应量的增长超过商品流通量的增长；不同之处在于中国白银的流入是对外贸易出超的结果，而西方则主要是殖民主义掠夺的结果，其对价格水平的作用程度和引起的变动都远在中国之上。另外，中国这一时期物价变动更主要的因素是人口的加速增长，而西方此时则尚未出现这个问题。西方的价格革命是其资本原始积累过程的一个组成部分，而中国这一时期物价的上涨虽然客观上也促使国民收入的剩余向少数人手中集中，但由于社会其他各方面条件的不具备，这一过程并未能与资本原始积累的过程同步进行。两相对比，似乎可以说前资本主义时代中国和西欧物价总水平变动，无论从原因还是从后果看，都是相同之处较少，而不同之处甚多。

---

① 孙毓棠：《明清时代的白银内流与封建社会》，《进步日报》1951 年 1 月 26 日；Wei W P. *The Currency Problem in China*. New York: Columbia University Press, 1914，转引自黄国枢、王业键：《清代粮价的长期变动（1763—1910）》，《经济论文》1981 年第 9 卷第 1 期。

② 此估计是根据 H. B. Morse 所估计广州一口内流白银 0.9 亿—1 亿英镑折合而来。见全汉昇：《美洲白银与 18 世纪物价革命关系》，载《中国经济史论丛》第 2 册，新亚出版社 1972 年版。

③ 叶世昌：《鸦片战争前后我国的货币学说》，上海人民出版社 1963 年版，第 71 页。

④ 吴承明：《中国资本主义与国内市场》，中国社会科学出版社 1985 年版，第 109 页。

第二节　中国近代物价总水平的变动趋势

在各种物价指数中，通常以商品批发物价的综合指数作为物价总水平的标志。

旧中国已经编制的全国性的批发物价指数，据笔者所见，19 世纪末期只有以下两种：①英国人温德莫（W. S. Wetmore，又译作魏特矛）在英国皇家殖民委员会 1894—1895 年之报告书（Proceedings of the Royal Colonial Institute 1894-1895，Vol.26）中，编有中国的批发物价指数，期限为 1873—1892 年，其材料取自中国的海关报告；②日本货币研究委员会（Japanese Commission for the Study of Monetary Systems）在其 1895 年的报告书中，也编有中国的批发物价指数，起讫时间同温德莫的指数大体相同，为 1874—1893 年。[①]以上两种指数是中国最早的批发物价指数，均出自外国人之手，由于时间较短，不适用本书研究的需要。

其后二三十年间，国人对批发物价指数之编制尚未引起注意，也无成绩可言，直到 20 世纪 20 年代中期开始，中外学者编制的批发物价指数才显见发达。除各种现期发表的物价指数外，至抗日战争前，长期系列的批发物价指数被编制出来的主要有以下几种：①《第一次中国劳动年鉴》上所刊，金陵大学教授卜凯（J. L. Buck）编制的批发物价指数，期限为 1875—1923 年。这个指数最早在 1925 年 6 月的《美国统计学会报》（Journal of the American Statistical Association，JASA）上发表，但实际上不能算作全国的批发物价指数。因为它只是卜凯指导他的学生以山西武

---

① 以上两种指数在《第一次中国劳动年鉴》（北平社会调查部 1928 年版）和冯华年《中国之指数》一文（《经济统计季刊》1932 年第 1 卷第 4 期）中均可以查到。

乡县附近的市镇八种农产品市价为基础编制的。②唐启宇博士在他的博士论文中以海关资料为基础编制的中国批发物价指数，期限为 1867—1922 年。③何廉博士所编的中国批发物价指数，期限为 1874—1926 年，首次发表在他在《银行月刊》第 7 卷第 2 期所载文章《二十余年来我国已编之物价指数》中。这个指数由三个指数连接而成：1874—1893 年为日本货币研究委员会的指数；1894—1922 年为唐启宇的指数；1923—1926 年为财政部驻沪货价调查处的指数。①因该指数上限晚于唐启宇指数，而下限又不及 1937 年，故本书的研究没有采用。④沃尔赛姆（Wertheim）指数，期限为 1913—1937 年。②此外，还有一种为中外学者广泛使用的、被称为南开大学或南开经济研究所指数的批发物价指数。这个指数的起讫时间为 1867—1931 年，最早见于吴大业发表在《经济统计季刊》第 1 卷第 1 期的论文《百年来金银价变动之原因及其影响》之中，1932 年 4 月被摘译刊于《南开统计周报》（*Nankai Weekly Statistical Service*）上。③可能是由于文字的便利，加之其覆盖的时间范围最长，因此西方学者使用该指数最为普遍。吴大业在他的论文中说明，由于没有可靠的长期物价指数可资利用，所以暂以南开大学经济学院所编的进出口物价指数代替。由于该文讨论的是在世界市场中的金银购买力问题，故以进出口物价的指数与之比较不无道理。笔者在过去的研究中也曾以此为基础来折算中国一些有代表性年份的国民生产总值。但在本书的研究中，必须将其与批发物价指数区别开来，并在后文中讨论其与中国批发物价总指数之间的关系。

唐启宇指数起点最早，且分为工业品和农产品两种，不仅对

① 何廉：《二十余年来我国已编之物价指数》，《银行月刊》1927 年第 7 卷第 2 期。
② 杨蔚主编：《金陵物价指数汇编》，金陵大学农学院 1941 年版，第 4 页。
③ 吴大业：《百年来金银价变动之原因及其影响》，《经济统计季刊》1932 年第 1 卷第 1 期；*A Century of Commodity Prices, Prices and Purchasing Power of Gold and Silver*，《南开统计周报》1932 年第 5 卷第 15 期。

研究中国物价总水平适用，而且对本书后面研究中国工农产品的比价也适用。沃尔赛姆指数是笔者所见到的一直延续到 1937 年的唯一一种全国性的批发物价指数。尽管对其编制的情况不甚了解，笔者还是决定采用唐启宇指数与沃尔赛姆指数衔接的方法，编制 1867—1937 年的中国批发物价指数，作为讨论中国物价总水平变动的依据。现将所得结果列表如下（表 1-2）。

表 1-2　中国批发物价总指数（1867—1937 年）

1913 年=100

年份	指数	年份	指数	年份	指数
1867	82	1891	71	1915	118
1868	84	1892	66	1916	118
1869	85	1893	71	1917	122
1870	84	1894	74	1918	123
1871	82	1895	71	1919	121
1872	84	1896	72	1920	131
1873	80	1897	79	1921	132
1874	67	1898	84	1922	130
1875	60	1899	93	1923	137
1876	64	1900	87	1924	133
1877	62	1901	81	1925	146
1878	65	1902	97	1926	149
1879	64	1903	103	1927	157
1880	65	1904	99	1928	156
1881	64	1905	111	1929	162
1882	64	1906	100	1930	178
1883	61	1907	104	1931	190
1884	62	1908	110	1932	170
1885	63	1909	111	1933	152
1886	66	1910	102	1934	145
1887	69	1911	106	1935	150
1888	70	1912	106	1936	175
1889	71	1913	100	1937	206
1890	75	1914	106		

　　资料来源：①1867—1913 年唐启宇指数，参见王清彬、王树勋、林颂河，等编：《第一次中国劳动年鉴》，北平社会调查部 1928 年版，第 148—149 页。②1913—1937 年沃尔塞姆指数，参见杨蔚主编：《金陵物价指数汇编》，金陵大学农学院 1941 年版，第 4 页。

　　根据表 1-2 中的数字，笔者将其变动趋势绘成图 1-1。

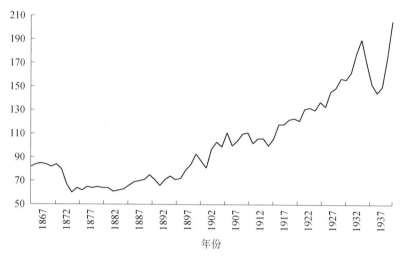

图 1-1　中国批发物价总指数变动趋势（1867—1937 年）

资料来源：①1867—1913 年唐启宇指数，参见王清彬、王树勋、林颂河，等编：《第一次中国劳动年鉴》，北平社会调查部 1928 年版，第 148—149 页。②1913—1937 年沃尔塞姆指数，参见杨蔚主编：《金陵物价指数汇编》，金陵大学农学院 1941 年版，第 4 页。

1937 年抗日战争全面爆发后，尤其是 1941 年太平洋战争爆发后，中国转入战时经济，通货膨胀，物价飞涨。在导言中已说明，这一时期将不在本书讨论的重点范围之内。为保持数列的连续性，笔者只将这一时期物价变动的趋势列为表 1-3。其形成原因和对国民经济的影响，在一些教科书中均有说明，本书不再赘述。由于没有全国性的统计资料，故表 1-3 系以上海和天津的批发物价指数作为代表。

表 1-3　上海、天津的批发物价指数（1937—1948 年）

年份	指数		年份	指数	
	上海 1936 年=100	天津 1936 年 7 月至 1937 年 6 月=100		上海 1936 年=100	天津 1936 年 7 月至 1937 年 6 月=100
1937	118.6	109.75	1943	14 361.8	1 811.22
1938	142.6	142.03	1944	100 739.4	9 053.79
1939	232.0	211.74	1945	119 200.0	104 868.90
1940	505.7	373.38	1946	519 900.0	428 632.70
1941	1 099.3	420.50	1947	4 025 000.0	4 881 917.00
1942	3 452.6	559.64	1948	302 900 000.0	177 724 751.00

资料来源：①中国科学院上海经济研究所、上海社会科学院经济研究所编：《上海解放前后物价资料汇编（1921 年—1957 年）》，上海人民出版社 1958 年版，第 253 页。②南开大学经济研究所编：《1913 年—1952 年南开指数资料汇编》，统计出版社 1958 年版，第 19—20 页。

第三节　中国近代物价变动的特点及其因素分析

以上节编制的中国近代批发物价指数为基础，笔者将其与中国传统社会和西方国家同期加以比较，似乎可以得出以下几个结论。

第一，中国自从 19 世纪 80 年代中期近代化开始起步以后，物价上涨的速度加快。清代初期和中期，也即 1640—1840 年的两个世纪，中国的物价上涨了不到 1 倍，而 1887—1936 年的 50 年间，物价却上涨了 3 倍还要多。这一结果与其他一些学者的计算是基本一致的。[①]造成这一时期中国物价总水平上涨的原因，主要是白银流入和货币贬值。这一问题将在后面讨论金银比价变化的章节中详细加以说明。

笔者认为，这一时期中国物价的迅速上涨倒是与西欧中世纪后期的价格革命有些相似之处。它加速了国民收入剩余向地主、商人和新兴的资本家手中的集中，起到了加速资本积累的作用。

这一时期人口增长造成总需求的增加及劳动生产率增长引起的商品价值量的下降，虽然对物价水平的变动有影响，但是与货币供应量比较起来只是次要因素。因为 1887—1936 年，中国人口由 37 763.6 万人增加为 50 078.9 万人。[②]其增长率仅为 5.6‰，不但远远低于西方国家开始近代化以后的增长速度，而且低于中国在前近代化时期的增长速度。同期，中国的国民生产总值由 143.43 亿元，增加为 257.98 亿元（均为 1936 年币值），年均增长

---

① 如张仲礼先生在他的《中国绅士的收入》一书中认为，以 1933 年与 1887 年相比，中国的物价上涨了 3 倍。见张仲礼：《十九世纪八十年代中国国民生产总值的粗略估计》，王玉茹、赵津译，《南开经济研究所季刊》1987 年增刊第一集。

② 1887 年数据见《光绪会典》卷 7；1936 年数据是根据章有义先生的计算，见章有义：《近代中国人口和耕地的再估计》，《中国经济史研究》1991 年第 1 期。

率为 1.18%，高于人口增长速度。所以，人均国民收入在这 50 年间也有缓慢的增长，由 1887 年的 38 元增加为 1936 年的 51.51 元。[①]说明这期间中国的劳动生产率还是有所提高的，但这一因素对物价变动的作用远非货币供应量变动的作用所能相比。

第二，19 世纪 80 年代至 20 世纪 30 年代，中国物价总水平的上涨并不是直线的运动，而是在曲折的升降中逐步上升，呈现某种周期性波动的迹象。这种波动的周期平均为 25 年。依据《近代中国的经济发展》一书中对旧中国经济周期的研究，本书将其定名为"中长周期波动"。

通过近年来的观察和分析，笔者认为周期性波动是中国近代物价变动的最主要特征。不只是物价总水平如此，相对价格的变动也如此。比如，工资、利率的变动，如果不置于中国经济的周期波动中就无法做出令人信服的解释。为了对波动的周期做深入的讨论，本书需要用统计学的方法对物价指数的原始数列作较为复杂的处理。由于后述各章所用物价指数的序列所显现的散点图不尽相同，所以有些步骤的计算公式也不相同。为节约篇幅，在此对各种计算方法合并作一说明，以后各章则不再赘述。

近年来我国经济学界在研究中华人民共和国成立以来的周期波动时，一般采用环比增长率指标来衡量周期性波动。这种方法在研究短周期时可能适用，但对中长周期研究来说则过于简单。这主要是因为，如果不作进一步的处理，很难消除不规则和偶然性因素的干扰，从而容易把经济周期波动的一般运动规律和在外生因素作用下的特殊波动现象混淆起来。也有一些学者采用比较完善的残余法（residual method）和直接法来测定周期，这两种方法较用简单的环比增长率测定周期进了一大步，但仍然有不足之

---

① 见刘佛丁、王玉茹、于建玮：《近代中国的经济发展》，山东人民出版社 1997 年版，第 71 页。

处，即没有根据不同指标反映出的曲线特点采用不同的计算方法来测定不同的趋势。也就是说，由于没有考虑各曲线的不同特征，而简单地用一种方法计算周期，必然造成周期的不规则因素难以彻底消除，周期波动状况难以清晰地显示出来。

为了弥补上述诸种方法的不足，本书采用了一种国际上通用的、较为复杂的计算过程，即首先计算数列的长期趋势（secular trends）。长期趋势的计算方法有多种，本书在分析各种数列资料所呈现的散点图形的基础上，主要采取了两种方法，即对数直线趋势计算法和普通直线回归计算法。在采取不同的方法计算出趋势值后，再采用残余法计算周期波动，以从原数据序列中陆续或一次性消除长期趋势，从而使数列中只剩下周期性波动与不规则性波动。为了更清晰地显示中长期波动周期，消除不规则成分或偶然性因素，本书还用了三年加权（前期 1/4，本期 2/4，后期 1/4）移动平均来平滑曲线。另外，考虑到时间数列波动在范围上和程度上存在一定差异，为了便于比较和做总体分析，本书还采取了标准差为计算单位的周期偏差。

依据上述方法所计算的中国近代批发物价总指数周期偏差结果如表 1-4 所示。

表 1-4　中国近代批发物价总指数的周期波动及标准单位周期偏差
（1868—1935 年）

年份	周期偏差	年份	周期偏差	年份	周期偏差
1868	0.350 333	1878	−0.034 157	1888	−0.119 566
1869	0.344 786	1879	−0.056 790	1889	−0.109 706
1870	0.321 274	1880	−0.085 138	1890	−0.106 986
1871	0.297 761	1881	−0.103 544	1891	−0.153 474
1872	0.277 058	1882	−0.133 952	1892	−0.199 962
1873	0.199 824	1883	−0.168 421	1893	−0.185 889
1874	0.056 843	1884	−0.182 823	1894	−0.171 816
1875	−0.041 059	1885	−0.173 657	1895	−0.193 195
1876	−0.058 844	1886	−0.149 814	1896	−0.187 882
1877	−0.046 370	1887	−0.126 890	1897	−0.137 183

续表

年份	周期偏差	年份	周期偏差	年份	周期偏差
1898	−0.072 387	1911	−0.048 369	1924	0.029 995
1899	−0.037 355	1912	−0.067 849	1925	0.059 771
1900	−0.077 650	1913	−0.096 946	1926	0.091 800
1901	−0.099 516	1914	−0.070 097	1927	0.106 908
1902	−0.026 775	1915	−0.016 437	1928	0.111 693
1903	0.023 867	1916	0.004 179	1929	0.137 983
1904	0.033 140	1917	0.008 358	1930	0.196 293
1905	0.039 824	1918	0.002 146	1931	0.210 124
1906	0.011 522	1919	0.001 312	1932	0.128 312
1907	0.004 535	1920	0.024 289	1933	0.018 230
1908	0.030 118	1921	0.029 596	1934	−0.039 377
1909	0.012 996	1922	0.022 446	1935	−0.010 205
1910	−0.031 933	1923	0.022 914		

资料来源：原始数据见表 1-2。

注：①数字下加＿＿＿线的年份为周期的低点，加＿＿＿＿线的为周期的高点；②由于用三年移动平均法对数据进行处理，所以原始数据中 1867 年和 1936 年的数据缺失，后类似情况，不再一一说明。

根据表 1-4 中的数据，笔者绘制了图 1-2。

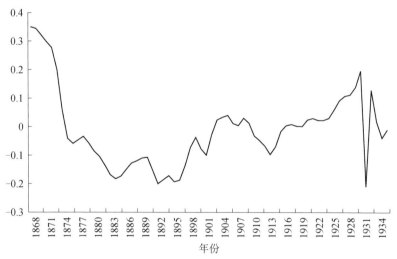

图 1-2　中国近代批发物价总指数的周期性波动（1868—1935 年）

由上述经过处理的数据所绘制的图 1-2，比根据原始数据绘制的图 1-1，更为清晰地显示了中国近代批发物价的周期性波动。从

图 1-2 中可以看出中国近代批发物价的变动起码经历了两个完整的周期性波动。第一个周期的上升期从 1885 年开始，中间由于 1890年世界经济不景气的影响而经过一次低落后继续上升，到 1905 年上升至最高点，从 1906 年后开始下降，至 1913 年降至最低点。第二个周期性波动从 1914 年开始，上升期至 1931 年为止，其后为下降期，至 1934 年降至低点。1937—1949 年，中国先后经历了 8 年全面抗日战争和 5 年解放战争。按照西方多数研究增长和周期的经济学家的意见，这为期 13 年的战时经济，由于外生因素的巨大影响，正常的经济运行及其内在规律受到严重干扰和破坏，因此从 1936 年开始的经济周期被打断，所以本书将不再加以讨论。

图 1-2 还显示，1868—1885 年，中国的批发物价总指数呈下降趋势。这是由于如本书在导言中所述，从 19 世纪 60 年代末期开始，列强尤其是以英国的棉纺织品为代表的工业品才真正打开了中国市场。从那时开始工业品价格呈明显下降趋势，并带动了物价总水平的下降，说明中国经济已开始纳入世界市场。因此，在 19世纪 80 年代中期以前中国经济中已出现某些近代商业周期的征兆。但由于资料不全，我们无法对其做出准确的判断。

这里需要补充说明的是，中国近代批发物价总指数变动过程的两个中长周期的上升期均非直线上升，而是在一段时间的增长加速后，出现增长率的一段下降期，然后又趋向上升。两个周期上升期中所出现的振幅较小的波动，分别出现在 19 世纪 80 年代末期至 90 年代前期和 20 世纪 10 年代后期和 20 年代前期。以此种观察为依据，认为中国近代经济增长过程中还存在 10—12 年的中周期波动也是符合经济运行实际的。

在《近代中国的经济发展》一书中，根据于建玮同志的研究，在中国近代经济发展过程中，存在平均期限为 25 年的中长周期波动。从 19 世纪 70 年代中国近代化起步以后，起码经历了两个完整的经济周期。19 世纪 80 年代中期至 20 世纪 10 年代中期为第一个周期；20 世纪 10 年代中期至 30 年代中期为第二个周期。周期的下转折点为 1887 年、1914 年和 1936 年，周期的上转折点为 1905 年和 1931 年。上述中国近代批发物价总指数的周期波动趋势与中国近代经济增长的周期波动状况是一致的。而且在于建玮同志所做的研究中，物价指数的周期波动是其判定中国近代经济增长周期波动的主要依据之一。

　　长期以来，经济周期的研究一直是经济学家关注的重要领域。西方国家对这一问题的研究已有 100 多年的历史，并形成了众多内容各异的周期理论，而价格水平的周期性波动则是其研究的对象之一。许多研究周期的经济学家看到，各工业化国家的价格水平的变动都存在周期性波动，因而将物价的变动趋势作为测度周期的重要指标，认为它是引起国民经济周期波动的基本因素之一。比如，西蒙・库兹涅茨对周期的研究以美国、英国、法国、德国、比利时等国从 19 世纪初期或中期到 20 世纪初期 35 种工农业产品价格变动的时间数列为主要依据[1]；康德拉季耶夫提出的著名的长波假说，主要以对英国、法国、美国等国从 18 世纪末或 19 世纪初到 20 世纪初 36 种产品的价格变动的研究为基础[2]。

　　一般来说，在经济复苏和繁荣时期，生产扩张对各种生产资料的需求将会增加，从而导致物价上涨；而在经济衰退和萧条时期，生产过剩，需求相对不足，必然导致物价下跌，尽管二者的变动会有一个时间上的差异。为了验证国民生产与物价变动之间的相互关系，笔者依据统计资料绘制了日本和英国 1868—1936 年国民

[1] Kuznets S. *Secular Movements in Production and Prices*: *Their Nature and Their Bearing upon Cyclical Fluctuations*. Boston: Houghton Mifflin Company, 1930.

[2] 〔苏联〕尼・康德拉季耶夫：《经济生活中的长期波动》，载外国经济学说研究会编：《现代国外经济学论文选》第 10 辑，商务印书馆 1986 年版。

收入和批发物价指数变动的曲线，分别见图 1-3 和图 1-4。

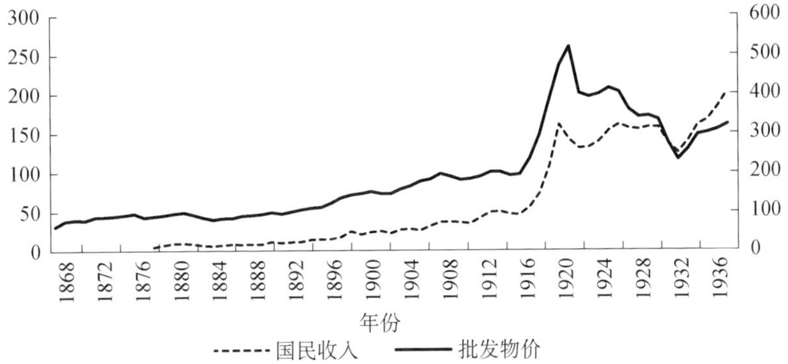

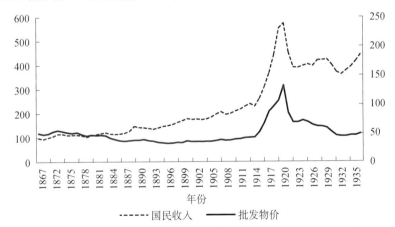

图 1-3　日本国民收入和批发物价指数变动趋势（1868—1936 年）

资料来源：①国民收入：Ohkawa K. *The Growth Rate of the Japanese Economy Since 1878.* Tokyo: Kinokuniya Bookstore Co., 1957: 247.②批发物价：1868—1900 年：Mitchell B R. *International Historical Statistics Africa and Asia.* London: The Macmillan Pressed LTD, 1982: 674；1901—1936 年：安藤良雄编：《近代日本经济史要览》（第 2 版），东京大学出版会 1979 年版，第 2—3 页，基期改为 1913 年。

图 1-4　英国国民收入和批发物价指数变动趋势（1868—1936 年）

资料来源：①国民收入：中国科学院经济研究所世界经济研究室编：《主要资本主义国家经济统计集（1848—1960 年）》，世界知识出版社 1962 年版，第 182—183 页。②批发物价：Mitchell B R. *European Historical* Statistics 1750-1975. 2nd ed. London: The Macmillan Press Ltd, 1980: 773, 775。

　　从图 1-3 和图 1-4 中可以看到，这两条曲线的走向基本一致。

我们以图中批发物价指数为自变量，国民收入为因变量，计算它们的相关关系，发现二者存在着一种线性相关关系，而且相关的程度很高，相关系数分别为：英国，0.7850；日本，0.8988。但是经验告诉我们，运用这类指标来测度国民经济的变动趋势应持十分慎重的态度。因为在有些情况下，这二者的变动并不同步。比如很多国家在战争时期，国民经济遭到严重破坏，生产下降，而物价却猛烈上涨，出现恶性通货膨胀。这二者的变动是相反的走向。此外，一般来说，这两种经济变量之间的关系，还受到国民经济商品化程度高低、是使用金属货币还是使用非金属货币、货币供应量是否充足等多种因素的影响。1875—1895 年，西欧国家的经济以较快的速度增长，而物价却呈下跌趋势，这是黄金供应不足所致。

中国这一时期经济周期性波动的特征在于它在很大程度上与资本主义发展的早期阶段的商业周期相似。这种周期性波动比较突出地表现在流通领域，所以其与物价指数变动曲线的一致性就不难解释了。中国的近代化和近代经济的发展，本来是外国资本主义入侵的直接结果，因而中国近代经济的周期性波动也自然是其逐步纳入世界资本主义市场体系，为西方资本主义国家经济周期性波动所波及的结果。而世界市场对中国经济发展的影响正是通过价格变动的信号作为媒介的。具体情况可参见表 1-5 和图 1-5至图 1-9。

表 1-5 世界主要工业化国家批发物价指数（1867—1936 年）

1913 年=100

年份	英国	美国	法国	德国	日本
1867	118	162	113	97	—
1868	116	158	114	97	31.3
1869	115	151	112	92	37.9
1870	113	135	115	92	39.4
1871	116	130	119	100	39.1

续表

年份	英国	美国	法国	德国	日本
1872	125	136	124	114	42.9
1873	130	133	124	120	43.1
1874	126	126	114	112	44.1
1875	121	118	111	100	45.3
1876	118	110	120	95	47.2
1877	121	106	113	91	42.5
1878	113	91	103	83	43.8
1879	107	90	101	81	45.0
1880	111	100	103	87	47.2
1881	109	103	101	85	48.4
1882	110	108	98	81	45.3
1883	108	101	95	80	42.2
1884	98	93	87	78	39.4
1885	92	85	85	75	41.0
1886	87	82	82	72	41.6
1887	85	85	79	73	44.1
1888	87	86	83	75	45.0
1889	89	81	86	82	46.3
1890	89	82	86	87	48.4
1891	92	81	84	86	46.6
1892	87	76	82	80	49.4
1893	85	78	81	77	52.2
1894	80	69	75	73	54.3
1895	78	71	73	72	55.0
1896	76	68	71	72	60.2
1897	77	68	72	76	67.1
1898	80	71	74	79	70.5
1899	79	76	80	83	72.4
1900	86	82	85	90	75.2
1901	83	81	82	83	72.5
1902	83	86	81	81	72.3
1903	83	87	83	82	77.9
1904	84	87	81	82	81.9
1905	84	88	84	86	87.9
1906	87	90	90	92	90.6
1907	91	95	94	97	97.7
1908	88	92	87	90	94.1
1909	89	99	87	91	89.8
1910	93	103	93	93	90.9
1911	94	95	97	94	94.3
1912	99	101	102	102	99.8
1913	100	102	100	100	100.0
1914	101	99	102	105	95.5
1915	123	101	138	140	96.6
1916	160	125	185	150	116.8
1917	208	172	257	177	147.0

续表

年份	英国	美国	法国	德国	日本
1918	230	192	335	216	192.6
1919	254	202	347	413	235.9
1920	316	225	497	1 476	259.4
1921	202	142	341	1 899	200.3
1922	163	141	323	33 592	195.8
1923	163	147	413	16 508 646 million	199.2
1924	171	143	392	122	206.5
1925	164	151	539	129	201.7
1926	152	146	688	131	178.8
1927	146	139	604	136	169.9
1928	145	141	610	140	170.9
1929	140	139	598	142	166.2
1930	123	126	521	129	136.8
1931	108	107	443	115	115.6
1932	105	95	389	99	128.3
1933	105	96	371	96	147.0
1934	109	109	353	102	149.9
1935	109	117	335	105	153.6
1936	116	118	389	108	160.1

资料来源：①英国、法国、德国：Mitchell B R. *European Historical Statistics 1750-1975.* 2nd ed. London: The Macmillan Press Ltd, 1980: 773-775.②美国：United States. Bureau of the Census. *Historical Statistics of the United States, Colonial Times to 1970, Bicentennial Edition, Part1.* Washington: U. S. Government Printing Office, 1975: 200-201. ③日本：同图 1-3。

注：美国批发物价指数的基期为 1910—1914 年平均=100。

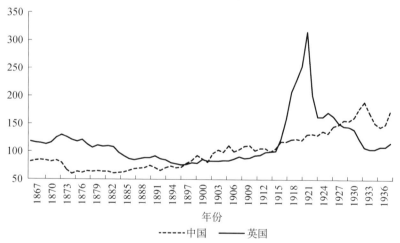

图 1-5　1867—1936 年中英批发物价指数比较图（1913 年=100）

资料来源：根据表 1-2 和表 1-5 中数据绘制，图 1-6 至图 1-9 同。

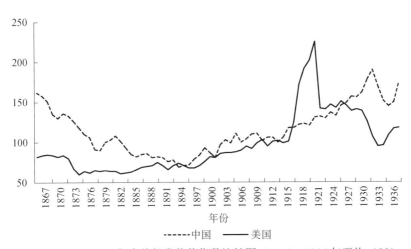

图 1-6　1867—1936 年中美批发物价指数比较图（1910—1914 年平均=100）

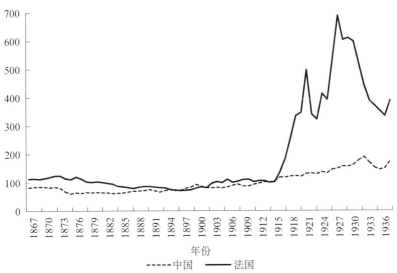

图 1-7　1867—1936 年中法批发物价指数比较图（1913 年=100）

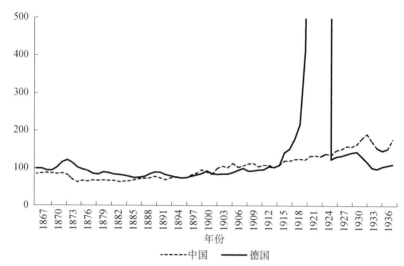

图 1-8　1867—1936 年中德批发物价指数比较图（1913 年=100）

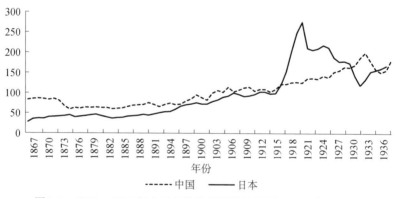

图 1-9　1867—1936 年中日批发物价指数比较图（1913 年=100）

随着中国逐步沦为资本主义世界市场的一部分及中国政权和海关的半殖民地化，中国不仅无力左右进口商品的价格，对出口商品的价格也失去了决定权。以生丝的价格为例，实际上丝价是由西方市场——里昂、纽约、伦敦、米兰等市场——决定的，在丝价决定上，意大利和日本是远远超过中国的重要因素。济南棉花价格，差不多全由日本大阪市场决定。世界市场发展的结果是价格国际统一性的发展，世界市场的共同语言就是价格，"一个价格"是市场的法则。

中国近代物价总水平的周期性波动主要原因之一，是受世界经济周期性波动的影响。如前所述，以英国为代表的西方列强以商品重炮打开中国市场是在 19 世纪 70 年代。列强工业品的输入带动了中国物价总水平的下降。廉价的纺织品是从那时才开始使中国农村的自然经济分解，从而为近代工业发展创造条件的。由此可见，由外国入侵所创造的国内市场的进一步扩大，是 19 世纪 80 年代中期开始的中国近代经济增长第一次周期波动中经济繁荣的前提条件。中国广大农村对工业品需求的增长使工业品的价格上涨，并带动了整个物价水平的上涨。

世界资本主义经济在度过 1882 年那一次经济危机后，到 19 世纪 80 年代中期进入兴盛时期，这也是诱发中国近代物价总水平第一次周期性上升的原因之一。而 1890 年的世界性经济不景气，与中国第一个周期上升期中那一次物价低落是同步的。

1905 年后中国物价总水平的再一次低落与 1907 年的世界主要资本主义国家同时发生的经济危机在时间上也是基本一致的。

第一次世界大战开始后，外国输华商品减少和世界市场对中国众多品种产品需求的猛烈增加造成中国国内物价上涨，是形成从 1914 年开始的中国近代经济增长第二个周期繁荣期的基本原因之一。

第一次世界大战结束后，1920 年世界资本主义经济再一次陷入危机。它们竞相回到中国市场，加剧了竞争，中国进口贸易额随之剧增，入超回复到比战前更为严重的局面，1921 年高达 3 亿关两以上。外国商品以低廉的价格回到中国市场开展竞争，造成中国市场上物价跌落。这对中国工业的发展无疑是一个沉重的打击，成为 1923 年开始的中国经济短期萧条的基本因素之一。

1929 年空前严重的世界性经济危机和 1931 年日本帝国主义发动"九一八事变"是造成中国近代经济发展史上最典型的一次

市场危机的基本原因。物价空前跌落这一事实已为人们所共知，所以无须做更多的说明。

如前所述，中国近代经济发展过程中除存在平均为 25 年的中长周期外，还存在 10—12 年的中周期。从对中外周期同步性的更详细观察，似乎看到的是中国这种中周期与通常所说的世界资本主义的周期性危机显示出更清晰的一致性。

第三，诚如前两节的分析所证明的，中国的批发物价总水平在 19 世纪 60 年代至 20 世纪 30 年代，呈现出在周期波动中上升的趋势。但通过图 1-5 至图 1-9，中国与英国、美国、法国、德国和日本的比较可以看出，其波动的幅度和涨落的速率，一般来说明显低于西方工业化国家，尤其是在 20 世纪一二十年代更是如此。如果我们分别计算它们的平均差和标准差，就可以看到在多数年份中，国外物价的离中趋势高于中国物价的离中趋势。

比较研究的结果，使我们似乎可以得出在中国近代化起步的五六十年间，中国物价总水平是比较稳定的判断。1867—1937年，中国的批发物价指数年平均递增 1.56%。如果我们按照中国经济的周期波动来计算，1887—1936 年中国的物价年平均上涨则为1.33%。两个周期的繁荣期和衰退期的物价增长率如表 1-6 所示。

表 1-6 经济周期与物价上涨	单位：%
经济周期	物价上涨
第一个经济周期（1887—1914 年）	1.94
上升期（1887—1905 年）	3.02
下降期（1905—1914 年）	0.90
第二个经济周期（1914—1936 年）	2.67
上升期（1914—1931 年）	3.72
下降期（1931—1936 年）	0.19

第二次世界大战以来，世界上大多数国家都把相对稳定的物

价作为国家宏观经济控制所追求的目标。从这种意义上说，中国近代化起步后的五六十年间，物价变动的趋势对国家工业化是有利的。较之西方国家，中国受经济危机的打击较小，而在周期的繁荣期，慢性的通货膨胀则起到刺激经济增长的作用。

中国在纳入世界市场后，之所以在一定程度上减少了世界经济波动对中国物价和经济的冲击，是因为：一方面，这一时期中国自然经济仍占统治地位，全国性统一市场尚在发育过程之中。另一方面也即更为主要的原因是中国在众多国家自 19 世纪后期相继改用金本位后，仍然继续采用银本位的结果。它起到了缓和世界市场冲击的作用，使中国的物价波动不像工业化国家和某些殖民地国家那样激烈，并存在一个时间差。这一问题，将在下一章中予以进一步的说明。

第二章　货币比价的变动

　　由导言和第一章中关于传统社会和近代社会批发物价总水平变动趋势的因素分析中可以看到，具体到中国而言，造成批发物价变动，尤其是促使其上涨的主要因素是货币价值量下降，也即货币供应量增长。商品的价格是货币价值量与商品价值量的二元函数。本章的目的就是要从一个侧面，而且就中国而言，是从一个主要方面——货币相对价格的变动——对中国近代物价变动的一系列问题做出解释。实际上，货币比价的变动，尤其是金银比价及其所决定的汇率的变动，不只是影响中国物价总水平的主要因素，而且对进出口商品的价格、工农产品的比价、资本的流动和利率的变化等均有制动作用。本章共分三节：第一节讨论金银比价，是本章的重点；第二节讨论由金银比价变化所决定的汇率变动；第三节说明银钱比价的情况。由于篇幅的关系，后两节的讨论只限于与金银比价和物价变动有关的方面，而不可能对这两方面的问题做系统的说明。

第一节　银价下跌及其因素分析

　　金银比价是中国近代经济史上一个重要问题。20 世纪 20 年代末和 30 年代前期，先是银价猛烈下跌，而后是白银外流造成银根紧缺，一度成为中国当时经济中的热点问题，所以有不少经济学家发表论著对其进行研究。在这一过程中，还有一些学者对中国银价变动的过程做了历史的探讨，提出了一些很有见地的观点。可是在中华人民共和国成立后，由于忽视经济分析的风气日盛，这一问题的研究受到经济史学界的冷落，除个别学者的研究有所深入外①，在各种论著中只是偶被提及，对这一问题的认识尚停留在 20 世纪 30 年代的水平。据闻，著名经济史学家傅筑夫先生生前对此事颇为感慨，曾多次鼓励青年研究人员向这一方向开拓，认为这是一个不应被忽视的重要领域，因为它是解释中国近代经济发展中许多特殊现象的钥匙。②但由于这个问题涉及面甚广，笔者只希望在与本书选定的研究方向有关的范围内有所深入。

众所周知，工业化的先驱——英国从 1816 年开始就率先实行金本位制度。19 世纪 70 年代以后，世界主要工业化国家相继放弃银本位制度，改行金本位，只有中国继续实行银本位。到 1935 年的币制改革时，中国已是世界上唯一一个实行银本位的重要国家。这种长期拒绝与世界经济接轨的做法，一方面说明中国自然经济的坚韧性，其在国家经济政策上的反映是对参与国际经济循环的冷漠，并力图维持一种经济上的封闭性；另一方面说明旧货币体系对中国经济的影响得失兼有。其现象的复杂性和不确定性，使中央政府在币制改革的问题上犹豫不决。这一政策的弊病，最后还是迫使中国不得不最终放弃银本位，改行现代各国通行的货币制度。

由后述的讨论可以看到，在银价跌落时期，白银的流入往往

---

① 见郑友揆：《中国的对外贸易和工业发展（1840—1948 年）——史实的综合分析》，程麟苏译，蒋学桢、汪熙校，上海社会科学院出版社 1984 年版；《十九世纪后期银价、钱价的变动与我国物价及对外贸易的关系》，《中国经济史研究》1986 年第 2 期。

② 刘佛丁：《傅筑夫先生对中国近代经济史研究和人材培养的贡献》，《南开经济研究所季刊》1985 年第 1 期。

给中国经济带来表面的繁荣，而这正是 19 世纪 70 年代至 20 世纪 30 年代金银比价变动的基本趋势。中国放弃银本位不是因为银价下跌，而是因为美国收购白银政策导致银价上涨和白银外流。

1935 年 11 月 3 日，中国废除了银本位制，宣布白银国有，实行法币，建立了一个类似于"管理外汇制"的货币体系。世界市场上的白银价格变动与中国物价和外汇不再发生关系，所以本书关于金银比价问题的讨论就以 1935 年为终点。

由于中国 1935 年以前一直实行银本位制，世界其他国家则改行金本位，所以白银在中国是货币，而在别国为商品。但中国既不是大量产银的国家，又不是白银的主要消费国，所以白银的价格和流向非中国所能左右，而为其在世界市场，特别是英国、美国市场上的价格所决定。下面，我们就来看一看 1935 年以前的 100 年间的世界市场上银价[①]是如何变动的（表 2-1）。

表 2-1　100 年来金银比价变动（1836—1935 年）

金价=1

年份	比价	年份	比价	年份	比价
1836	15.72	1852	15.59	1868	15.59
1837	15.83	1853	15.33	1869	15.60
1838	15.85	1854	15.33	1870	15.57
1839	15.62	1855	15.38	1871	15.57
1840	15.62	1856	15.38	1872	15.63
1841	15.70	1857	15.27	1873	15.93
1842	15.87	1858	15.38	1874	16.16
1843	15.93	1859	15.19	1875	16.64
1844	15.85	1860	15.29	1876	17.75
1845	15.92	1861	15.50	1877	17.20
1846	15.90	1862	15.35	1878	17.92
1847	15.80	1863	15.37	1879	18.39
1848	15.85	1864	15.37	1880	18.05
1849	15.78	1865	15.44	1881	18.25
1850	15.70	1866	15.43	1882	18.20
1851	15.46	1867	15.57	1883	18.64

① 这里所谓的银价是一个单位的黄金与其所能购买的白银的数量的比例，故也称为金银比价。

续表

年份	比价	年份	比价	年份	比价
1884	18.61	1902	39.15	1920	15.31
1885	19.41	1903	38.10	1921	25.60
1886	20.78	1904	35.70	1922	27.41
1887	21.10	1905	33.87	1923	29.52
1888	22.00	1906	30.54	1924	27.76
1889	22.10	1907	31.24	1925	29.38
1890	19.75	1908	38.64	1926	32.88
1891	20.92	1909	39.74	1927	36.20
1892	23.72	1910	38.22	1928	35.25
1893	26.49	1911	38.33	1929	38.54
1894	32.56	1912	33.62	1930	53.38
1895	31.60	1913	34.19	1931	71.30
1896	30.59	1914	37.37	1932	73.00
1897	34.20	1915	39.84	1933	78.60
1898	35.03	1916	30.11	1934	72.80
1999	34.36	1917	23.09	1935	54.90
1900	33.33	1918	19.84		
1901	34.68	1919	16.53		

资料来源：《天津通志·金融志》，天津社会科学院出版社 1995 年版，第 636 页。
注：表中数字为年平均数。

由表 2-1 可以看到，1836—1873 年，世界市场上金银比价十分稳定，维持在 1：15 左右。据有的西方价格史学者的研究，这种趋势在 1836 年以前已经维持了一个半世纪左右。但从 1874 年起银价开始下跌，突破 1：15 的界限，80 年代末为 1：22 左右；1891 年后银价下跌加速，1898 年时达到 1：35.03；其后一段时间下跌的趋势减慢，到 1915 年，最低时几近 1：40，银价仅为 1873 年以前的 40%；其后一段时间银价急速回升，1920 年时比例为 1：15.31，基本恢复到 1873 年以前的水平；其后银价又开始下跌，1929 年时接近第一次世界大战期间银价最低的 1915 年水平，为 1：38.54，1930 年后猛烈下跌，金银比价达到 1：53.38，1931 年更跌至 1：71.30，该年银价仅为 1873 年的 22%，也即在不到 60

年的时间里银价下跌了 4 倍还多；其后银价下跌趋势减缓，并从 1934 年后回升，到 1935 年时金银比价回复到 1∶54.90。因而从总的趋势看，在中国近代化开始起步后的约 60 年中，世界银价的变动是一种下跌的趋势。这种下跌的趋势主要是银购买力下降所致。当然，这并不排除金银比价在短期内变化有些是金购买力变动的结果。

本书在第一章中曾指出，中国近代化起步后的 50 年间的物价总水平呈上升趋势的主要原因是银价下落。如果我们将银价变动与物价变动的图像加以比较，就可以看到二者作反方向的变动。若再将中国的金价指数作一曲线，则可以看出，金价的变动与物价总水平的变动趋势相同。这证明，中国近代物价的上涨几乎全系银价下跌所致，而非商品本身价值量变动的结果。这一问题，早在 20 世纪 30 年代初吴大业先生就曾做过仔细的研究①，故本书不再赘述。

表 2-2 和图 2-1 中 1867—1936 年银价、金价和批发物价指数的变动可以看出，银价变动的趋势与中国批发物价的变动趋势并不完全一致。这是因为在世界市场上白银除受其自身价值量的影响外，作为一种商品，其价格还与其他商品一样，如前文所说在短期内还受金价的影响。其中最明显的是第一次世界大战期间银价上涨，并非银自身的原因，而是金价下跌所致，故而出现银价与中国批发物价反相关中的不同步，但却与英美批发物价同步的现象，见图 2-2。

---

① 吴大业：《百年来金银价变动之原因及其影响》，《经济统计季刊》1932 年第 1 卷第 1 期。

表 2-2 银价、金价和批发物价指数（1867—1936 年）

1913 年=100

年份	银价	上海标金价	批发物价	年份	银价	上海标金价	批发物价
1867	219.9	45.5	82	1902	87.3	115.1	97
1868	219.5	45.5	84	1903	89.7	115.6	103
1869	219.5	45.5	85	1904	95.9	104.8	99
1870	219.9	45.5	84	1905	101.0	100.0	111
1871	219.9	45.5	82	1906	112.0	91.8	100
1872	219.2	45.5	84	1907	109.6	92.9	104
1873	215.1	46.6	80	1908	88.7	111.7	110
1874	212.0	47.4	67	1909	86.3	115.9	111
1875	205.8	48.5	60	1910	89.7	112.3	102
1876	192.8	51.9	64	1911	89.4	112.0	106
1877	199.0	50.3	62	1912	101.7	99.3	106
1878	191.1	52.5	69	1913	100.0	100.0	100
1879	186.3	53.6	64	1914	91.8	110.8	106
1880	189.7	52.7	65	1915	86.0	117.6	118
1881	187.7	53.3	64	1916	113.7	96.5	118
1882	188.0	53.3	64	1917	117.8	76.0	122
1883	183.6	54.6	61	1918	172.6	64.3	123
1884	183.9	54.2	62	1919	207.2	55.2	121
1885	176.4	56.8	63	1920	223.6	58.2	131
1886	164.7	56.2	66	1921	133.9	97.4	132
1887	162.3	61.5	69	1922	125.0	88.8	130
1888	155.8	64.4	70	1923	116.1	92.8	137
1889	154.8	64.4	71	1924	123.3	90.8	133
1890	173.3	57.3	75	1925	116.4	86.8	146
1891	163.7	61.2	71	1926	104.1	95.4	149
1892	144.5	69.1	66	1927	94.5	108.6	157
1893	129.5	77.4	71	1928	97.2	103.2	156
1894	105.1	94.4	74	1929	88.7	113.2	162
1895	108.2	91.5	71	1930	64.0	151.9	178
1896	112.0	89.3	72	1931	47.9	202.1	190
1897	100.0	101.1	79	1932	46.9	199.9	170
1898	97.6	103.4	84	1933	43.5	178.6	152
1899	99.7	100.4	93	1934	46.9	193.6	145
1900	102.7	98.0	87	1935	62.3	182.4	150
1901	98.6	100.6	81	1936	—	226.7	175

资料来源：①上海标金价：1868—1931 年据吴大业《百年来金银价变动之原因及其影响》（《经济统计季刊》1932 年第 1 卷第 1 期）表 1 中数字，基期改为 1913 年。②1932—1936 年据孔敏主编《南开经济指数资料汇编》（中国社会科学出版社 1988 年版）第 485 页中数据折算。③批发物价：据表 1-2 表中数据。④银价：据表 2-1 表中数据折算。

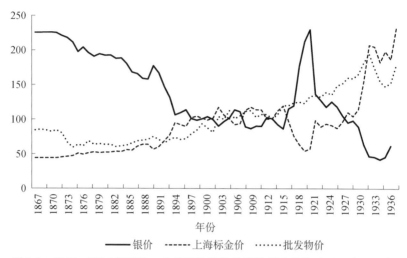

图 2-1　1867—1936 年银价、金价和批发物价指数变动趋势（1913 年=100）

资料来源，据表 2-2 中数据绘制。

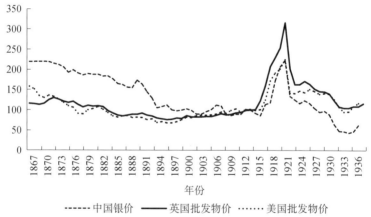

图 2-2　中国银价与英国、美国批发物价指数变动趋势（1867—1936 年）

资料来源：中国银价同表 2-2；英国和美国批发物价同表 1-5。

　　世界市场上银价下跌，一般来说是白银的供大于求所造成的。各国改用金本位后，白银失去了作为货币的职能，各国对白银的需求减少，白银的生产却猛烈增加，这就促使白银流入中国。海关从 1888 年始有金银进出口统计。估计 1867—1889 年白银净流入 1 亿余关两，1890—1931 年白银净流入 8.45 亿关两。[①]
这时中国近代商品经济的发展虽然加速，但白银流入的数量大于
需求的数量。这就导致白银在中国市场的购买力下降，物价上涨。
当然，白银流入或流出的短期变动是取决于银在国外和国内的购买
力的高下。如果其在世界市场上的购买力高，白银就要由中国流
出，如果白银在中国市场上购买力高于其在国外的购买力，它就会
流入。[②]表 2-3 是中国、英国、美国银购买力指数相关情况。

表 2-3　中国、英国、美国银购买力指数（1867—1936 年）

1867 年=100

年份	中国	英国	美国	年份	中国	英国	美国
1867	100.0	100.0	100.0	1887	118.8	109.5	101.8
1868	97.5	102.7	110.3	1888	117.1	102.7	96.4
1869	96.4	102.7	112.7	1889	115.4	98.9	95.7
1870	97.5	105.3	109.0	1890	109.3	111.0	109.8
1871	100.0	100.0	104.0	1891	115.4	104.2	104.1
1872	97.5	92.4	100.1	1892	124.2	97.3	98.3
1873	102.5	87.5	102.4	1893	115.4	87.1	85.8
1874	122.1	95.1	102.6	1894	110.7	76.5	78.2
1875	136.6	98.9	105.1	1895	115.4	80.3	79.7
1876	128.1	93.6	105.7	1896	113.9	82.6	85.9
1877	132.2	96.6	110.2	1897	103.8	74.3	76.4
1878	118.8	100.4	111.3	1898	97.5	69.7	71.3
1879	128.1	102.7	111.7	1899	88.1	66.7	67.9
1880	126.1	98.5	102.7	1900	94.2	63.6	64.8
1881	128.1	100.4	102.8	1901	101.2	65.6	63.2
1882	128.1	101.9	101.2	1902	84.5	58.0	52.6
1883	134.3	102.2	98.7	1903	79.6	59.1	53.4
1884	132.2	111.7	107.7	1904	82.8	63.2	56.8
1885	130.1	112.3	110.2	1905	73.9	64.5	59.5
1886	124.2	108.3	104.7	1906	82.0	67.1	61.9

① 1890 年以前的估计有多家，如 G. Jamieson、C. F. Remer、余捷琼等。此时期黄金流动极少，可
　不计，见周广远：《1870 年—1894 年中国对外贸易平衡和金银进出口的估计》，《中国经济史研
　究》1986 年第 4 期。1890—1931 年统计见郑友揆：《中国的对外贸易和工业发展（1840—1948
　年）——史实的综合分析》，程麟苏译，蒋学桢、汪熙校，上海社会科学院出版社 1984 年版，
　第 100 页。
② 李卓敏先生提出的白银流动的购买力平价理论认为，每当白银在中国和西方的购买力出现差距
　时，白银就会流动。见李卓敏、张延祝：《银汇兑下国际贸易理论之研究》，《经济研究季报》
　1941 年第 1 期。

续表

年份	中国	英国	美国	年份	中国	英国	美国
1907	78.9	62.1	59.4	1922	63.0	43.2	41.2
1908	74.5	64.8	49.8	1923	59.8	41.0	38.0
1909	73.9	53.4	45.1	1924	61.6	40.1	40.1
1910	80.3	52.7	45.1	1925	56.1	39.4	39.3
1911	77.3	50.8	48.8	1926	55.0	37.9	36.6
1912	77.3	54.5	52.6	1927	52.2	35.6	34.8
1913	82.0	53.4	51.3	1928	52.5	37.2	35.1
1914	77.3	48.8	48.3	1929	50.6	35.2	32.3
1915	69.4	36.8	43.1	1930	46.1	30.6	25.9
1916	69.4	38.3	46.1	1931	43.1	29.3	24.2
1917	67.2	39.7	41.9	1932	48.2	33.9	24.6
1918	66.6	41.7	44.0	1933	53.9	34.3	30.0
1919	67.7	45.9	47.5	1934	56.6	39.3	36.7
1920	62.1	41.0	38.7	1935	54.7	52.8	46.0
1921	62.1	39.7	38.0	1936	46.8	34.5	31.8

资料来源：①中国：据表 1-2 中数据折算。②英国、美国：1867—1931 年，据吴大业《百年来金银价变动之原因及其影响》（《经济统计季刊》1932 年第 1 卷第 1 期）表 1 中数据，基期改为 1867 年。③1932—1936 年，据杨蔚《物价论》（商务印书馆 1940 年版）第 143—147 页中数据折算。

依据表 2-3 绘制成图 2-3。

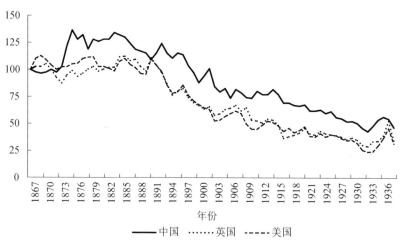

图 2-3　1867—1936 年中国、英国、美国银购买力变动趋势（1867 年=100）

　　由表 2-3 和图 2-3 可以看到，如以 1867 年为 100，中国、英国、美国的银购买力在其后的六十余年间的变动趋势虽然明显呈下降趋势，其曲线均向右下方倾斜，但下降的程度是不同的。英国 1936 年时下降为 1867 年的 34.5%（最低点为 1931 年，仅为 1867 年的 29.3%）。美国更甚，1936 年为 1867 年的 31.8%（最低点为 1931 年，仅为 1867 年的 24.2%）。中国市场上的银购买力虽然也下降，但下降的程度低于在英美市场上的银购买力，1931 年时为 1867 年的 43.1%，1936 年为 1867 年的 46.8%。可以说是白银在西方市场上购买力的下降带动了其在中国市场上购买力的下降。正是由于白银购买力的下降在中国和西方国家之间存在时间和幅度上的差异，以及由此引起的中国经济的景气，给商人提供了极为良好的机会以输入白银——其中一部分来自出口收入——扩大在华业务；同时也给与贸易行关系密切的外国在华银行提供了机会，输入白银作为不断扩大信用的基础。据海关统计，1890—1936 年的 47 年中有 28 年白银是入超的，入超净额达104 038.6 万关两，另外 19 年是出超，出超净额为 57 398.5 万关两。两者相抵，净入超白银 46 640.1 万关两，平均每年入超992.3 万关两。[①]

　　金银比价变动和由此引起的白银在中外之间的流动，以及它们对中国物价总水平变动的影响已如前述。银价变动，尤其是银价跌落对中国近代经济其他方面的影响，主要是以外汇率变动的形式作用于商品的进出口和资本的流动。这将是本书下一节所要讨论的主要内容。

[①] 郑友揆：《中国的对外贸易和工业发展（1840—1948 年）——史实的综合分析》，程麟荪译，蒋学桢、汪熙校，上海社会科学院出版社 1984 年版，第 99 页。

第二节 汇率变化对中国经济的影响

汇率所反映的是货币的国际比较，也即不同国家间货币的相对价格问题。由于当时多数国家均采用金本位制，而中国仍保持银本位制，所以在本节关于中国外汇率变动的讨论是前节关于金银比价讨论的延伸。具体到中国 19 世纪末期和 20 世纪早期的特定环境，这两个问题是既相区别，又相联系的。前者的变动几乎完全为后者所决定，也可以说金本位国和银本位国之间的汇率是随金银比价的变动而变动的。所以，就中国这一时期而言，汇率问题实质上就是金银比价问题。

众所周知，在现今各国均采用信用货币的情况下，汇率是由各种纸币所代表的不同的实际购买力所决定的，而在不同金属本位的情况下，汇率则以其各自的价值为基础。除此之外，影响汇率的因素还有很多，如国家的国际收支状况、通货膨胀程度、利率的变动，以及国家的关税政策、对外贸易政策、外汇管制措施、供需变动、外汇投机活动、政治形势等。这些因素大多是在一段时期内，或只是暂时地引起汇率的波动。因此，本书只是在某种必要的情况下才涉及其中一个方面或几个方面，而不拟对这众多的因素做系统全面的说明。

让我们先来看一看这一时期中国外汇率的变动情况，并通过其与金银比价的变动来看一看它们之间的相互关系是否与上述理论的说明相一致。

19 世纪 70 年代以前，由于中西交通不便及信息传递困难，金银比价与中外汇价之间有时出现较大的差距。70 年代后，中外海底电缆接通，同时苏伊士运河也通航，中西电讯及交通有了革命性的改革，中国汇价的变动完全符合伦敦银价的起伏。中国的汇价不能自主，要随世界的银价波动，中外汇率的变动准确地反映着世界银价的涨落。直至 1931 年后西方国家相继放弃金本位，银价与汇率的关系便不再同步变动。

由于这一时期金银比价变动的总趋势是银价不断下跌，所以这一时期中国货币的汇价也不断下跌。对这一时期中国银价或汇价的研究，可以视为从历史的角度分析一个发展中国家实行降低本国汇率政策的利弊和效果如何。尽管这一时期中国走这条路不是主动的选择，而是不由自主和被迫的。

一般说来，当世界市场上银价下跌时，中国货币的外汇率贬值，白银流入中国的数量增加，刺激了中国进出口物价的上涨和国内特别是沿海一般物价水平的上涨，逢此时刻，中国的经济就出现比较繁荣的局面。由于进口商品价格上涨，客观上起到了保护民族工业的作用，所以国内工业生产也得到一定发展。其明显的例证是，1929 年起世界资本主义各国均陷于空前的经济危机，物价大幅度下降（超过 20%），中国却由于在世界市场上银汇下降幅度比世界物价下降幅度更大（如以 1926 年为 100，中国的外汇率 1929 年为 85.9，1930 年为 59.5，1931 年为 45.0。国外物价指数 1929 年为 95.3，1930 年为 86.4，1931 年为 73.0。后者下降的幅度低于前者①），而避开了世界经济衰退的严重冲击。1929—1931 年，中国经济反而出现了景气状态，抵消了世界经济危机所造成的不利影响，进出口仍大体能保持 1929 年以前的历史最高水平，下降幅度不大。但世界主要工业化国家的进出口在 1929—1931 年大约下降了 40%，国民生产总值下降的幅度也远大于中国（表 2-4、图 2-4）。

---

① 郑友揆：《中国的对外贸易和工业发展（1840—1948 年）——史实的综合分析》，程麟荪译，蒋学桢、汪熙校，上海社会科学院出版社 1984 年版，第 93 页。

表 2-4 中国外汇指数（1868—1936 年）

1913 年=100

年份	英镑	美元	年份	英镑	美元
1868	212.4	212.3	1903	87.4	87.7
1869	220.0	219.2	1904	94.9	90.4
1870	219.3	—	1905	99.6	100.0
1871	215.2	216.4	1906	109.0	109.6
1872	220.0	219.2	1907	107.6	108.2
1873	212.4	213.7	1908	88.3	89.0
1874	210.0	211.0	1909	86.0	86.3
1875	204.7	205.5	1910	89.1	90.4
1876	197.0	198.6	1911	89.0	89.0
1877	198.6	201.4	1912	101.6	101.4
1878	197.2	198.6	1913	100.0	100.0
1879	185.7	184.9	1914	90.2	91.8
1880	192.1	189.0	1915	85.9	84.9
1881	183.4	187.0	1916	109.8	108.2
1882	189.0	189.0	1917	142.9	141.1
1883	185.5	185.6	1918	175.0	172.6
1884	184.8	184.9	1919	209.7	190.4
1885	175.2	175.3	1920	224.8	169.9
1886	166.3	167.1	1921	130.9	104.1
1887	160.7	164.4	1922	124.1	113.7
1888	155.5	157.5	1923	115.2	109.6
1889	156.6	157.5	1924	121.2	111.0
1890	171.7	174.0	1925	115.5	115.1
1891	162.8	164.4	1926	103.1	104.1
1892	144.1	146.6	1927	93.3	94.5
1893	130.3	131.5	1928	96.7	97.3
1894	105.9	105.5	1929	—	87.7
1895	108.3	109.6	1930	—	63.0
1896	110.3	111.0	1931	—	46.6
1897	98.6	98.6	1932	—	46.6
1898	95.5	95.9	1933	—	56.2
1899	99.7	100.0	1934	—	72.1
1900	102.8	102.7	1935	—	77.4
1901	98.1	98.6	1936	—	63.4
1902	86.1	86.3			

资料来源：据杨端六、侯厚培等编《六十五年来中国国际贸易统计》（国立中央研究院社会科学研究所 1931 年版）第 151 页中数据计算。

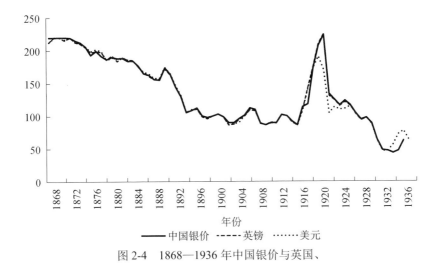

年份

—— 中国银价　----- 英镑　……… 美元

图 2-4　1868—1936 年中国银价与英国、
美国汇价变动趋势比较（1913 年=100）

资料来源：中国银价根据表 2-2 中数据，英国和美国汇价据表 2-4 中数据。

　　我们查看一下表 2-1 中金银比价的变动情况则可以看到，
1929—1931 年是中国近代历史上金银比价下降幅度较大的三年，
1929 年时金银比价为 1∶38.54，1930 年下降为 1∶53.38，1931 年
又下降为 1∶71.30。而 1928 年和 1929 年这两年则创下白银进口
的历史最高纪录，分别为 10 639.6 万关两和 10 582.6 万关两。[1]

　　1932 年以后，由于美国、日本、英国放弃金本位和美国收购
白银政策的影响，银汇率上涨，由 1931 年的 45 上升为 1935 年的
82（均以 1926 年为 100）[2]，这导致白银的流向逆转。1934 年白
银出口达到 16 478 万关两的历史最高水平。[3]白银外流使中国经济
陷入空前的危机，市场银根紧缩，物价下跌，批发物价指数由

[1]　郑友揆：《中国的对外贸易和工业发展（1840—1948 年）——史实的综合分析》，程麟荪译，蒋
　　学楨、汪熙校，上海社会科学院出版社 1984 年版，第 343 页。
[2]　郑友揆：《中国的对外贸易和工业发展（1840—1948 年）——史实的综合分析》，程麟荪译，蒋
　　学楨、汪熙校，上海社会科学院出版社 1984 年版，第 93 页。
[3]　郑友揆：《中国的对外贸易和工业发展（1840—1948 年）——史实的综合分析》，程麟荪译，蒋
　　学楨、汪熙校，上海社会科学院出版社 1984 年版，第 342 页。

1931 年的 190 降至 1935 年的 150（均以 1913 年为 100）[①]，大批工厂停产倒闭，工人失业。由于汇价上升，国外的消费者认为中国产品价格上涨，从而降低了对中国货的需求，进出口大幅度下降，贸易总值 1931 年为 234 296.5 万关两，1932 年下降为 154 188.8 万关两，1935 年更降至 95 957.6 万关两。[②]

综上所述，不难看出，从经济的繁荣和衰退的角度观察，似乎银价的跌落也即中国外汇率的贬值，这种总的变动趋势对经济发展的积极作用应予肯定。与其相反，银汇价上涨，反而于中国经济的发展不利，使市场陷于萧条。

汇价变动对国民经济的最直接和最主要的作用还体现在对进出口价格的不同影响上。关于进出口价格相对变动趋势的具体分析，本书将在下一章进行，这里只从理论和实际的对照中做一般性的讨论。

如前节所述，银价下跌，无异于中国货币的汇价贬值，其总的趋势是造成进口货物价格的上涨，但上涨的程度和时间的先后是不一样的。从理论上说，当一个国家的汇率贬值后，以其本国货币计算的进口商品的价格就会上升，从而抑制对这些商品的需求，所以有助于抑制进口。由于进口商品价格的上涨，也会刺激国内替代工业的发展，所以对国家的工业化是有利的。另外，当一国的汇率贬值后，其出口商品的外币价格下降，有利于扩大出口和提高出口商品在国际市场上的竞争力。如果出口商品也是国内市场需求较大的消费品，而生产该种商品的条件或资源又是有限的，那么，出口增加将会造成其价格上涨，因而也会刺激国内出口产品生产的增长。总的说来，汇率贬值后，由于进口减少，

---

① 见本书表 1-2。

② 郑友揆：《中国的对外贸易和工业发展（1840—1948 年）——史实的综合分析》，程麟荪译，蒋学桢、汪熙校，上海社会科学院出版社 1984 年版，第 337 页。

出口增加，有利于平衡国际收支。但由于价格下降，如果出口量增加不多，外汇收入反而可能下降，只有增至一定程度才能抵补价格下降所带来的损失。

出口的增长取决于出口商品的需求弹性。一般来说，工业品，尤其是高级消费品比农产品和初级产品更富于需求弹性。替代品多的出口商品比替代品少或没有替代品的商品的需求弹性大，生产资料中的初级产品和农产品，由于需求弹性小，所以对价格的变化并不敏感。主要出口初级产品和一般劳动密集型产品（如轻纺产品）的国家如果外汇不断贬值，非但不会使出口大幅度上升，反而由于进口商品国内售价的提高对本国的国际收支不利，会造成国内价格水平上涨的压力。

那么上述理论的，或对发展中国家一般经验的分析，与 19 世纪末 20 世纪初银汇贬值下的中国对外贸易情况是否相符呢？下面我们就来看看具体的数字。本书选择的起点为 1873 年，即银价开始下跌的年份，终点为 1931 年，即银价最低的年份。据海关统计，1873 年的出口贸易净值为 6945.1 万关两，进口贸易净值为 6663.7 万关两，该年的贸易平衡为出超 281.4 万关两。到 1931 年时，出口贸易净值增加为 90 947.6 万关两，增加了 12 倍多，而进口贸易净值增加为 143 348.9 万关两，增加了 20 倍还多。贸易平衡为入超 52 401.2 万关两。[①]事实说明，在 19 世纪 70 年代至 20 世纪 30 年代的 60 年间中国的进口商品价值增长快于出口商品价值的增长，中国由出超变成大量入超。凯恩斯经济学理论与中国经济发展的历史实际，单就进出口贸易值的变动情况看并不一致。银汇价的下跌没有起到限制进口和扩大出口的作用，大量的贸易逆差对中国国际收支平衡不利，不得不靠侨汇和外资输入抵补。

---

① 郑友揆:《中国的对外贸易和工业发展（1840—1948 年）——史实的综合分析》，程麟荪译，蒋学桢、汪熙校，上海社会科学院出版社 1984 年版，第 334—339 页。

对上述现象，郑友揆先生在他《十九世纪后期银价、钱价的变动与我国物价及对外贸易的关系》①一文中，曾试图以制钱与银两比价的上升冲销银汇下跌的作用来求得解释固然不无道理，但不足之处是不能解释到 20 世纪初年以后，制钱在中国逐步停止使用后，为什么上述现象依然存在，而且进出口贸易不平衡的状况更为严重。笔者认为这里的根本问题在于作用于进出口物价的因素，除了银汇的变动外，还有国外和国内物价的变动。由于国内外劳动生产率的提高速度不同，在本书讨论的时限内的大部分时间，国外物价总水平的上涨低于中国国内物价总水平的上涨。事实上，如果我们仍然以 1873 年为起点而以 1936 年为终点做一计算，这期间英国的批发物价指数由 130 下降为 116，美国由 133 下降为 118，而中国则由 80 上升为 175（均以 1913 年为 100）。②其结果是，在大部分时间内中国进口物价的上涨低于出口物价的上涨，并引致进口贸易以比出口贸易更快的速度增加，中国的入超额也日益增加。

除此之外，造成中国对外贸易不利局面的原因起码还有以下几个方面。

第一，银价下落虽然有利于出口，但由于中国传统的出口商品质量没有改进，国内生产和流通成本过高和世界市场的价格低落，所以并不能充分利用银价下跌的机会扩大出口，加之出口商品需求弹性较小，在价格下降的情况下，市场也不可能明显扩大，所以最后的结果只能是使传统出口商品衰落而外国商人转向中国某些其他的产品。出口商品变得多样化，大量杂货在国

---

① 郑友揆：《十九世纪后期银价、钱价的变动与我国物价及对外贸易的关系》，《中国经济史研究》1986 年第 2 期。

② 英国和美国的批发物价指数据表 1-5，中国的批发物价指数据表 1-2。

际市场上无统一价格，所以中国产品即或成本高，但由于在世界市场上是缺门，贩运出口仍能取得可观的利润。1870—1875年，中国出口商品中丝茶合计占全部出口值的 85.7%，到 19 世纪末的 1896—1900 年降至 44%，而杂货的出口却由 14.3% 上升为 56%。[①]

第二，在旧中国，进口商品价格上涨阻碍了机器设备的进口，但并不能阻碍消费品进口。因为进口的消费品中一部分为生活必需的，需求弹性小，一部分为奢侈品，富有者无论其价格如何昂贵还是要买。特别是对外贸易的发展，又使这些人对价格昂贵的舶来品产生了浓厚的兴趣，获取这些高档消费品成为他们权力和地位的新象征。结果是以低附加值的出口品换取价格升高的消费品。虽然汇价贬值表面上有与关税类似的作用，但因为没有选择性，所以不能限制高档消费品进口。我国外贸被外商控制，这些人多以尽快取现的商品入口为主，这就造成我国进口商品结构的不合理，所以其对保护民族工业所发挥的作用是有限的。从表 2-5 可以看出，中国进口贸易中，消费资料的进口值远远大于生产资料的进口值，而直接消费资料的进口又较消费品原料的进口为巨，二者之和在 19 世纪末期所占比重高达 90% 以上。进入 20世纪以后，随着中国工业化的进步，生产资料进口的比重有所增加，但消费品进口的绝对值仍在迅速增加，就是生产资料中进口增长最快的建筑用品，也有相当一部分是用于富有阶级修建住宅之用。20 世纪 30 年代汽车和汽油的进口骤增，除用于军事目的外，也有相当一部分用于私人消费。

[①] 郑友揆：《十九世纪后期银价、钱价的变动与我国物价及对外贸易的关系》，《中国经济史研究》1986 年第 2 期。

表 2-5　中国各年进口货物分类统计（1873—1936 年）

年份	生产资料				消费资料		
	合计	机器及大工具	原料	建筑用品、汽车、小工具、器材、半成品等	合计	消费品原料	直接消费品
1873	8.1	—		8.1	91.9	8.5	83.4
1893	8.4	0.6		7.8	91.6	13.0	78.6
1903	15.0	0.7	—	14.3	85.0	22.3	62.7
1910	17.6	1.5	0.1	16.0	82.4	17.0	65.4
1920	28.5	3.2	0.2	25.1	71.5	16.9	54.6
1930	26.9	3.7	1.9	21.3	73.1	17.3	55.8
1936	44.4	6.1	2.7	35.6	55.5	13.0	42.5

资料来源：严中平等编：《中国近代经济史统计资料选辑》，科学出版社 1955 年版，第 72—73 页。

　　第三，有利于洋货倾销的因素是多方面的，其中必须指出的当然是不平等条约，特别是协定关税和子口半税赋予外国商人的利益。这些都无疑是有利于扩大进口，而不利于扩大出口。

　　银汇价的波动除了对中国的进出口具有直接的影响外，与华侨的汇款和外国人在中国的投资，以及用外汇支付的外债及赔款也有密切的关系。

　　一般来说，银价下跌实际上就是汇价下跌。它有利于侨汇的增加，也有利于外国在中国的投资的扩大。因为中国货币相对贬值后，外汇在中国的购买力增长。在银价下跌、中国外汇贬值的年份里，侨汇有明显增长的迹象。我们以 1929—1931 年为例，这几年世界银价跌至历史上的最低水平，而华侨向国内汇款却增至最高水平。20 世纪 20 年代初时侨汇还只有 1 亿关两左右，1929 年增为 1.671 亿关两，1930 年为 1.87 亿关两，1931 年更增至 2.32 亿关两。其后银汇价上涨，华侨汇款额也相应下降，1932 年降至 2.099 亿关两，1933 年降至 1.926 亿关两，1934 年降至 1.6 亿关两。①

　　与银汇下跌对侨汇的影响相同，由于其结果是外币在中国的

① 郑友揆：《中国的对外贸易和工业发展（1840—1948 年）——史实的综合分析》，程麟荪译，蒋学桢、汪熙校，上海社会科学院出版社 1984 年版，第 112 页。

购买力提高，所以有利于外国资本流入中国。对这一问题洋商是十分敏感的，从 19 世纪 70 年代初银价开始下跌时起，国外要求对华投资设厂的呼声就日甚一日。这除了汇价变动的因素外，当然还由于这一时期自由资本主义向垄断资本主义过渡，大量的过剩资本需寻求出路，其中尤以英国方面的要求最力。90 年代初，银价大幅度下跌，英国驻华外交官以及英国在华所办的报纸，都发表言论，对中国政府施加压力要求允许在中国设厂，英国国内的投资者也鼓吹利用银贱的机会开拓中国的投资市场。《马关条约》的签订满足了列强的要求，为外资流入中国敞开了大门。19 世纪末和 20 世纪初，外国在华投资出现高潮。

所谓外资的流入，实际上大多是外国输入商品的货值或利润留在中国转为外国在华投资。因为中国货币的相对贬值大大提高了外币在中国市场上的购买力，对外商来说是十分合算的，较之将商业利润汇回母国投资经营可获得更多的利润。

外国在华投资的增加缓解了中国资本的短缺，这对中国的工业化是有利的。这一问题在本书最后一章讨论生产要素价格变动时还将做详细的说明。

当然，外商对华贸易顺差留在中国，转化为对华投资，也有不利的一面，即不利于中国的出口贸易。它不再像以前那样将进口商品的销售收入购买中国土货出口了。

最后还需略作说明的是银汇变动对中国支付外债和赔款的影响。清偿赔款每次还本付息均需以白银购买黄金、英镑或以债权国货币偿付。如果是借款，在借贷时银价越便宜越好，因为银价低则用英镑或其他外币（金本位）核算来华的白银就多；偿付债款和赔款时则银价越高越好，因为银价贵，同样数量的白银可以兑换更多的外币。但实际的情况是，这一时期银汇变动的总趋势是在波动中下降，因此，总的说来它对中国偿付债款和赔款是不利的。以善后借款为例，1913 年签订合同时，银元 1 元约合英金 24 便士，到 1935 年国民党政府实行币制改革前，银元 1 元只相当 14—15 便士。其间虽然在 1920 年前后银价一度高涨，这本来对中国偿债是有利的，但由于受到借款合同条文的约束，中国方面却不得于市场上直接购买外汇，而必须以还本付息之日收款银行开牌的行市，用规平银购金偿付。这就使银行团方面得以在一定程度上抑低银价，从而使中国方面不能充分享受由于银价上涨带来的好处。①据估计，中国每年在这方面的损失即达数百万两。20 世纪 20 年代末到 30 年代初银价下跌最严重时，中国每年的损失更高达 700 万两以上。②

由本节和前节的分析可以看出，中国在近代化起步后的半个多世纪时间里，继续实行银本位制度对中国经济造成的影响是十分值得注意的，其实际的效应可谓有利有弊。但从世界经济发展的潮流看，废弃银本位是大势所趋，是中国经济发展和进一步融入世界资本主义经济体系不可避免的。

第三节　银钱比价问题

清代实行的是一种银钱并用的货币制度。流通的商品价格，大宗的以银计价，普通的以钱计价，而实际交易用银还是用钱支付，则视交易额的大小、路途的远近和交易习惯而定。一般来说，大额交易多以银支付，小额零售贸易则以钱文支付。银钱之间的比价有两种：一种是官价，自从顺治元年（1644 年）定下 1000 文兑换 1 两的规定后，长时期来基本维持这个法定比价；另

---

① 参见刘佛丁：《关于善后借款用项和偿付金额的考订》，《南开经济研究所季刊》1988 年第 3 期。

② 石毓符：《中国货币金融史略》，天津人民出版社 1984 年版，第 253—254 页。

一种是市价，终清代二百余年一直起伏不定。直到 19 世纪后期广大农村、城镇以及大城市的基层或近郊人民都是使用制钱的，零售物价是以制钱作为单位，人民的收入也以钱文为计算标准，所以在市场上流通的货币主要是制钱。制钱在流通中具有与银同等重要的作用。对平民百姓来说，制钱的计价和交换职能更为重要。清代法律中没有规定将制钱作为银两的辅币，所以在对银价问题进行了重点讨论后，无论从本章结构的逻辑体系，还是从中国近代货币制度的实际，都有必要对银钱比价问题略作分析。本节着重说明的是 19 世纪至 20 世纪初一百余年间市场上银钱比价的变动及其影响。

中国地域广大，各地物价不统一，因此银钱比价在各地也不一致。根据可以找到的三个地区的资料，笔者编制了表 2-6，以反映银钱比价的变动概貌。

表 2-6　银钱比价指数（1798—1911 年）

1821 年=100

年份	指数	年份	指数	年份	指数	年份	指数
1798	86.1	1816	93.0	1834	107.1	1852	172.6
1799	81.6	1817	96.1	1835	112.1	1853	172.6
1800	84.5	1818	98.3	1836	117.4	1854	172.6
1801	82.2	1819	—	1837	123.1	1855	172.6
1802	78.7	1820	96.3	1838	129.3	1856	176.5
1803	76.3	1821	100.0	1839	132.6	1857	132.4
1804	72.6	1822	98.9	1840	129.8	1858	118.1
1805	73.9	1823	98.6	1841	129.8	1859	122.0
1806	76.1	1824	100.2	1842	141.5	1860	127.2
1807	76.6	1825	99.0	1843	144.1	1861	118.1
1808	82.1	1826	100.4	1844	144.1	1862	118.1
1809	84.1	1827	105.9	1845	157.1	1863	118.1
1810	89.4	1828	105.7	1846	167.4	1864	111.6
1811	85.7	1829	109.0	1847	172.6	1865	141.5
1812	86.3	1830	107.7	1848	172.6	1866	135.0
1813	86.1	1831	109.6	1849	172.6	1867	133.7
1814	87.0	1832	109.5	1850	172.6	1868	140.2
1815	—	1833	107.6	1851	172.6	1869	167.4

续表

年份	指数	年份	指数	年份	指数	年份	指数
1870	162.3	1881	158.4	1892	145.4	1902	139.9
1871	166.1	1882	158.4	1893	146.7	1903	134.8
1872	164.8	1883	157.1	1894	138.9	1904	125.9
1873	168.7	1884	155.8	1895	136.3	1905	139.9
1874	167.4	1885	155.8	1896	128.5	1906	146.3
1875	157.1	1886	153.2	1897	124.6	1907	185.7
1876	159.7	1887	146.7	1898	123.3	1908	190.8
1877	155.8	1888	146.7	1899	123.3	1909	198.4
1878	149.3	1889	144.1	1900	127.2	1910	139.9
1879	153.2	1890	141.5	1901	142.5	1911	192.1
1880	155.8	1891	142.8				

资料来源：①1798—1840 年：严中平等编：《中国近代经济史统计资料选辑》，科学出版社 1955 年版，第 37 页。②1841—1900 年：郑友揆《十九世纪后期银价、钱价的变动与我国物价及对外贸易的关系》（《中国经济史研究》1986 年第 2 期）一文中数据，基期折算为 1821 年。③1901—1911 年：据《天津通志·金融志》（天津社会科学院出版社 1995 年版）第 631 页表 4-6 中数据，基期折算为 1821 年。

　　清代前期银钱比例基本是稳定的，17 世纪后半期至 18 世纪末，银钱比价在每两 800—1000 文。银贵钱贱的现象在全国普遍出现主要是从 19 世纪初年开始，尤其是 19 世纪 20 年代以后（在这一问题上也有不同意见，本书不拟备录）。造成银贵钱贱的原因，一般认为是白银外流所致。本书在第一章提到 17 世纪开始直到 19 世纪初期白银一直是流入中国的。从 19 世纪初开始的白银外流完全是走私鸦片的结果。白银外流造成中国银的购买力上升，这是银贵钱贱的主要原因。①

　　从图 2-5 可以看到，银贵钱贱的趋势大约在 1856 年达到顶点，其后钱价回升。据郑友揆先生的研究，这主要是白银外流的

---

① 在这一问题上也有人提出不同的见解，认为鸦片战争前银贵钱贱的原因主要应从货币制度自身的内在矛盾中去寻找，私铸和减重是引起铜钱贬值的主要原因（谢杭生：《鸦片战争前银钱比价的波动及其原因》，《中国经济史研究》1993 年第 2 期）。

状况开始扭转，在 1856 年开始少量白银净输入的结果。[①]19 世纪 60 年代中期以后钱价再一次下跌，70 年代初回到 40 年代后期和 50 年代前期的水平。1873 年后由于银价下跌，钱价相应有所提高，这种趋势一直维持到 20 世纪初年。

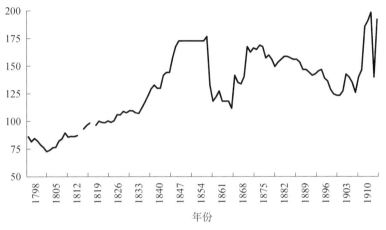

图 2-5　银钱比价变动趋势（1798—1911 年）

资料来源：据表 2-6 中数据绘制。

　　1900 年中国开始铸造以一当十的铜元作为银元的辅币，停止铸造制钱。铜元与制钱比较起来，因含铜少而面值高铸造能获大利，所以各省也纷纷铸造。在这一过程中，大量制钱被熔铸，所以在市面上流通的制钱日趋减少。到 1905 年以后，在各大城市的市场上制钱已几乎绝迹，只是在某些边远的农村还在使用，而铜元则取而代之充斥市场。所以本书关于银钱指数的编制也到 1911 年为止。其后铜元与银元的比价问题，因与清代银钱比价问题不尽相同，其对经济的影响也较简单，所以本书不再加以讨论，仅将铜元贬值的情况列表 2-7 以供参考。

---

① 郑友揆：《中国的对外贸易和工业发展（1840—1948 年）——史实的综合分析》，程麟荪译，蒋学桢、汪熙校，上海社会科学院出版社 1984 年版。

表 2-7　天津地区银元与铜元兑换率（1902—1937 年）

年份	兑换率	年份	兑换率	年份	兑换率
1902	100	1914	139	1928	404—425
1903	80	1915	130	1929	367—406
1904	88	1920	141	1930	370—398
1905	107	1921	154	1931	357—385
1906	110	1923	185—204	1936	460—500
1908	140—150	1924	207—291	1937	420—460
1911	130	1925	279—321		
1912	123	1926	330—465		

资料来源：《天津通志·金融志》（天津社会科学院出版社 1995 年版）第 633 页表 4-8。

注：银元 1 元兑换当 10 铜元。

　　在银钱并用的终清一代，靠出卖劳动力为生的普通百姓的收入是以钱计值。当银贵钱贱时，他们的工价往往不能相应提高，这样他们的实际收入将因之而下降。反之当钱贵而少时，则给商品流通和以之为主要交换手段的平民带来不便。19 世纪末关于"官钱日乏，商民病之"的记载不少。这些问题在货币史的教科书中均有说明，于兹不赘。

第三章　商品的比价和差价

从价格理论上分析，可供讨论的商品比价和差价的范畴是很广泛的。本书仅从旧中国经济的实际和资料取得的可能性出发，选择以下几组对偶的价格变动作为研究的对象：①进口商品和出口商品价格水平的相对变动情况；②工业品和农产品比价的变动趋势；③制成品、半成品及原料价格的变动；④商品的地区差价、批零差价和季节差价。关于工农产品的比价问题，中华人民共和国成立后工农产品价格剪刀差的讨论一度成为物价问题，乃至成为社会主义政治经济学研究的热点。这种现象是社会主义经济所特有的，还是资本主义经济的产物？比较的需要曾促使一些研究现实经济的学者作历史的思考，因此也较多地引起经济史学者的注意。所以就本书"相对价格"这一命题来说，工农产品比价问题的研究与其他方面的比较，无疑是过去最被关注的范畴。这一问题在本章中也将作为重点加以说明，因为笔者的观点与过去多数学者的意见不同。

第一节　进出口商品比价

关于进出口商品价格总水平和各自水平的一般变动趋势，本书在上一章已做过一些讨论，本章将依据具体的数字做进一步的分析。

对于旧中国进出口价格的研究，一般均使用南开经济研究所编制的进出口物价指数。公开发表的起码有四种，其中三种是进口商品价格与出口商品价格分列的，一种为进出口商品价格的综合指数。三种分列的进出口价格中，最早发表的一种是 1930 年何廉主编、南开大学社会经济研究委员会出版的《中国六十年进出口物量指数物价指数及物物交易指数》一书的单行本。其中编制的进出口物价指数，是到 1927 年为止，其所反映的趋势是出口物价总水平的增长快于进口物价的增长。以 1913 年为 100，进口物价指数在 1867—1927 年由 46.6 增加为 114.4，出口物价指数同期则由 49.9 增加为 148.1。在 1867—1927 年的 60 年中，有 42 年物物交易率指数净数（Pi/Pe）在 100 以下，而且其离中趋势的平均值远大于净交易率在 100 以上的年份的平均值。何廉认为，"中国 60 年来之进出口物价，均有逐年增长之势。其出口物价之一般平均，较进口物价为高"，我国"国际贸易之不利地位，已渐趋改善矣"。[1]

1932 年何廉在《经济统计季刊》上发表的论文《中国进出口中物量指数物价指数及物物交易率指数编制之说明》中对他 1930 年出版的《中国六十年进出口物量指数物价指数及物物交易指数》中的进出口物价指数做了修正，并将下限延伸至 1930 年。但为什么加以修正和如何修正的，作者并未加以说明。将两表对照可以看到数字改动不大，较为重要的是早期出口物价指数略有下降，其结果自然是造成出口商品价格增长快于进口商品价格增长的趋势更为明显。据修正的数据，1867—1930 年中国进口物价指

---

[1] 何廉主编：《中国六十年进出口物量指数物价指数及物物交易指数》，南开大学社会经济研究委员会 1930 年版，第 30 页。

数则由 46.9 增加为 123.1，出口物价指数则由 45.1 增加为 170.4（以 1913 年为 100）。所以何廉认为："我国总交易率之变迁自 1867 年至现在均有下降趋势，吾人对于每年单位进口货物所付之出口物品，逐渐减少，交易之率渐趋有利。……净交易率之变迁，其 60 年来之趋势，亦与总交易率大略相似，唯其程度，则不若前者之甚。"①

　　第三种进出口物价指数发表在 1936 年的《南开指数年刊》上。这个指数的下限延伸到 1936 年（暂编），并在注释中说，1926 年以后的数字有修正。但为什么加以修正和如何修正，也没有加以说明。如果只观察首尾两年的数字，会发现其所反映的进出口商品价格的变化趋势有了根本性的变化，即进口物价上涨的趋势快于出口物价上涨的趋势。以 1913 年为 100，1867—1936 年进口物价由 46.9 增加为 152.3，出口物价由 45.1 增加为 139.2，70 年中净交易率指数有 42 年在 100 以上。经笔者对照其修正的情况，并非如注释中所说从 1926 年开始，而是从 1915 年开始进口物价指数大幅度提高，出口物价指数则没有变化。如果以修正后的指数为基础得出结论，自然与何廉前两篇文章中的观点就不可能完全一致了。当年主持指数编制的人员或已作古，或无处寻觅，原始计算资料也无从查找。天津财经大学李惠村教授在《南开大学外贸指数研究》②一文中曾提到，1936 年那一次修正的是以前计算上的错误，但是什么错误也没有说明。可惜的是李先生也已病故，为我们留下了一个谜。

　　发表在《南开指数年刊》上的进出口物价指数，由于时限最长，又是经过修正的，所以为国内外学术界广泛引用。笔者虽然

① 何廉：《中国进出口中物量指数物价指数及物物交易率指数编制之说明》，《经济统计季刊》1932 年第 1 卷第 1 期。
② 李惠村：《南开大学外贸指数研究》，《南开经济研究》1991 年第 6 期。

对其有怀疑，但仍以其作为本书研究进出口物价变动的依据。

南开经济研究所编制的进出口物价指数，还有一种是本书在第一章中就已提及的吴大业先生根据该所编制的进口和出口商品物价指数通过加权平均得到的进出口物价综合指数（表 3-1）。本节在讨论进出口相对价格变动之前，拟先以这一指数为基础分析其与金银比价、汇价、批发物价总指数的关系，以使前两章中的论证得以完善。

表 3-1　中国进出口物价综合指数（1867—1931 年）

1913 年=100

年份	指数	年份	指数	年份	指数
1867	46.0	1889	48.8	1911	96.9
1868	49.3	1890	46.1	1912	94.3
1869	47.8	1891	45.5	1913	100.0
1870	46.4	1892	45.5	1914	107.2
1871	47.3	1893	47.7	1915	97.1
1872	46.9	1894	57.8	1916	105.3
1873	47.9	1895	59.8	1917	99.6
1874	42.2	1896	62.4	1918	109.7
1875	37.9	1897	68.9	1919	109.6
1876	40.5	1898	67.1	1920	119.1
1877	38.1	1899	72.6	1921	118.6
1878	37.9	1900	73.4	1922	114.5
1879	38.2	1901	72.3	1923	120.5
1880	39.7	1902	79.9	1924	123.0
1881	40.0	1903	88.6	1925	126.1
1882	36.9	1904	90.0	1926	129.6
1883	36.9	1905	85.8	1927	131.4
1884	35.0	1906	83.0	1928	135.2
1885	36.0	1907	90.0	1929	140.6
1886	39.3	1908	94.7	1930	156.5
1887	47.4	1909	92.8	1931	161.0
1888	48.0	1910	97.2		

资料来源：吴大业《百年来金银价变动之原因及其影响》（《经济统计季刊》1932 年第 1 卷第 1 期）表 1 中数据，基期改为 1913 年。

本书第二章第一节中曾说明，影响中国批发物价变动的主要原因是世界市场上银价的升降。在该章第二节中又进一步说明银价变动对中国批发物价变动的作用是通过银汇价的媒介。本节中需要进一步说明的是，这一传导机制中还需加入一个环节，那就是进出口物价的变动，从而使这一过程得以完善。本书阐述的这一传导的作用过程虽然是一个自左向右的矢量，但并不排斥在某两个环节之间存在逆向的相互作用关系（如批发物价与进出口物价之间），也并不把前一个环节视作后一个环节变动的唯一原因（如影响进出口物价的另一主要因素是世界批发物价）。

由图 2-4 可以看到，金银比价与汇价变动趋势是完全一致的，所以图中没有再绘制银汇价变动的曲线，而是把上述的四个环节简化为三个环节。

图 3-1 为 1867—1935 年银价、进出口物价、批发物价变动的相互关系，从图中可以看到，三条曲线中以银价指数的波动，也即汇价的波动最为厉害，其离中趋势最显著，其次为进出口物价，批发物价波动最小。这是因为在伦敦和纽约市场上以黄金度量的银价变动非常敏感，也即中国的银汇价变动是非常敏感的。但这种变动在作用于进出口物价，再通过进出口物价影响中

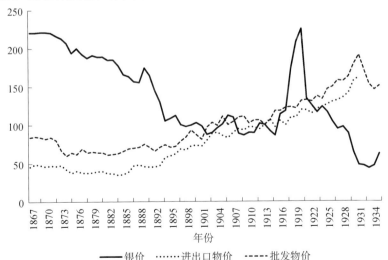

图 3-1 银价、进出口物价、批发物价变动的相互关系（1867—1935 年）

资料来源：①银价、批发物价：据表 2-2 中数据。②进出口物价：据表 3-1 中数据。

国批发物价总指数的过程中，其谷峰自然变得越来越钝，如同投入潭中的石子所引起的涟漪一样，越向外越弱。这是物价变动的刚性所使然。

如果我们比较一下这三种指数增长和下降的幅度就会发现，1867—1931年增长（或下降）幅度最大的是银价，其次为进出口物价，再次是批发物价。

图3-1从直观上也可看出，银价与进出口物价、进出口物价与批发物价各自之间的相关（或反相关）程度高于银价与批发物价的反相关程度。

如果假定其他条件不变，那么上述关于价格作用的传导机制可以用图3-2来加以表示。

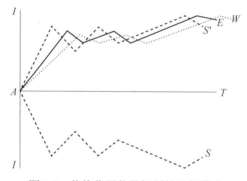

图3-2　价格作用传导机制的理想模式

注：AT为时间，AI为指数，AS为银价（或银汇价），AS'为银的影子曲线，AE为进出口价格，AW为批发物价。

如果笔者能得到逐日或起码是逐周、逐旬的上述三种指数资料，将可验证上述模式的有效性。笔者现在虽然可以找到批发物价和汇价的周指数，但进出口物价却没有同样的指数，所以这一工作将留待以后。

在对进出口物价综合指数与银价指数的变动关系分析之后，

我们需要进一步加以讨论的是进口物价与出口物价各自的变动情况和相互的比例关系（表 3-2、图 3-3）。

表 3-2 中国进口物价指数和出口物价指数（1867—1936 年）

1913 年=100

年份	进口物价	出口物价	年份	进口物价	出口物价	年份	进口物价	出口物价
1867	46.9	45.1	1882	37.6	36.2	1897	71.8	66.1
1868	46.9	51.7	1883	37.1	36.8	1898	71.9	62.3
1869	47.9	47.8	1884	37.1	32.9	1899	67.2	78.0
1870	46.7	46.1	1885	38.1	33.9	1900	74.8	72.1
1871	47.4	47.2	1886	43.3	35.3	1901	75.3	70.6
1872	45.8	48.7	1887	43.0	51.8	1902	78.0	81.7
1873	46.3	49.6	1888	43.6	52.4	1903	88.3	89.0
1874	38.5	45.9	1889	44.3	53.3	1904	87.2	92.7
1875	35.3	40.6	1890	40.7	51.5	1905	81.2	90.4
1876	33.8	47.1	1891	38.7	52.3	1906	75.4	90.6
1877	35.3	40.8	1892	39.6	51.4	1907	82.3	97.6
1878	35.7	40.2	1893	44.7	50.8	1908	95.4	94.1
1879	35.2	41.3	1894	62.8	52.8	1909	95.1	90.5
1880	38.3	41.1	1895	66.1	53.5	1910	102.5	91.8
1881	39.6	40.5	1896	67.1	57.7	1911	102.2	91.5
1912	100.0	88.8	1921	167.4	117.8	1930	174.7	170.4
1913	100.0	100.0	1922	146.8	124.7	1931	192.9	166.3
1914	108.9	105.2	1923	148.7	136.3	1932	180.1	140.0
1915	113.0	107.8	1924	148.8	141.2	1933	173.2	121.4
1916	122.4	117.0	1925	151.0	145.9	1934	151.9	111.6
1917	131.0	106.2	1926	150.8	152.9	1935	138.1	110.4
1918	147.0	114.5	1927	161.7	148.9	1936	152.3	139.2
1919	150.2	112.6	1928	159.1	158.4			
1920	175.7	112.9	1929	158.1	169.8			

资料来源：孔敏主编：《南开经济指数资料汇编》，中国社会科学出版社 1988 年版，第 375-376 页。

第一，从对图 3-3 的观察我们可以看到，进出口物价变动的曲线并不一致，但它们却如本书第一章中讨论批发物价总水平变动时所指出的存在着周期性的波动。为了观察的需要，本书使用第一章中已说明过的计算方法对进出口物价的原始数据加以处理，这样就得到表 3-3 和图 3-4。

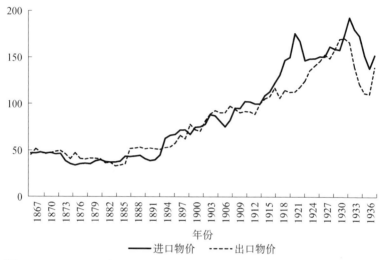

图 3-3　1867—1936 年中国进口物价和出口物价变动趋势（1913 年=100）

资料来源：根据表 3-2 中数据绘制。

表 3-3　中国近代进口物价指数和出口物价指数的周期波动及标准单位周期偏差（1868—1935 年）

年份	进口物价	出口物价	年份	进口物价	出口物价
1868	0.407 438	0.327 505	1883	−0.226 401	−0.325 525
1869	0.385 099	0.291 066	1884	−0.248 971	−0.392 26
1870	0.354 861	0.236 933	1885	−0.230 906	−0.417 488
1871	0.320 827	0.225 178	1886	−0.189 245	−0.316 206
1872	0.283 547	0.228 980	1887	−0.183 818	−0.133 770
1873	0.207 724	0.204 262	1888	−0.201 19	−0.050 191
1874	0.069 958	0.117 089	1889	−0.237 498	−0.069 699
1875	−0.056 952	0.051 171	1890	−0.315 037	−0.101 079
1876	−0.114 635	0.036 538	1891	−0.382 218	−0.128 614
1877	−0.126 095	−0.024 149	1892	−0.379 580	−0.158 689
1878	−0.141 090	−0.083 019	1893	−0.254 811	−0.181 559
1879	−0.152 182	−0.096 752	1894	−0.068 276	−0.184 208
1880	−0.131 707	−0.118 421	1895	0.019 534	−0.171 389
1881	−0.133 419	−0.177 362	1896	0.030 225	−0.118 65
1882	−0.180 879	−0.255 364	1897	0.041 631	−0.068 91

续表

年份	进口物价	出口物价	年份	进口物价	出口物价
1898	0.015 806	−0.030 663	1917	0.140 443	0.050 775
1899	−0.017 41	0.024 931	1918	0.193 875	0.036 355
1900	−0.005 615	0.014 221	1919	0.246 108	0.023 817
1901	0.006 764	−0.001 763	1920	0.291 253	0.010 182
1902	0.030 506	0.065 075	1921	0.246 886	0.024 918
1903	0.071 649	0.132 242	1922	0.145 800	0.064 349
1904	0.052 021	0.145 409	1923	0.093 023	0.109 994
1905	−0.031 830	0.121 268	1924	0.073 698	0.135 763
1906	−0.091 361	0.112 384	1925	0.054 327	0.150 367
1907	−0.055 724	0.118 705	1926	0.048 235	0.153 043
1908	0.012 687	0.086 985	1927	0.052 200	0.144 652
1909	0.040 227	0.039 603	1928	0.033 420	0.164 010
1910	0.049 628	0.013 850	1929	0.024 630	0.192 789
1911	0.034 910	−0.014 587	1930	0.071 205	0.183 525
1912	−0.003 249	−0.023 563	1931	0.102 006	0.106 877
1913	−0.013 920	0.019 739	1932	0.056 140	−0.043 239
1914	0.011 404	0.059 610	1933	−0.039 909	−0.200 908
1915	0.044 629	0.082 176	1934	−0.165 645	−0.303 648
1916	0.084 252	0.082 227	1935	−0.248 150	−0.294 459

资料来源：据表 3-2 中数据计算。

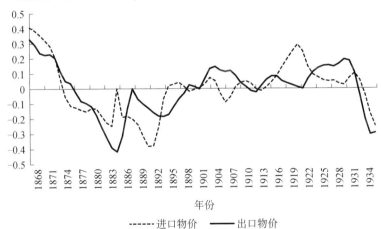

图 3-4　中国近代进口物价指数和出口物价指数的周期波动（1868—1935 年）

资料来源：据表 3-3 中数据绘制。

从图 3-4 可以看出，无论是进口还是出口物价指数都存在明显的周期波动，但如果与中国批发物价总水平比较起来，则进口物价的周期波动曲线与之较为相似，而出口物价波动的曲线则与之相去较远。这无疑是说明中国近代物价的变动更多地受到进口商品价格，也即世界市场的影响。从表 3-3 中可以看到，中国进口物价水平在 1868—1884 年呈下降趋势，从 1885 年起回升，到 1903 年升到高点，其后又趋向下降，到 1913 年降至最低点。在重新开始的一个周期中，1931 年为最高点，而 1935 年为最低点。其与中国经济周期波动的下转折点（1887 年、1914 年、1936 年）和上转折点（1905 年、1931 年）是完全一致的，只是多数情况下中国进口物价的转折点早于国民总生产转折点 1—2 年。国民生产总值的变动滞后于市场兴衰，这是完全符合经济运行实际的。因为从价格变动到投资者增加或减少投资，再到生产的增减，总是要有一个时差过程的。

第二，我们若将图 3-3 中进口物价指数和出口物价指数与图 2-2 中英国和美国的批发物价指数加以比较就可以看到，进口物价的变动曲线与之较为相似。这说明其变动除受银价变动的影响外，还受到世界市场上同种商品价格的影响，而中国的出口物价则受其影响较小。这是因为尽管中国出口商品在世界市场上的价格决定权已逐步丧失，但如前边已经说明过的，由于中国出口商品结构的变化，其与在国际市场流通的商品结构不同，所以出现上述情况是很自然的。

第三，经过修正的进出口物价指数，如果用首尾年份比较显然是进口物价上涨比出口物价上涨得快。它们分别由 1867 年的 46.9 和 45.1 增加为 1936 年的 152.3 和 139.2。但如果我们分析一下就可以看出这种进口物价上涨超过出口物价的上涨，主要是出现在 1931 年以后。在这之前的六十余年中，多数年份出口物价的上涨快于进口物价的上涨。因此，如果我们用环比指数计算方法，就是把 1931 年后的 5 年包括在内，即计算 1867—1936 年的年增长率，得出的结果为进口物价每年递增 2%，而出口物价却递增 2.3%，也即出口物价的增长速度快于进口物价。①

　　笔者始终对 1936 年发表的修正的进出口物价指数存有怀疑。因为如前所述，这次修正的不是出口物价指数而是进口物价指数。在 1931 年世界经济危机波及中国的年代里，本应是洋货以较以前为低的价格向中国倾销，而不应以较前更高的价格出现在中国市场上。另外，银价自 1931 年后的回升，即使不会使进口商品价格下降，但起码不是造成其上涨的因素。

　　从理论上说，中国的进口商品主要是外国的工业制造品，而出口商品主要是农产品和矿产品。在 19 世纪末到 20 世纪初的 70 年间，前者的劳动生产率无疑比后者有较快的增长。如果不存在完全垄断的话，进口工业制成品的价格上涨快于出口矿产品和农产品价格的上涨是不太可能的。关于这一问题本书在下一节讨论工农产品比价时还将作进一步的分析。

第二节　工业品和农产品的比价

　　在前资本主义时代，农民和手工业者之间的交易，或者作为农民家庭副业生产出来的手工业品的多余部分拿到市场上去换取农产品，尽管其价格具有不统一性，但一般来说交换双方都没有自然的或人为的垄断条件能使一方经常以高于其价值出售产品，

①　由于 1931 年以后出口税不按 FOB（free on board，离岸价）价格，又原为出超地区的东北不计入海关统计，这都影响出口价格，所以不宜以 1931 年以后的进出口价格与 1867 年相比。如将 1930 年的进出口价格与 1867 年相比，则进口物价年均递增 2.4%，出口物价年均递增 2.7%。国外对这个问题的研究有 Dernberger R F. The role of the foreigner in China's economic development. *In* Perkins D H. ed. *China's Modern Economy in Historical Perspective*. Stanford: Stanford University Press, 1975; Hou C M. *Foreign Investment and Economic Development in China, 1840-1937*. Cambridge: Harvard University Press, 1965; Huenemann R W. *The Dragon and the Iron Horse: The Economics of Railroads in China, 1876-1937*. Cambridge: Harvard University Press, 1984. 这些观点与本书不尽相同。

并迫使另一方购入；买方自然也不可能迫使卖方以低于其价值的价格出售产品，而无偿占有对方的一部分劳动。无论他们是农民还是手工业者，成交的价格可能不符合其价值，但这种现象并不只是发生在手工业品和农产品的交换之间，更不会出现手工业者经常以高于其价值出售其产品而农民经常低于其价值出售其产品的现象。

由商人作为媒介的手工业品和农产品的交换，虽然贱买贵卖是经常发生的事情，但商人既欺诈作为生产者的农民和手工业者，也欺诈作为消费者的农民和手工业者，还欺诈既不是农民也不是手工业者的其他消费者。手工业品的生产者并不会从这种经济现象中得到好处。

当然这里需要说明的是，在中世纪无论西方还是中国，都曾出现过国家或其赋予特权的商人垄断某些种类的人民生活所必需的工业品生产或流通的事实，而中国这种垄断的程度总的说来甚于西方。如中国历史上的盐铁专卖问题，有时还扩大到酒、茶等商品。以盐为例，因其为人民生活所必不可少的，所以国家或专商得以凭借其特权，以低价购买后而以高价售给消费者。那时的消费者绝大多数是农民。这自然就出现了工业品和农产品的不等价交换问题，也即工业品以高于其价值的价格换取农产品的问题。这种垄断的利润落在国家和少数特权商人手中，农民和手工业者同是受害者。而这些商品与农产品比价的变化就取决于垄断者的利润率（在这种形式上国家的税收与商品利润已经合为一体）。

但上述情况在前资本主义时代只是发生在少数手工业品上，而且时断时续，并非贯彻始终，更非全国各地都是如此。

在传统社会中，由于生产的停滞性，新技术很少采用。在机械和动力引入生产以前，农业和手工业的劳动生产率的进步都是非常缓慢的，这就决定了手工业品和农产品比价在一个很长的历史时期内不会由于劳动生产率的变动而发生更大的变化。换言之，农产品和手工业品的比价是长期稳定的。为了证实这种判断的正确性，本书将以河北省宁津县的农产品和手工业品零售物价指数为例证，如表 3-4 所示。

表 3-4　河北省宁津县农产品和手工业品零售物价指数（1800—1850 年）

1821 年=100

年份	农产品	手工业品	年份	农产品	手工业品
1800	78.5	90.4	1821	100.0	100.0
1801	96.7	102.8	1822	101.9	104.0
1802	97.0	104.5	1823	102.5	103.8
1803	102.4	95.0	1824	98.3	104.8
1804	92.1	97.1	1825	101.3	108.9
1805	92.2	88.8	1826	99.6	103.7
1806	103.8	92.2	1827	95.6	100.3
1807	112.1	95.9	1828	100.2	95.9
1808	111.8	96.6	1829	89.6	93.6
1809	105.3	100.4	1830	80.3	89.9
1810	105.5	101.9	1831	85.7	90.1
1811	105.6	103.3	1832	96.4	93.7
1812	106.0	102.9	1833	110.1	98.9
1813	106.3	102.4	1834	127.6	97.6
1814	125.7	107.3	1835	117.2	102.8
1815	117.7	113.3	1836	111.5	101.2
1816	101.9	105.6	1843	97.7	101.2
1817	91.4	102.2	1844	99.5	100.3
1818	99.6	106.4	1845	98.8	104.2
1819	101.9	100.2	1850	112.2	120.7
1820	101.9	97.3			

资料来源：严中平等编：《中国近代经济史统计资料选辑》，科学出版社 1955 年版，第 38 页。

从表 3-4 可以看出，在中国传统经济尚未发生明显变动的 1800—1850 年，农产品和手工业品的比价从长期趋势看变化不大，50 年间农产品指数上升了 43%，手工业品指数上升了 34%。前者上涨的幅度略大于后者，显然不存在手工业品与农产品价格之间的剪刀差。

工业品和农产品比价的相对稳定可以说是传统社会商品相对价格的一个重要特点。但还有另一特点值得我们注意，那就是如果从一个国家近代化以后的价格变动角度加以回溯，将会发现在近代化以前的时期，手工业品与农产品比较起来，手工业品显得"昂贵"，而农产品则显得比较"便宜"。其道理是非常简单的，即产业革命首先从工业部门开始，劳动生产率迅速提高导致产品价格大幅度下降，而农业部门的技术革命要迟得多，而且在多数国家农业劳动生产率的提高落后于工业部门。以英国为例，在纺纱方面，1779 年克伦普顿（Samuel Crompton）发明的走锭纺纱机就使棉纱的生产费用立刻降低，由最初的每磅 10 先令落为 8 先令，再落为 6 先令 8 便士；到了 1790 年再落为 4 先令；1792 年为 3 先令 1 便士；1793 年为 2 先令 6 便士。1795 年机器经过一次改进，并且很快地被普遍采用，于是在几年之内，棉纱生产费用便从 2 先令 6 便士落到了 8 便士，到了 1826 年则低至 6.5 便士。这样看来，纺机的进步使得 1775—1826 年棉纱的生产费用由 120 便士跌到 6.5 便士，就是说，跌落了 94%还多。织机的进步不如纺机那样快，但有一个记载说，1820—1830 年由于动力织机的使用，棉布的市价也跌落了一半左右。另一个记载说，由于新型蒸汽织机的使用，布匹的织造费在 19 世纪 50 年代开始时为 2 先令 9 便士，到了 70 年代便减为 5.125 便士。[①]

中国的情况自然不如工业革命母国英国的情况那么明显，尤其是因为纺织业作为农民家庭副业，其成本极为低廉，以至于英国机制品在鸦片战争后的近 30 年均不能在与中国的竞争中取得优势。显然那时英国的棉纱和棉布的成本如前所述，已经比英国前

---

① 严中平：《中国棉纺织史稿》，科学出版社 1955 年版，第 55 页。

工业化时代大为降低。

下面，本书选择了数种前资本主义时代和近代社会中都存在的工农业产品，对其价格进行比较，借以观察在机器生产被引进后它们的价格变动状况（表 3-5 至表 3-7）。

表 3-5　矿产品价格的变动（1887—1933 年）　　单位：元/吨

项目	1887 年	1933 年	增长倍数
煤	2.9	5	1.7
铁矿石	5.9	4	0.7
生铁	44.0	51	1.2
钢	587.4	585	1.0
平均	—	—	1.2

资料来源：①1887 年数据根据张仲礼《十九世纪八十年代中国国民生产总值的粗略估计》（王玉茹、赵津译，《南开经济研究所季刊》1987 年增刊第一集）。②银两数按 1∶1.4686 折算为银元。③1933 年数据根据巫宝三主编《中国国民所得（一九三三年）》（中华书局 1947 年版，第 53—54 页）。

注：增长倍数是用简单算术平均，而没有根据产量数加权平均，表 3-6、表 3-7 相同，不再一一说明。

表 3-6　纺织品价格的变动（1887—1933 年）　　单位：元/担

项目	1887 年	1933 年	增长倍数
棉布	46.4	55.6	1.2
生丝	376.0	288.0	0.8
平均			1.0

资料来源：1887 年数据同表 3-5，1933 年数据据巫宝三主编：《中国国民所得（一九三三年）》（下册），中华书局 1947 年版，第 92、101 页。

注：①1887 年数据为手工业生产者所得价格，1933 年数据为出厂价格。②棉布价格巫宝三书中系以匹计算，今按各种布匹平均重量为每匹 12 磅，并按 0.907 磅=1 市斤折算。

表 3-7　农产品价格的变动（1887—1933 年）　　单位：元/担

项目	1887 年	1933 年	增长倍数
稻	1.88	3.64	1.9
麦	1.66	5.14	3.1
小米	1.03	6.37	6.2
大豆	1.32	4.72	3.6
高粱	0.95	3.85	4.1
玉米	0.95	3.20	3.4
棉花	14.17	39.83	2.8
平均	—	—	3.6

资料来源：1887 年数据同表 3-5，1933 年数据同表 3-5 所引书第 26 页。

注：表中价格均为农民所得价格。

由表 3-5 至表 3-7 可以看到，19 世纪 80 年代至 20 世纪 30 年代，主要农产品价格平均上涨为原来的 3.6 倍，矿产品价格只上涨为原来的 1.2 倍，而以生丝和棉布为代表的工业品价格则完全没有变动。19 世纪 80 年代中国工农业生产还全部是手工业生产，而 20 世纪 30 年代工矿业生产已经有相当一部分实现机械化，劳动生产率有很大提高，而农业生产则几乎全部是旧式生产，劳动生产率几乎没有什么增长。这种状况反映在价格上就是工业品变得相对"便宜"了，而农产品变得"昂贵"起来。本书选择这两个点就是以 19 世纪 80 年代代表中国传统社会的工农业产品价格，而以 20 世纪 30 年代代表中国近代社会的工农业产品价格，那么，后一时期农产品变得"昂贵"，手工业品变得"便宜"。换言之，就是在传统社会中工业品较为昂贵，而农产品较为便宜。

上述关于传统社会工业品价格相对较高的论证具体到中国而言，实质上与近代社会中工农产品比价是同一个问题。因此，下面的分析不过是这一问题研究的深入和扩展。首先让我们来看一看中国近代市场上工业品与农产品批发价格的变动趋势（表 3-8、图 3-5）。

表 3-8　中国近代工业品和农产品批发物价指数
及农产品购买力指数（1867—1937 年）

1913 年=100

年份	农产品	工业品	农产品对工业品的购买力指数	年份	农产品	工业品	农产品对工业品的购买力指数
1867	59.6	108.0	55.2	1879	45.6	83.0	54.9
1868	57.2	118.8	48.1	1880	46.1	83.8	55.0
1869	54.1	124.0	43.6	1881	43.4	84.3	51.5
1870	57.9	116.4	49.7	1882	42.7	86.8	49.2
1871	56.6	113.6	49.8	1883	44.2	78.8	56.1
1872	57.6	110.6	52.1	1884	45.3	80.1	56.6
1873	46.9	114.4	41.0	1885	48.0	77.7	61.8
1874	47.6	87.8	54.2	1886	52.2	79.8	65.4
1875	46.1	74.9	61.5	1887	45.5	93.2	48.8
1876	43.1	85.2	50.6	1888	46.1	94.8	48.6
1877	44.9	79.8	56.3	1889	48.9	95.0	51.5
1878	51.4	82.7	62.2	1890	84.4	102.1	82.7

续表

年份	农产品	工业品	农产品对工业品的购买力指数	年份	农产品	工业品	农产品对工业品的购买力指数
1891	46.7	97.3	48.0	1915	94.2	101.8	92.3
1892	50.6	81.7	61.9	1916	99.5	106.3	93.6
1893	47.9	95.7	50.0	1917	115.7	112.4	102.9
1894	52.2	96.5	54.1	1918	104.7	121.2	86.4
1895	51.3	92.0	55.8	1919	96.8	131.6	73.6
1896	66.3	88.8	74.7	1920	126.4	137.6	91.9
1897	61.1	97.4	62.7	1921	127.0	136.5	93.0
1898	66.1	103.0	64.2	1922	122.5	134.6	91.0
1899	71.7	114.9	62.4	1923	133.4	139.0	96.0
1900	62.5	112.2	55.8	1924	145.5	139.9	104.0
1901	58.5	104.2	56.1	1925	163.5	137.9	118.6
1902	73.7	121.1	60.9	1926	163.5	140.8	116.1
1903	80.1	126.9	63.1	1927	167.6	148.4	112.9
1904	73.5	124.6	59.0	1928	168.9	155.4	108.7
1905	100.0	122.3	81.8	1929	174.5	160.9	108.5
1906	77.5	123.1	63.0	1930	174.6	186.0	93.9
1907	82.0	126.5	64.8	1931	156.5	194.0	80.1
1908	101.6	119.6	84.9	1932	146.7	184.6	79.5
1909	111.2	111.6	99.6	1933	119.4	168.3	70.9
1910	99.3	105.6	94.0	1934	105.0	154.0	68.2
1911	104.1	105.5	98.7	1935	133.9	155.2	86.3
1912	114.0	96.8	117.8	1936	166.6	174.7	95.4
1913	100.0	100.0	100.0	1937	182.7	196.5	93.0
1914	94.5	98.2	96.2				

　　资料来源：①1867—1913 年为《中国批发物价指数》，载王清彬、王树勋、林颂河，等编：《第一次中国劳动年鉴》，北平社会调查部 1928 年版，第 148—149 页。②1913—1937 年，因为没有全国性的工农产品批发物价指数，本书只好用南开经济研究所编天津批发物价指数（按加工程度分类）代替，载孔敏主编：《南开经济指数资料汇编》，中国社会科学出版社 1988 年版，第 8 页，基期改为 1913 年。

　　1867—1937 年，中国农产品的批发物价指数由 59.6 增加为 182.7，增加了 2.1 倍，而工业品批发物价指数则由 108.0 增加为 196.5，仅增加了 0.8 倍，农产品对工业品的购买力指数则由 55.2 增加为 93.0，增加了 0.7 倍（以上指数均以 1913 年为 100）。指数的变动清楚地表明，在 19 世纪 70 年代至 20 世纪 30 年代中国近代化的过程中，农产品的物价增长快于工业品物价的增长。其他有关的统计数字，比如我们用上海二三十年代的工农产品批发物价替换天津的指数所反映的趋势也是一样的。

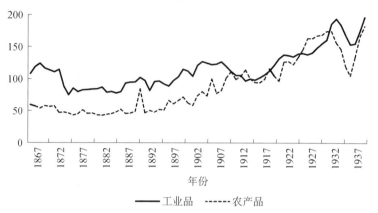

图 3-5　中国近代工业品和农产品批发物价变动趋势（1867—1937 年）
资料来源：同表 3-8。

　　中国近代工业品与农产品相对价格变动趋势与前节所讨论的进口商品与出口商品相对价格变动趋势是一致的。这是由于进口商品价格变动趋势对中国国内市场上工业品的批发价格具有决定性的作用，而国内市场上农产品价格又对出口商品的价格具有重要影响。最明显的例证是：19 世纪 60 年代开始到 80 年代中期，工业品价格的下降是外国廉价工业品进口所造成的。这一变动与进口物价的下降是一致的。70 年代以后，廉价的英国棉纺织品开始分解中国农村的自然经济，从而为近代工业的发展创造了条件。因此，由外国入侵所创造的国内市场的进一步扩大，是 80 年代中期开始的中国近代经济增长第一次周期波动中经济繁荣的前提条件。中国广大农村对工业品的需求，使工业品的价格上涨，工业利润变得丰厚起来，刺激了中国近代工业的发展。如同批发物价总水平和进出口物价一样，工业品和农产品批发物价的变动也存在周期性波动。现将经过处理的数据列成图表如下（表 3-9、

图 3-6、图 3-7）。

表 3-9　中国近代工业品和农产品批发物价指数的周期波动
及标准单位周期偏差（1868—1935 年）

年份	工业品	农产品	年份	工业品	农产品
1868	0.343 684	30.737 42	1902	0.050 589	−16.287 82
1869	0.364 322	27.737 42	1903	0.097 792	−12.587 83
1870	0.328 523	26.737 41	1904	0.087 282	−9.312 832
1871	0.285 048	25.487 40	1905	0.066 62	−5.137 838
1872	0.264 570	21.187 40	1906	0.063 236	−10.437 85
1873	0.199 156	14.462 39	1907	0.055 669	−10.712 85
1874	0.027 414	8.462 381	1908	0.008 330	0.812 138
1875	−0.094 129	3.837 373	1909	−0.062 921	5.737 131
1876	−0.094 599	2.112 367	1910	−0.116 895	1.587 126
1877	−0.094 999	3.587 361	1911	−0.161 497	1.687 118
1878	−0.101 413	4.037 354	1912	−0.205 433	2.537 111
1879	−0.097 078	1.087 345	1913	−0.224 026	−5.162 396
1880	−0.098 687	−2.587 662	1914	−0.224 773	−13.287 90
1881	−0.094 805	−5.787 667	1915	−0.209 296	−15.312 91
1882	−0.111 677	−8.237 674	1916	−0.173 515	−10.662 92
1883	−0.157 424	−9.187 682	1917	−0.124 755	−5.912 926
1884	−0.189 819	−9.387 690	1918	−0.061 333	−10.962 93
1885	−0.203 069	−8.512 696	1919	0.001 023	−11.912 94
1886	−0.167 331	−9.212 704	1920	0.033 092	−0.737 944
1887	−0.087 594	−13.162 71	1921	0.027 923	4.037 047
1888	−0.048 548	−15.637 72	1922	0.018 152	2.862 039
1889	−0.034 017	−7.012 724	1923	0.023 547	8.412 030
1890	−0.018 288	0.212 270	1924	0.022 419	19.887 02
1891	−0.076 830	−10.575 99	1925	0.013 238	30.087 02
1892	−0.145 497	−20.514 25	1926	0.024 390	33.762 01
1893	−0.116 817	−21.626 00	1927	0.058 603	34.337 00
1894	−0.093 850	−22.187 76	1928	0.094 689	35.661 99
1895	−0.133 857	−19.612 77	1929	0.151 046	37.036 99
1896	−0.149 748	−15.437 78	1930	0.233 953	32.161 99
1897	−0.106 637	−14.837 78	1931	0.270 036	19.111 98
1898	−0.036 476	−14.187 79	1932	0.223 822	1.286 972
1899	−0.017 424	−14.362 80	1933	0.134 187	−20.438 04
1900	−0.005 578	−20.187 81	1934	0.059 822	−29.263 05
1901	−0.008 574	−22.512 81	1935	0.062 295	−12.038 05

资料来源：据表 3-8 中数据计算。

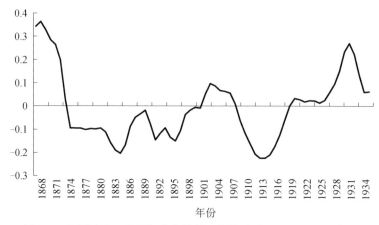

图 3-6 中国近代工业品批发物价的周期性波动（1868—1935 年）

资料来源：据表 3-9 中数据绘制，图 3-7 同。

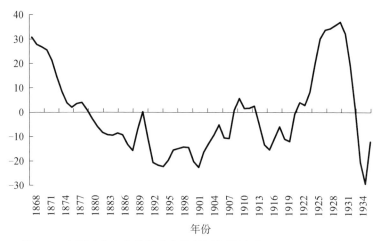

图 3-7 中国近代农产品批发物价的周期性波动（1868—1935 年）

在周期的研究中，本书经过比较后认为，在各种物价指数中以工业品批发物价的变动曲线所反映的中国近代经济增长趋势最为清晰和典型。从图 3-6 中可以看到，1885 年以前工业品批发物价大幅度下降，1886 年起开始回升，大约到 1903 年上升到高点，从 1904 年以后开始下降，到 1914 年降至最低点。第二个周期从 1915 年开始上升到 1931 年为止，1932 年后开始下降，至 1934 年降至低点。1935 年后又开始了一个新的周期，这一新的周期为抗日战争的全面爆发所打断。

这一时期中国仍然是一个以自然经济为主的国家，农产品商品化的程度较低，农产品批发物价指数的变动趋势与工业品批发物价指数的变动趋势并不完全一致，这可能是由于农产品的价格有时受到自然灾害和收成的影响。尽管如此，我们从图 3-7 中仍然可以看到，其周期波动除在 19 世纪 80 年代末至 90 年代有一次较工业品物价指数更大的波动外，其几个关键性转折点，即周期的高点和低点与工业品批发物价指数和中国批发物价总指数是基本一致的。它们为 1888 年、1909 年、1915 年、1929 年和 1934 年。

如果将农产品的价格指数周期波动曲线与工业品价格指数曲线加以比较，则会发现前者的波动幅度大于后者。著名的发展经济学家张培刚教授在《农业与工业化》一书中指出，"农业是一种初级生产事业……农产品价格变动与工业品价格变动之间的关系，最好是用加速原理来解释。由若干长期的统计资料，我们对于这种关系可以得出几点结论。第一点，农产品的价格与工业品的价格有相同的倾向。第二点，农产品价格变动的振幅（Amplitude）总较工业品价格变动的振幅为大。这正是加速原理的中心意义。第三点，农产品的价格变动总在工业品的价格变动之后，带有一年、两年或三年的'滞后'（Lag）。对于任何两个连续的生产阶段相互距离甚远而足以分开者，就具有这三种主要形态，即相同的倾向、加速的影响及变动的滞后。这种关系，我们可以称之为需求（工业）与'派生的需求'（农业）之间的关系"[1]。这一论断与中国近代工农产品价格变动的情况是基本相符的。尤其是 20 世纪 30 年代的经济危机中，农产品价格下降的幅度远在

---

[1] 张培刚：《农业与工业化》上卷《农业国工业化问题初探》，华中工学院出版社 1984 年版，第 40—41 页。

工业品之上，证实了加速原理的普遍适用性。①经济学家约翰·科克也认为："我们可以看到，在萧条时，农业所遭受的经历及所遇到的问题总是比工业通常所遭受的要困难和严重一些。反之，当贸易兴盛时，农业往往还超过正常的繁荣，由此农业国家也就兴旺发达。总之，农业是以加强的程度分受贸易的周期波动的。"②这是由于农产品的供给相对于工业品来说是缺乏弹性的，当价格下降时农民还是要增加产量以保持家庭的收入。因为不管农民生产多少，他们的许多项目的成本开支依然如故，因而他们通过缩减产量并不能节约多少钱，这就更加剧了农产品价格下降。而当农产品供不应求，价格上涨时，由于土地资源的有限性，资本和劳动力也不能迅速向这一部门转移，所以供需缺口越来越大，价格也较工业品向上浮动的幅度大。

一般来说，农产品价格上涨得快是因为受到级差地租的影响。由于对土地经营的垄断，在土地有限的情况下劣等地也要耕种。因为其产品也是社会所需要的，所以农产品的社会生产价格必须由劣等条件的土地来决定。就世界范围来说，在传统社会土地不缺乏时，农产品价格可能由中等甚至优等地的生产条件来决定。到近代以后，中等和优等地的地主则可以得到超额利润（级差地租）。

马克思认为，在农业中"问题不只是劳动的社会生产率，而且还有由劳动的自然条件决定的劳动的自然生产率。可能有这种情况：在农业中，社会生产力的增长仅仅补偿或甚至还补偿不了

---

① 美国在 20 世纪 20 年代末和 30 年代初的经济危机中，农产品价格下降的幅度更大，农民出售的农产品价格 1930 年比 1929 年下降 15.6%，1931 年比 1930 年下降 30.4%，1932 年比 1931 年下降 25.3%。而工业品批发物价的周期下降幅度分别为 9.4%、15.5% 和 11.2%。参见 Rawski T G. *Economic Growth in Prewar China*. Berkeley: University of California Press, 1989: 175-176.

② Kirk J H. *Agriculture and Trade Cycle: Their Mutual Relations, with Special Reference to the Period 1926-1931*. London: P.S. King, 1933: 3.

自然力的减少——这种补偿总是只能起暂时的作用——所以尽管技术发展，产品还是不会便宜，只是产品的价格不致上涨得更高而已"[①]。近代化以前，中国已有了一个空前的人口基数，人均占有的粮食不多，一些地区温饱问题没有解决，对粮食和农产品的需求很大，再加上农业生态遭到严重破坏，不重视水土保持使地力下降，农业投入的劳动增加早已出现报酬递减的问题，单位面积劳动支出较以前不断增加，其增长的速度远远超过产量的增长。

马克思认为："商品的市场价格归根到底应当由各商品的价值来调节。"[②]中国近代社会造成农产品价格上涨的速度快于工业品的主要原因是农业劳动生产率的增长落后于工业劳动生产率的增长。中国在其开始近代化过程以前的数个世纪中，由于封建关系的逐步解体，其传统农业所具有的潜在能量已经逐步释放出来。19 世纪后半期至 20 世纪前半期中国农业基本上是循着原有的轨道缓慢地向前运行。19 世纪 80 年代至 20 世纪 30 年代（1883/1887—1933/1937 年）中国的农业生产虽有发展，农业净产值增加了67%，年增长率则只有 1.07%。这一时期中国农业产出的增长主要原因是耕地面积的扩大，单位面积产出增加极少，每公顷产值只增加了 12%。在此期间中国总人口的增长虽然缓慢，但由于工业化进程的缓慢，农村就业人口不但没有减少，反而增加了 4400 万人，这就造成中国农村人口人均产值的增长只有 31%。[③]

由于农业劳动生产率增长缓慢，当第二、第三产业和城市化

[①] 《马克思恩格斯全集》第 25 卷，中共中央马克思恩格斯列宁斯大林著作编译局译，人民出版社1974 年版，第 864 页。

[②] 《马克思恩格斯全集》第 2 卷，中共中央马克思恩格斯列宁斯大林著作编译局译，人民出版社1957 年版，第 199 页。

[③] 参见拙作 *Dual Structure and Economic Growth: A Comparative Study on the Modernization of Japan and China, 1880s-1930s*（《二元结构与经济增长——1880 年代至 1930 年代中日两国近代化过程的比较研究》系用英文发表，载日本早稻田大学《社会科学讨究》1991 年第 106 号），其中农业人口数有修正。

程度稍有发展，就造成农产品价格与工业品相比以较大幅度上涨。但是尽管在工业化初期阶段，一般来说农业劳动生产率总是落后于工业劳动生产率，但各个国家程度不一样，比如日本在 19 世纪末到 20 世纪初期的农业劳动生产率就有比较快的增长。这可以从表 3-10 中的米价购买力指数中得到反映。

表 3-10　中日两国米价购买力指数（1881/1890 年—1931/1936 年）

项目	米价指数		一般物价指数		米购买力指数	
	1881—1890 年	1931—1936 年	1881—1891 年	1931—1937 年	1881—1892 年	1931—1938 年
中国	100	369	100	209	100	177
日本	100	357	100	333	100	107

资料来源：①中国：据许道夫编《中国近代农业生产及贸易统计资料》（上海人民出版社 1983 年版，第 89、97—98 页）中数据计算。②日本：据《主要资本主义国家经济统计集（1848—1960 年）》（世界知识出版社 1962 年版，第 418—420 页）中数据计算。

由表 3-10 可以看出，日本在 19 世纪 80 年代至 20 世纪 30 年代，以大米为代表的农产品的价格与一般物价水平大体上是同步上升，米价购买力只增加了 7%，也即农产品物价上涨的幅度只是略快于物价总水平，也可以说是略快于工业品物价上涨的速度。而中国则不然，在这期间米价购买力增加了 77%，说明农产品价格上涨的幅度远在一般物价水平和工业品的物价水平之上。

农产品价格以较大幅度上涨的好处主要落在土地所有者手中。在地税和地租率不变的情况下，以实物为主的地租形态使土地所有者收入的货币形态膨胀。但这一部分集中到他们手中的国民收入剩余只有很少的部分转化为资本的积累和生产的再度投资，起到了保护和巩固农村地主土地所有制的作用，因此对中国近代经济的发展，特别是对国民经济结构的优化是不利的。

当然，农产品价格的变动，除了上述日本、中国这两种情况外，还有另一种类型，那就是美国。由于农业技术的迅速进步，而人口的增长和对农产品需求的增长相对缓慢，在美国的近代化过程中，农产品价格是一种下降的趋势，这无疑对其国民经济的增长是十分有利的。因为农产品构成工资开支的主要部分，又是重要的工业原料，其价格的下降可以从两个方面减少工业产品的成本，增强其在世界市场上的竞争力。

中国企业工资成本的增加，以及中国农业劳动生产率的低下所造成的有关工业部门原料成本的昂贵，加重了产品的成本，利润下降，甚至亏损，使之失去在市场上的竞争能力。中国工业资本家也清楚地看到这一点，因而许多棉纺厂、毛纺厂、面粉厂宁肯舍近求远从国外进口原棉、羊毛、小麦，也不愿意使用价高质劣的国产原料（表3-11）。

表 3-11　上海棉花、棉纱的批发价格（1920—1936 年）

年份	棉纱（16 支人钟纱，元/件）	棉花（通州花，元/市担）	纽约棉花批发价格（分/磅）	年份	棉纱（16 支人钟纱，元/件）	棉花（通州花，元/市担）	纽约棉花批发价格（分/磅）
1920	—	33.88	33.85	1929	237.54	41.71	19.10
1921	213.11	32.27	15.04	1930	221.91	40.91	13.60
1922	194.56	38.10	20.72	1931	237.60	44.24	8.59
1923	215.22	47.42	29.13	1932	220.32	38.42	6.37
1924	246.53	51.31	29.26	1933	188.77	35.76	8.70
1925	227.53	46.58	23.34	1934	175.58	34.86	12.39
1926	194.69	38.05	17.48	1935	170.03	35.07	11.98
1927	192.92	39.63	17.54	1936	209.92	42.92	12.08
1928	225.89	41.91	19.97				

资料来源：上海社会科学院经济研究所经济史组编：《荣家企业史料》（上册），上海人民出版社 1962 年版，第 619 页。

从表 3-11 可以看出，1920—1936 年，中国产棉花的价格是一种上涨的趋势，棉纱的价格却是下降的趋势，花纱比价对纱厂是不利的。1921 年，每件纱合棉花 660 斤，到 1936 年只有 489 斤。从棉花和棉纱价格的相对变动可以反映这一时期农产品价格是上涨的趋势，而工业品价格却在下降，由于原料成本的上升，纱厂的盈利减少。而这一时期美棉的价格却是下降的趋势，这就促使中国沿海地区的纱厂转而靠进口原料进行生产。

20 世纪 20 年代以前，中国小麦一直是出口大于进口，自 1923 年以后由出超变为入超，1931 年最多时竟达 2276.5925 万关担，价值 8761.197 万两。[①]这是由于国内麦价上涨（表 3-12），上海面粉厂用洋麦的比重增加，尤其是 1931—1935 年，使用洋麦的比例竟高达 70%以上。

表 3-12　上海面粉和小麦的批发价格（1912—1936 年）

年份	上海面粉批发价格（绿兵船，元/袋）	上海小麦批发价格（汉口货，元/市担）	江苏武进农民出售小麦价格（元/市担）	美国堪萨斯州小麦批发价格（美元/蒲式耳）	年份	上海面粉批发价格（绿兵船，元/袋）	上海小麦批发价格（汉口货，元/市担）	江苏武进农民出售小麦价格（元/市担）	美国堪萨斯州小麦批发价格（美元/蒲式耳）
1912	2.08	3.62	2.08	0.97	1925	3.17	4.77	3.79	1.65
1913	2.09	3.80	2.08	0.85	1926	3.24	5.11	4.25	1.47
1914	2.08	4.18	2.40	0.93	1927	3.22	5.04	4.35	1.35
1915	2.52	4.59	2.82	1.29	1928	3.06	4.69	3.81	1.27
1916	2.37	3.46	2.84	1.34	1929	3.15	4.85	3.79	1.17
1917	2.43	3.88	2.74	2.30	1930	3.43	5.33	4.41	0.90
1918	2.45	3.84	2.58	2.14	1931	2.96	4.28	3.41	0.59
1919	2.20	3.19	2.24	2.40	1932	2.77	4.03	3.30	0.49
1920	2.75	3.50	2.88	2.44	1933	2.40	3.88	2.93	0.72
1921	2.95	3.98	3.29	1.32	1934	2.24	3.27	3.06	0.93
1922	2.81	4.24	3.35	1.19	1935	2.55	3.82	3.58	0.96
1923	2.93	4.37	3.74	1.10	1936	3.37	4.97	4.87	1.07
1924	2.58	3.90	3.17	1.21					

资料来源：上海社会科学院经济研究所经济史组编：《荣家企业史料》（上册），上海人民出版社 1962 年版，第 620 页。

一般讨论工农产品比价，农产品都应使用农民出售的价格。由表 3-12 可以看到，1912—1936 年江苏武进农民出售小麦价格由每市担 2.08 元增加为 4.87 元，增加了 1.34 倍，而面粉批发价格由每袋 2.08 元增加为 3.37 元，只增加了 0.62 倍。从这两种商品价格的相对变动也可以看出农产品价格上涨的幅度快于工业品。

20 世纪初以来，进口大米的数量逐年增加，也导源于上海等

---

① 上海市粮食局、上海市工商行政管理局、上海社会科学院经济研究所经济史研究室编：《中国近代面粉工业史》，中华书局 1987 年版，第 366 页。

大城市工业资本家压低工资成本的要求。由于农产品价格上涨，外米进口增加（表 3-13）。

表 3-13　进口外米指数（1867—1933 年）

1867—1870 年=100

年份	指数	年份	指数
1867—1870	100	1906—1910	1929
1871—1875	111	1911—1915	1479
1876—1880	113	1916—1920	1603
1881—1885	60	1921—1925	4027
1886—1890	1106	1926—1930	4290
1891—1895	1787	1931	2771
1896—1900	1534	1932	5801
1901—1905	1162	1933	5526

资料来源：许璇：《粮食问题》第 44 页，转引自许道夫编：《中国近代农业生产及贸易统计资料》，上海人民出版社 1983 年版，第 125 页。

1949 年后出版的经济学教科书和论著，大多认为工农产品的不等价交换，即工业品以高于其价值的价格出售，而农产品则以低于其价值的价格出售，导源于资本主义制度，是工业资本主义处于垄断地位的结果，并认为在半殖民地旧中国也是如此，而中华人民共和国成立后工农产品价格之间的剪刀差不过是旧中国原有现象的扩大。本书前引的各种系列数字证明这种观点是不符合中国历史实际的。无论是有的论著中采用不断变更基期的方法用以说明工业品比农产品价格增长得快，还是一些教科书中用交通不发达的边远地区，工业品以昂贵的价格换取廉价的农产品的商业欺诈行为作例证，都不足以使人相信旧中国剪刀差的存在和扩大，事实上，无论是外资企业、民族资本企业，还是官僚资本企业，直至 20 世纪 30 年代，在任何一种商品生产和交换中，谁也无力垄断中国的国内市场，更何况是农村的零售市场。因此从理论上说，这种观点也是不能成立的。如果真像这些著作中所说的那样，工农产品价格剪刀差的存在和扩大实际上有利于中国工业资本的积累，那就无法解释为什么中国工业化进展缓慢，而农村封建地主所有制却能长期得以保持。

工农业产品价格剪刀差问题的最先提出是在 20 世纪 20 年代的苏联。在当时的苏联，国有化使工业品完全在国家的控制下，国家通过大幅度提高其价格用以换取农民生产的农产品。对这一现象斯大林曾有过清楚的说明。他说：农民除了向国家缴纳普通税，即直接税和间接税外，还要缴纳一种超额税，即在购买工业品时多付一些钱，而在出卖农产品时少得一些钱。这就是所谓的"剪刀差"。①

由斯大林的说法不难得出结论，工农业产品价格的剪刀差不是历史上就有的，而是在积累不足的条件下尽快建设工业的一种政策措施。这种现象在中国出现，是新中国成立后在十分薄弱的社会经济基础条件下优先发展工业，尽快建立国民经济基础采取的措施，而不是从旧中国继承来的。

第三节　各类工业品之间和各类农产品之间的比价

一、制成品和原料品、生产品和消费品比价的变化

在近年来出版的有些价格理论的著作中，大多数认为在旧中国加工工业产品的价格高，而初级产品的价格低，在工业制成品中，消费品价格的上涨快于生产品价格的上涨。这种看法，如同认为工业品和农产品价格的剪刀差产生在旧中国一样，很大程度上带有主观推测的性质。其实在中国现实经济中，价格结构的不合理是计划经济的产物，而不是不发达的市场经济的产物。

按照加工程度分类的批发物价统计没有全国性的资料，时间序列较长的只有上海和天津的数据。上海的数据记录时间为

---

① 《论联共（布）党内的右倾》，《斯大林全集》第 12 卷，人民出版社 1955 年版，第 37 页。

1921—1940 年，共 20 年。天津的数据序列虽然略长，但为了与上海一起讨论，所以本书也只截取其中 1921—1940 年部分，现将其分列如下（表 3-14、表 3-15）。

表 3-14　上海批发物价指数（1921—1940 年）
（按加工程度分类）1926 年=100

年份	总指数	原料品					制造品		
		农产	动物产	林产	矿产	原料品指数	生产品	消费品	制造品指数
1921	104.6	75.4	74.9	87.1	102.3	82.9	133.2	99.0	114.6
1922	98.6	85.6	82.1	85.3	101.1	87.7	112.5	95.1	103.3
1923	102.0	91.7	90.5	91.4	100.1	92.9	111.9	100.5	106.1
1924	97.9	92.0	96.7	92.2	91.1	92.4	102.6	98.1	100.2
1925	99.3	94.5	104.6	89.1	97.7	95.7	102.5	99.4	100.9
1926	100.0	100.0	100.0	100.0	100.0	100.0	100.0	100.0	100.0
1927	104.4	102.6	105.8	105.2	111.5	104.9	104.0	104.2	104.2
1928	101.7	94.7	106.3	101.0	107.2	99.5	103.1	102.7	102.9
1929	104.5	99.4	106.4	104.0	104.2	102.0	108.8	103.8	105.8
1930	114.8	113.2	106.8	110.2	117.3	112.2	121.9	112.2	116.1
1931	126.7	105.8	108.5	129.1	139.1	114.5	139.2	129.7	133.5
1932	112.4	92.9	94.8	114.4	120.5	100.4	121.0	118.1	119.3
1933	103.8	80.7	93.9	106.0	108.3	90.7	114.9	108.9	111.4
1934	97.1	77.4	86.1	101.2	101.6	85.9	104.3	103.1	103.6
1935	96.4	86.1	82.9	99.1	101.9	89.9	97.8	101.6	100.0
1936	108.5	86.7	102.4	113.7	108.6	102.1	111.6	112.3	112.0
1937	129.1	108.0	140.5	134.3	143.6	122.4	136.5	130.4	132.9
1938	153.6	123.3	177.0	164.2	239.7	152.2	165.2	147.3	154.4
1939	245.4	212.5	261.2	278.0	411.4	254.5	286.8	213.1	240.7
1940	520.1	507.6	558.0	560.3	1277.4	603.0	589.6	417.4	480.9

资料来源：中国科学院上海经济研究所、上海社会科学院经济研究所编：《上海解放前后物价资料汇编（1921 年—1957 年）》，上海人民出版社 1958 年版，第 135 页。

表 3-15　天津批发物价指数（1921—1940 年）
（按加工程度分类）1926 年=100

年份	总指数	原料品					制造品		
		农产	动物产	林产	矿产	原料品指数	生产品	消费品	制造品指数
1921	88.9	77.7	84.1	82.4	68.5	76.9	106.5	96.9	100.6
1922	86.4	75.0	86.9	85.2	72.3	76.8	95.4	95.6	95.5
1923	90.4	81.6	87.6	89.4	75.3	81.6	98.2	98.7	98.5
1924	93.6	89.0	88.9	94.9	78.9	87.1	99.8	99.3	99.5
1925	97.3	100.0	91.3	92.1	88.7	95.2	100.3	97.9	98.9
1926	100.0	100.0	100.0	100.0	100.0	100.0	100.0	100.0	100.0
1927	103.0	102.5	113.5	108.8	99.9	104.3	97.2	105.4	102.1
1928	108.0	103.3	115.0	124.6	115.0	111.1	100.0	110.3	106.2
1929	111.1	106.8	126.6	128.4	106.1	111.6	105.9	114.2	110.8
1930	115.9	106.8	120.4	123.6	105.2	110.5	115.5	132.1	119.4
1931	122.6	95.7	118.7	134.0	110.8	106.0	129.3	137.8	134.3

年份	总指数	原料品					制造品		
		农产	动物产	林产	矿产	原料品指数	生产品	消费品	制造品指数
1932	112.9	89.7	96.7	135.6	101.5	97.2	114.6	131.1	124.2
1933	101.0	73.0	83.2	128.2	93.6	83.2	105.7	119.5	114.2
1934	92.3	64.3	76.5	116.6	86.1	74.7	100.1	109.3	105.6
1935	95.5	81.9	78.8	119.6	81.3	84.2	93.9	110.2	103.3
1936	110.6	101.9	95.9	139.7	91.2	101.7	106.4	124.1	116.7
1937	—								
1938	168.2	134.5	150.4	272.1	180.1	157.8	195.4	163.0	175.2
1939	250.8	205.1	210.6	380.9	212.3	220.2	383.1	238.9	272.4
1940	442.2	389.9	407.9	494.9	241.7	366.6	602.4	439.4	498.0

资料来源：孔敏主编：《南开经济指数资料汇编》，中国社会科学出版社 1988 年版，第 8 页。

由表 3-14 可以看到，在上海的指数中原材料的价格在 1921—1940 年上涨了 6.27 倍，而制造品的价格上涨了 3.2 倍，原材料上涨的幅度大于制造品；制造品中生产品与消费品价格上涨的幅度大致相同，但前者仍略快于后者（分别为 3.43 倍和 3.22 倍）。

由表 3-15 可以看出，天津的指数与上海并不完全一致。1921—1940 年，原材料价格上涨了 3.77 倍，制造品的价格上涨了 3.95 倍，后者上涨的幅度略高于前者，但相差不多。制造品中生产品价格增长了 4.66 倍，消费品价格只上涨了 3.53 倍。

上海和天津的批发物价指数时间都比较短，不能包括本书所讨论的全部时限，选点的科学性也无法加以论证，所以上述的结论只能是聊备一说而已。

二、重工业产品和轻工业产品比价的变化

在旧中国的物价指数中，没有我们现在通常所说的重工业品和轻工业品的分类物价统计。我们姑且用按用途分类的批发物价指数中纺织品的物价代表轻工业品的物价，而用金属品的物价代表重工业品的物价来分析一下二者的相对价格的变化（表 3-16、

表 3-17）。

表 3-16　上海批发物价指数（1921—1940 年）

（按用途分类）1926 年=100

年份	纺织品	金属品	年份	纺织品	金属品
1921	103.5	96.1	1931	118.8	154.2
1922	104.1	85.1	1932	98.4	130.1
1923	110.6	99.3	1933	89.9	132.9
1924	107.5	92.5	1934	82.2	123.8
1925	106.8	96.9	1935	78.9	114.1
1926	100.0	100.0	1936	90.5	130.9
1927	100.9	109.1	1937	105.9	191.5
1928	102.1	102.9	1938	120.8	230.9
1929	101.9	111.0	1939	193.4	462.8
1930	105.6	136.2	1940	384.1	936.1

资料来源：中国科学院上海经济研究所、上海社会科学院经济研究所编：《上海解放前后物价资料汇编（1921 年—1957 年）》，上海人民出版社 1958 年版，第 126 页。这里只选取了纺织品和金属品，其他未列入。

表 3-17　天津批发物价指数（1921—1940 年）

（按用途分类）1926 年=100

年份	纺织品	金属品	年份	纺织品	金属品
1921	99.8	124.6	1931	117.0	145.3
1922	99.3	97.1	1932	107.6	120.7
1923	107.4	96.4	1933	97.9	111.9
1924	109.7	97.7	1934	90.7	105.6
1925	108.2	98.3	1935	87.0	99.1
1926	100.0	100.0	1936	99.1	116.4
1927	99.9	101.2	1937	118.0	178.6
1928	103.3	99.5	1938	135.0	241.1
1929	107.4	104.6	1939	218.4	418.6
1930	103.8	131.7	1940	443.9	774.6

资料来源：孔敏主编：《南开经济指数资料汇编》，中国社会科学出版社 1988 年版，第 7 页。这里只选取了纺织品和金属品，其他未列入。

从表 3-16 可以看出，1921—1940 年，上海金属品的价格上涨了 8.74 倍，而纺织品价格只上涨了 2.71 倍，金属品价格的上涨快于纺织品价格的上涨。天津的情况（表 3-17）与上海相似，同期其金属品价格上涨了 5.22 倍，而纺织品价格只上涨了 3.45 倍。

重工业品的价格以较快的速度上涨，刺激了其生产的迅速发展。

从表 3-18 中可以看出，1921—1940 年，金属制品的生产增长了 4.86 倍，而纺织品生产却下降了 12%。当然，出现这种状况的原因主要是抗日战争的爆发对重工业的需求猛烈增加，造成其价格上涨，因而也刺激了生产的增加，而轻工业生产则因遭受战争破坏而相对萎缩。但如果我们观察 1912—1936 年，即中国经济发展较为正常时期的生产指数，也是金属品生产的增长快于纺织品生产的增长。

表 3-18   纺织品和金属品的生产指数（1912—1949 年）

1933 年=100

年份	纺织品	金属品	年份	纺织品	金属品
1912	8.3	4.7	1931	91.7	78.6
1913	12.1	29.3	1932	93.7	89.1
1914	16.2	37.2	1933	100.0	100.0
1915	19.2	41.9	1934	98.1	114.8
1916	20.7	46.1	1935	93.5	187.1
1917	22.4	44.5	1936	99.5	223.7
1918	24.0	49.3	1937	68.6	283.0
1919	32.9	60.3	1938	31.4	289.0
1920	39.5	70.2	1939	37.6	323.8
1921	44.9	62.9	1940	38.9	368.4
1922	30.6	51.3	1941	32.0	438.1
1923	38.5	48.7	1942	22.7	540.2
1924	44.5	51.9	1943	21.6	595.3
1925	53.6	48.7	1944	16.5	402.4
1926	59.6	53.4	1945	12.1	90.6
1927	69.7	59.7	1946	84.4	12.0
1928	76.3	69.7	1947	108.1	19.9
1929	80.9	76.5	1948	86.4	16.8
1930	85.3	87.7	1949	84.0	75.5

资料来源：Chang J K. *Industrial Development in Pre-Communist China: A Quantitative Analysis*. Edinburgh: Edinburgh University Press, 1969: 78.

注：纺织品以棉纱和棉布为代表。

三、农产品比价和种植结构、产量的关系

在中国近代化过程中，虽然农产品的价格总的来说以比工业品更快的速度上涨，但各类农产品价格上涨的幅度并不完全一致。由于没有全国性的统计资料，本书只得以天津批发物价为基础作简略的讨论（表 3-19）。

表3-19　天津农产品批发物价（1913—1936年）

年份	粮食/石														油/百斤				棉/担
	小站稻米	上海籼米	红麦	白麦	大吉豆	小吉豆	元玉米	白玉米	红粮	元小米	白小米	生米	元米	平均	香油	花生油	豆油	平均	西河花
1913	8.65	6.60	6.09	6.71	6.84	5.76	4.74	4.40	4.11	6.62	6.15	6.53	6.97		11.00	8.50	7.00	7.00	25.76
1914	9.40	7.00	6.29	6.67	6.74	5.72	4.22	4.10	3.95	5.86	5.40	6.25	6.17		11.00	9.00	7.50	7.50	19.91
1915	10.15	7.25	6.35	6.51	6.99	6.05	4.51	4.60	3.99	5.88	5.55	5.71	5.85		11.50	9.50	7.50	7.50	20.34
1916	10.50	7.80	6.33	6.58	7.28	5.78	5.09	4.82	4.51	6.02	6.34	6.29	5.77		11.50	9.50	8.00	8.00	21.04
1917	11.15	8.00	7.94	8.29	8.54	7.15	5.13	5.45	4.53	6.93	6.30	6.02	6.53		12.00	10.00	8.40	8.40	30.54
1918	11.40	8.25	5.99	6.63	7.45	5.63	4.90	4.79	4.23	6.41	6.03	6.46	6.23		12.00	10.00	8.50	8.50	35.17
1919	12.25	8.50	5.94	6.20	6.66	5.35	4.13	4.90	3.65	5.64	5.41	5.13	6.00		12.00	10.50	9.00	9.00	33.70
1920	11.35	8.60	8.14	8.89	9.05	8.45	6.41	6.52	5.86	7.69	7.64	8.44	7.73		13.00	11.00	9.50	9.50	35.04
1921	14.65	9.05	8.42	8.80	11.18	9.17	6.07	5.60	5.29	7.79	7.43	7.12	7.44		13.50	11.00	9.50	9.50	35.54
1922	13.20	9.70	8.61	8.99	8.93	7.56	5.07	4.67	4.79	6.79	6.79	7.25	6.82		14.00	12.00	10.00	10.00	36.20
1923	14.85	10.80	9.07	9.43	9.00	8.07	5.22	5.35	4.93	7.44	7.18	7.65	7.58		16.00	14.00	11.00	11.00	49.36
1924	14.35	11.25	8.74	9.15	10.03	8.94	6.17	6.42	5.58	8.24	7.31	8.61	9.30		17.00	15.00	12.00	12.00	57.26
1925	16.10	11.20	10.18	10.25	11.73	10.30	7.67	8.10	6.54	9.84	9.80	9.13	9.32		19.00	16.00	12.00	12.00	50.18
1926	16.16	13.89	9.20	9.56	12.48	10.35	6.86	6.80	6.47	10.35	9.84	10.40	9.69		20.00	18.00	13.00	13.00	43.35
1927	16.75	13.92	10.14	11.11	11.91	10.02	7.60	7.53	6.23	10.53	9.79	9.86	10.70		22.00	20.00	14.00	14.00	45.99
1928	14.98	11.50	10.51	11.39	13.10	11.20	7.29	7.31	6.16	10.02	9.62	10.35	10.65		28.39	23.68	21.15	21.15	45.05

续表

年份	粮食/石														油/百斤				棉担
	小站稻米	上海籼米	红麦	白麦	大吉豆	小吉豆	元玉米	白玉米	红粮	元小米	白小米	生米	元米	平均	香油	花生油	豆油	平均	西河花
1929	19.31	13.23	11.38	11.69	11.77	10.39	7.29	7.15	7.10	10.40	9.32	10.31	10.46		25.49	21.19	19.47		48.09
1930	19.51	15.12	11.18	11.42	12.16	10.57	7.45	7.38	7.00	10.28	9.42	11.01	11.53		23.96	18.94	18.95		46.70
1931	15.72	12.37	9.72	9.96	13.26	10.88	6.12	5.85	5.44	8.70	7.90	8.13	8.38		27.01	19.22	17.80		48.02
1932	15.18	11.58	9.01	9.47	12.18	10.70	5.73	5.43	5.16	8.34	7.34	7.74	9.37		25.64	19.49	16.61		38.28
1933	12.33	9.02	7.45	7.69	9.20	7.41	4.85	4.66	4.40	6.96	6.25	7.14	7.69		15.69	13.42	12.71		38.23
1934	12.32	9.40	6.74	6.91	6.81	6.05	4.72	4.57	4.08	6.12	5.60	6.40	6.50		13.15	9.41	8.61		39.38
1935	7.97	6.09	6.78	6.66	8.18	6.81	4.97	4.33	4.63	6.94	6.66	6.76	7.17		15.90	14.31	12.79		36.63
1936	7.49	6.18	8.37	8.51	8.76	7.79	6.07	5.70	5.26	8.05	7.90	8.30	8.51		20.49	18.45	18.33		44.06
1913—1936年上涨倍数	0.87	0.94	1.37	1.27	1.28	1.35	1.28	1.30	1.28	1.22	1.28	1.27	1.22	1.22	1.86	2.17	2.62	2.22	1.71

资料来源：孔敏主编：《南开经济指数资料汇编》，中国社会科学出版社 1988 年版，第 59—63 页。

注：粮食和油批发物价的平均上涨倍数是用简单算术平均求得，没有根据产量作加权平均。

　　由表 3-19 天津农产品批发物价的变动可以看出，1913—1936年各类农产品中，油的价格上涨最快，20 多年间平均增长了 2.22倍，其次是棉增长了 1.71 倍，增长最慢的是粮食，平均只增长了1.22 倍。而各类粮食的相对价格也有变动，其中小麦增长较多，1913—1936 年增长 1.32 倍（简单算术平均），其次为杂粮增长1.28 倍，而稻米平均价格反而下降了 10%（简单算术平均）。

　　尽管中国的农业生产这时还以自然经济为主，农民种植作物品种的选择多数地区还是以自己消费为主，但市场价格在一些商品经济比较发达的地区已经对种植结构产生导向的作用。这可以从同期各种作物面积的变动中得到证实（表 3-20）。

表 3-20　粮、油、棉的种植面积（1914—1937 年）

年份	粮食		油料作物		棉花		种植面积总计/千市亩
	种植面积/千市亩	占比/%	种植面积/千市亩	占比/%	种植面积/千市亩	占比/%	
1914—1918	883 536	88.43	88 824	8.89	26 784	2.68	999 144
1924—1929	1 178 068	83.25	179 053	12.65	57 977	4.10	1 415 098
1931—1937	1 183 634	80.27	234 395	15.90	56 468	3.83	1 474 497

　　资料来源：许道夫编：《中国近代农业生产及贸易统计资料》，上海人民出版社 1983 年版，第 338 页。

　　从表 3-20 可以看到，1914—1937 年，粮食作物的种植面积占全部种植面积的比例由 88.43% 下降为 80.27%。油料的种植面积增加，而且增长幅度最大，其在全部种植面积中的比例由 8.89% 增加为 15.90%，增加了 7.01 个百分点。棉花的种植面积略有增加，其所占比例由 2.68% 增加为 3.83%。各类农作物种植面积的变动与其价格变动几乎是完全一致的。

　　下面我们再来看看各类粮食作物产量的变化情况（表 3-21）。

表 3-21　稻、麦、杂粮产量及所占百分比（1914—1937 年）

年份	稻		麦		杂粮		产量合计/千市担
	产量/千市担	占比/%	产量/千市担	占比/%	产量/千市担	占比/%	
1914—1918	988 094	53.10	282 881	15.21	590 060	31.71	1 861 035
1924—1929	1 196 304	46.92	492 863	19.33	860 307	33.74	2 549 474
1931—1937	984 302	44.83	444 642	20.25	766 542	34.91	2 195 486

　　资料来源：根据许道夫编《中国近代农业生产及贸易统计资料》（上海人民出版社 1983年版，第 339 页）中数据加以计算。

　　注：因四舍五入出现偏差，表中占比加和不等于 100%。

1914—1937 年我国的稻米产量，在全部粮食总产量中的比重下降，其所占比例由 53.10%下降为 44.83%，下降了 8.27 个百分点，这显然与稻米在粮食作物中的相对价格不断下跌有关，而小麦的产量在全部粮食作物中的比例由 15.21%上升为 20.25%，增幅最大。如前所述，这一时期小麦价格在粮食作物中上涨幅度也最大，杂粮产量比例也有增长，由占全部产量的 31.71%增至 34.91%，与同期杂粮价格上涨的幅度相一致。

第四节　商品的差价

迄今为止，我们所讨论的一直是商品的比价问题，也即各类不同商品在同一时间、同一空间的相对价格问题。本节将转入商品差价问题的分析。差价与比价不同，它是指同一种商品在不同空间与不同时间（常常是流通过程的不同阶段）的相对价格。

一、地区差价

在前资本主义时代，由于交通运输的困难和市场信息传递的困难，同种商品在不同地区的价格差异是悬殊的。西方是这样，我国也是这样，而且我国由于地形复杂，南北交通为江河和山脉所阻隔，这种情况更为严重。19 世纪末期以后，特别是 20 世纪初期，铁路和公路的修建，海上和内河中轮船运输的发展，使运输成本下降，尤其是现代通信事业（邮政、电报、电话）的进步，方便了价格信息在异地之间的传递，交易成本总的说来趋向下降，商品的地区差价有所减小。但由于中国的国内统一市场发育得缓慢，直到抗日战争前尚在形成过程中，所以地区间的差价仍然是比较显著的。这方面的例证很多，本书仅举几例就可见一斑了（表3-22）。

表 3-22　几座主要城市的粮价比较（1920 年）　　　　单位：元/石

项目	北京	天津	沈阳	上海	福州	汉口	重庆	广州
粳米	10.88	10.18	23.15	9.23	8.13	5.68	16.17	4.34
小麦	7.70	8.39	11.82	5.82	4.67	4.08	10.21	6.35
玉米	5.72	6.70	9.68	5.75	—	3.20	8.57	—

资料来源：王清彬、王树勋、林颂河，等编：《第一次中国劳动年鉴》，北平社会调查部1928年版，第67—70页。

从表 3-22 可以看到，1920 年时沈阳粳米的价格是广州的 5.3 倍，小麦价格是汉口的 2.9 倍，玉米价格是汉口的 3 倍。由于运输成本的不同，同种商品在不同地区的售价不同，也即地区之间存在着差价，是合乎经济原则的，但超过流通成本的不同地区间的价格差异则是市场不统一的表现。这一时期中国农村地区间的差价较城市之间更为明显。

列入表 3-23 的 29 种商品中，有农业品也有工业品，均为人民生活所必需。其在陕西各县间零售价格差别较大的为醋和旱烟。醋以同官县价格为最高，每斤达 0.172 元，而以榆林为最低，每斤只有 0.016 元。旱烟以渭南为最贵，每斤 0.25 元，以平利县为最低，每斤只有 0.02 元。这两种商品的最高与最低价格之间竟差 10 倍以上。各县间零售价格差最小的商品为猪肉，价格最高的南郑县（每斤 0.28 元）与最低的榆林县（每斤 0.15 元）之间相差不到 1 倍。其他商品的最高价与最低价之间的差距多为 3—5 倍。有些商品的价格各地之间差距较大可能是由于运输费用不同，如煤在内地的运输费用很高，产地和非产地、距产地较远和较近地区、交通便利与不便利地区之间的价格差距较大。表 3-23 中无烟煤的售价最高的武功县每百斤达 3.2 元，可谓十分昂贵，而最便宜的平

表 3-23 陕西省各县零售价格表（1935 年 12 月）

单位：元

商品名称/单位	渭南	潼关	大荔	凤翔	武功	蒲城	同官	彬县	朝邑	商县	平利	留坝	南郑	榆林
小麦/百斤	4.10	4.55	3.53	2.60	3.10	3.80	2.50	3.00	2.80	6.50	6.00	5.50	6.00	6.29
大麦/百斤	2.25	2.85	2.45	2.20	2.30	1.90	2.20	2.50	1.90	4.40	3.30	5.30	4.40	3.51
小米/百斤	3.90	4.45	3.83	2.80	4.10	2.60		2.80	3.50	6.30	—	—	6.00	4.44
白米/百斤	4.00	9.15	10.10	6.00	7.10	3.30	4.50	6.20	10.00	8.80	7.00	7.80	8.40	6.30
玉蜀黍/百斤	1.50	2.95	—	2.00	3.00	2.30	1.50	2.00	1.50	4.00	5.00	3.90	4.40	3.60
素/百斤	1.46	—	—	1.60	2.70	2.00	—	2.20	—	—	—	3.90	4.00	—
稷/百斤	1.32	—	2.25	1.60	1.10	2.30	—	2.00	1.70	—	—	3.80	2.60	2.80
豌豆/百斤	2.30	4.35	4.10	3.40	4.00	4.50	—	2.10	3.00	4.60	4.00	7.10	4.60	3.20
荞麦/百斤	2.14	—	2.14	2.40	5.00	3.40	2.00	2.10	2.10	—	3.00	3.50	3.60	4.00
猪肉/斤	0.22	0.25	0.22	0.20	0.20	0.22	0.20	0.21	0.20	0.20	0.26	0.20	0.28	0.15
羊肉/斤	0.31	0.35	0.19	0.20	0.41	0.31	0.20	0.27	0.25	0.25	0.17	0.22	0.25	0.20
面粉/斤	0.045	0.055	0.08	0.04	0.05	0.12	0.045	0.07	0.06	0.10	0.10	0.19	0.15	0.05
菜油/斤	0.192	0.22	0.16	0.20	0.12	0.14	0.14	0.19	0.14	0.26	0.25	0.39	0.35	—
盐/斤	0.12	0.105	0.13	0.18	0.13	0.09	0.11	0.17	0.10	0.16	0.30	0.40	0.35	0.35
醋/斤	0.102	0.06	0.05	0.02	0.02	0.06	0.172	0.05	0.04	0.04	—	0.14	0.10	0.016
棉花/斤	0.40	0.45	0.43	0.42	0.41	0.33	0.40	0.48	0.36	0.50	0.40	0.60	0.45	0.75
土布/丈	0.60	1.30	0.46	0.32	0.31	0.42	0.50	0.52	0.45	0.60	0.90	0.80	0.48	—
市布/丈	2.00	1.30	1.73	0.91	0.62	1.40	0.97	0.57	0.50	1.00	2.00	1.80	1.40	1.00

续表

商品名称/单位	渭南	潼关	大荔	凤翔	武功	蒲城	同官	彬县	朝邑	商县	平利	留坝	南郑	榆林
印花布/丈	0.85	1.60	0.75	0.51	0.46	0.53	0.52	0.58	0.38	0.80	0.90	1.40	0.80	0.45
无烟煤/百斤	1.25	1.15	1.58	—	3.20	2.30	—	—	1.30	—	0.40	—	—	—
有烟煤/百斤	1.18	1.05	1.39	—	2.50	0.60	0.60	0.81	1.00	0.70	—	—	1.60	0.32
煤油/桶	6.00	5.20	6.50	6.00	5.60	5.80	6.80	6.00	7.70	7.00	7.00	18.00	18.00	6.50
硬柴/百斤	1.00	0.80	0.65	1.00	1.30	1.30	0.47	0.60	0.50	0.50	0.40	3.10	1.20	0.55
麦草/百斤	1.00	0.55	0.47	0.60	0.67	0.67	0.42	0.56	0.40	0.50	—	1.17	0.80	1.00
木炭/百斤	4.30	3.00	4.20	4.00	6.80	4.50	1.70	2.70	3.20	2.50	2.50	4.00	2.80	—
洋烛/包	0.33	0.30	0.27	0.30	0.30	0.23	0.26	0.30	0.30	0.40	—	0.80	0.40	0.28
白干酒/斤	0.32	0.34	0.28	0.16	0.26	0.33	0.11	0.25	0.30	0.24	—	0.60	0.25	0.20
湖茶叶/斤	0.35	0.25	0.29	0.40	0.32	0.24	0.65	0.45	0.40	0.50	—	—	1.20	—
旱烟/斤	0.25	0.20	0.16	0.20	0.16	0.14	0.10	0.23	0.18	0.20	0.02	0.23	0.25	0.12

资料来源：商务部物价局编：《抗战前价格参考资料》第6辑（西北区、新疆、内蒙古自治区物价），1955年油印本，第141—142页。

注：1丈≈3.3米。

利县只有 0.4 元，两地相差 8 倍，这可能是由于运输费用不同。有些商品如盐，各地之间差距也较大。这自然也有运输的原因，但主要是因为当时还未完全废除引岸、销区的划分。由于食盐不能自由竞销，所以各县之间价格差距较大。但是，前述两种地区间价格差别较大的醋和旱烟，均是当地生产的产品并非运输成本所致。这两种商品并非政府和商人所能垄断的商品，所以其地区间的差价只能是市场发育不充分、地区间小市场的封闭性所造成的。

本书之所以举出陕西各县的零售价格作为例证讨论地区之间的差价，是因为其较有代表性。而有些边远省份的各县之间的零售物价差距更大，如贵州省 1937 年 8 月的一次调查表明，各县主要农产品市场的价格差距最高的达 25 倍，最少的也有 3 倍，平均为 7—15 倍。[①]

关于地区间物价差距变动趋势，因为没有全国性的统计资料可用，本书仅能举出福建省各县食盐销售价格在 1912—1935 年的变动情况作为例证，来说明一下在近代化过程中地区间物价差距缩小的情况，见表 3-24。

表 3-24　福建省各县食盐零售价格表（1912—1935 年）单位：担/元

地区	1912	1922	1932	1933	1934	1935（1—6 月平均）
浦城	6.41	8.80	—	14.27	—	12.22
松溪	10.00	8.30	12.50	16.60	14.30	14.20
崇安	3.87	12.57	8.61	8.61	21.87	18.63
建阳	8.40	10.80	16.00	16.80	15.30	14.47
建瓯	4.35	5.26	14.81	16.00	12.70	10.52
邵武	5.00	8.33	10.00	12.50	10.00	16.03
泰宁	4.47	6.38	29.79	79.44	35.75	20.43
将乐	6.31	8.76	12.93	12.38	14.02	12.09
顺昌	1.77	3.82	17.80	21.62	12.36	11.82
沙县	5.00	2.80	16.50	13.50	12.00	11.25
南平	3.00	8.00	16.00	16.00	13.00	10.33
古田	2.80	4.00	11.50	12.50	11.00	10.75
屏南	2.50	5.83	11.83	10.83	10.83	10.21

[①]　商业部物价局编：《抗战前价格参考资料》第 5 辑（西南区物价），1955 年油印本，第 243 页。

续表

地区	1912	1922	1932	1933	1934	1935（1—6月平均）
龙溪	2.90	3.69	13.54	12.49	13.54	11.60
永安	6.15	13.25	19.14	34.45	24.60	13.21
寿宁	1.51	2.12	6.39	6.32	6.32	7.21
福鼎	2.87	4.47	5.11	6.94	6.94	6.94
霞浦	7.80	8.00	8.00	9.00	11.00	10.00
福安	2.12	2.95	6.15	6.42	6.20	7.95
宁德	2.94	6.09	8.50	8.50	8.89	8.50
罗源	—	—	—	—	—	10.56
闽侯	3.20	5.60	8.00	9.60	9.60	9.60
闽清	1.96	2.67	10.50	10.00	10.00	10.00
永泰	8.00	8.60	8.40	8.40	9.20	10.43
长乐	1.50	3.80	8.00	8.00	8.00	9.20
福清	4.00	5.60	6.70	6.70	6.75	6.71
莆田	2.23	2.50	3.75	3.75	3.75	3.39
仙游	—	—	5.00	4.30	4.30	4.00
德化	3.96	7.14	7.94	7.94	10.92	10.54
永春	3.50	5.50	7.50	7.20	7.20	7.23
安溪	3.00	5.40	6.80	7.00	7.20	7.33
南安	2.30	2.80	5.50	5.50	5.50	5.65
晋江	2.30	2.80	5.50	5.50	5.50	5.60
惠安	3.00	2.00	4.50	4.50	4.50	4.50
漳平	3.50	13.10	13.30	13.10	14.10	10.30
龙岩	—	—	16.06	14.00	11.10	10.42
华安	4.16	4.54	5.88	7.69	11.76	10.27
南靖	2.00	3.00	8.00	8.00	8.00	8.00
长泰	1.90	3.20	8.30	7.90	7.90	7.97
海澄	2.93	3.71	3.77	5.44	6.28	6.20
平和	3.80	4.30	4.70	5.10	5.50	5.45
漳浦	2.29	3.64	4.58	4.63	4.63	5.00
同安	1.30	2.99	7.10	7.10	6.00	6.00
金门	3.20	4.40	4.80	4.80	5.00	5.00
东山	2.50	2.80	3.00	3.00	3.10	3.10
云霄	2.50	4.00	4.10	4.30	4.10	4.04
诏安	1.50	2.00	3.40	3.40	3.40	3.41
明溪	6.32	15.43	56.91	56.91	56.91	20.09
清流	14.89	25.33	31.77	29.79	29.79	27.47
长汀	3.27	11.74	—	—	—	16.69
连城	4.58	7.77	18.80	23.81	22.32	13.22
上杭	4.11	6.86	15.52	10.78	9.99	12.74
永定	2.04	5.53	8.51	9.79	8.51	9.65

资料来源：商业部物价局编：《抗战前价格参考资料》第3辑（华东地区物价），1955年油印本，第106—109页。

如前述，食盐是一种较为特殊的商品。在20世纪初以后，随着交通运输的发展，尤其是京汉和津浦两条铁路的修通，食盐在一些地区的运输成本明显下降，加之中华民国成立之后，在盐务稽核所的主持下统一全国盐税，一些地区的引岸、销区划分被打破，开放自由贸易，所以各地的盐价差距有缩小的趋势。这无疑是由传统社会向近代社会转变过程中价格关系的一种进步。它除了反映流通成本的下降外，还反映了公民对国家负担的赋税趋于均等。但福建的情况证明这种进步是有限的，1912 年，清流县的食盐售价最高，每担为 14.89 元；同安县最低，每担 1.30 元，前者为后者的 11.45 倍。到 1935 年，清流县的盐价在全省中仍然最高，每担为 27.47 元；而最低的则为东山县，每担 3.10 元，前者为后者的 8.86 倍。

二、批零差价

中国零售物价的调查起步更晚，所以为本书研究批发物价和零售物价的变动情况带来了困难。最早做这方面研究的有上海的唐传泗和欧阳侃等先生。他们在《中国近代米谷贸易价格资料（续）》一文中曾根据上海的资料编制了 1926—1938 年籼米的批零差价变动指数。

表 3-25　上海市场米的批零差价变化（1926—1938 年）

批发价=100

年份	差价	年份	差价	年份	差价
1926	100.4	1931	108.2	1935	112.0
1927	106.9	1932	106.6	1936	111.0
1928	103.7	1933	119.0	1937	119.5
1929	107.4	1934	117.5	1938	146.6
1930	105.8				

资料来源：唐传泗、欧阳侃：《中国近代米谷贸易价格资料（续）》，《价格理论与实践》1982 年第 2 期。

从表 3-25 可以看出，1926—1938 年，零售物价比批发物价上涨快，尤其是在抗日战争爆发以后。笔者查阅了国外有关资料，在 1913（或 1914）—1936 年，世界主要资本主义国家的物价变动趋势也是零售物价上涨快于批发物价。

由于唐传泗和欧阳侃编制的指数只限于籼米一种商品，为了进一步验证这一结论的可靠性，本书以天津零售物价为基础编制的生活费指数与同期天津批发物价指数中有关各类作一比较（表 3-26 至表 3-28）。

表 3-26　世界主要资本主义国家的批发物价指数（1913—1936 年）

1913 年=100

年份	英国	美国	法国	德国	意大利	日本
1913	100	102	100	100	100	100.0
1914	101	99	102	105	96	95.5
1915	123	101	138	140	125	96.6
1916	160	125	185	150	182	116.8
1917	208	172	257	177	274	147.0
1918	230	192	335	216	408	192.6
1919	254	202	347	413	446	235.9
1920	316	225	497	1 476	586	259.4
1921	202	142	341	1 899	538	200.3
1922	163	141	323	33 592	538	195.8
1923	163	147	413	16 508 646 million	542	199.2
1924	171	143	392	122	542	206.5
1925	164	151	539	129	605	201.7
1926	152	146	688	131	619	178.8
1927	146	139	604	136	518	169.9
1928	145	141	610	140	504	170.9
1929	140	139	598	142	480	166.2
1930	123	126	521	129	432	136.8
1931	108	107	443	115	374	115.6
1932	105	95	389	99	350	128.3
1933	105	96	371	96	317	147.0
1934	109	109	353	102	312	149.9
1935	109	117	335	105	341	153.6
1936	116	118	389	108	384	160.1

资料来源：同表 1-5。

表 3-27　世界主要资本主义国家的零售物价（生活费）指数（1913—1936 年）

1913 年=100

年份	英国	美国	法国	德国	意大利	日本
1913	103	100	98	100	100	100
1914	100	101	100	103	100	92
1915	123	102	118	129	109	86
1916	146	110	135	169	137	93
1917	175	129	159	253	196	114
1918	203	152	206	302	268	154
1919	215	174	259	414	273	205
1920	249	202	359	1 018	359	214
1921	226	180	312	1 340	428	196
1922	184	169	300	15 040	423	229
1923	174	172	335	15 899 billion	423	214
1924	175	172	382	128	437	214
1925	175	177	406	140	491	211
1926	172	178	529	142	528	193
1927	167	175	553	148	482	183
1928	166	173	553	152	446	178
1929	164	173	588	154	592	177
1930	157	168	594	148	441	150
1931	148	154	570	136	396	132
1932	144	138	517	120	387	132
1933	139	131	500	119	364	141
1934	141	135	482	122	346	144
1935	143	151	441	123	350	147
1936	148	153	470	125	378	169

　　资料来源：①英国、法国、德国、意大利：Mitchell B R. *European Historical Statistics* 1750-1975. 2nd ed. London: The Macmillan Press Ltd, 1980: 779-782，基期改为 1913 年或 1914 年。②美国 United States. Bureau of the Census. *Historical Statistics of the United States, Colonial times to 1970, Bicentennial Edition Part1*. Washington: U. S. Government Printing Office, 1975: 211，基期改为 1913 年。③日本：安藤良雄编：《近代日本经济史要览》（第 2 版），东京大学出版会 1979 年版，第 4—5 页，基期改为 1913 年。

　　从表 3-28 中可看出，食品类和服用品类的批发物价和零售物价几乎是同步上涨的，到 1942 年时，批发物价上涨 7.12 倍和 6.04

倍，零售物价上涨 7.88 倍和 6.27 倍。零售物价上涨的幅度只是略
大于批发物价。燃料类的批发物价，1942 年比 1926 年上涨了 4.94
倍，而零售物价却上涨了 10.27 倍，后者上涨的幅度远大于前者。
如果我们将各类批零差价指数作一简单算术平均，则 1926—1942
年中国零售物价上涨幅度大约高于批发物价 40%，与唐传泗和欧
阳侃计算的籼米的批零差价指数变动是一致的。

表 3-28　天津批发物价与零售物价（生活费）年指数比较（1926—1942 年）

年份	食品			服用品			燃料		
	零售物价	批发物价	批零价比（批发价=100）	零售物价	批发物价	批零价比（批发价=100）	零售物价	批发物价	批零价比（批发价=100）
1926	100.00	100.00	100.00	100.00	100.00	100.00	100.00	100.00	100.00
1927	107.82	106.95	100.81	100.10	99.96	100.14	102.03	101.52	100.50
1928	111.68	113.07	98.77	105.64	103.26	102.30	105.78	110.02	96.15
1929	117.27	116.52	100.64	107.99	107.35	100.60	121.74	109.77	110.90
1930	120.49	119.72	100.64	106.39	103.76	102.53	129.19	116.52	110.87
1931	110.38	114.39	96.49	116.24	117.03	99.32	136.28	139.43	97.74
1932	101.98	108.53	93.96	102.30	107.55	95.12	121.25	125.30	96.77
1933	88.70	92.76	95.62	91.27	97.87	93.26	100.70	116.40	86.51
1934	83.82	80.64	103.94	86.81	90.73	95.68	101.39	110.99	91.35
1935	98.44	94.70	103.95	82.79	86.96	95.20	104.20	104.04	100.15
1936	118.89	115.50	102.94	87.76	99.07	88.58	115.53	111.40	103.71
1937	134.12	127.85	104.90	101.18	117.97	85.77	119.46	118.07	101.18
1938	178.55	156.36	114.19	130.69	134.98	96.82	140.49	191.24	73.46
1939	297.67	224.67	132.49	205.36	218.38	94.04	201.77	252.62	79.87
1940	490.24	423.28	115.82	397.86	443.86	89.64	392.85	323.36	121.49
1941	481.47	468.93	102.67	487.78	523.02	93.26	501.51	356.11	140.83
1942	787.82	712.47	110.58	627.38	604.05	103.86	1027.49	493.68	208.13

　　资料来源：孔敏主编：《南开经济指数资料汇编》，中国社会科学出版社 1988 年版，第
7、241 页。
　　注：按用途分类的批发物价指数，其各类中所包括的商品品种与生活费指数中相应各类
所包括的商品品种不尽相同。一般来说，前者选择的商品品种多于后者，但拿来做比较反映
批发和零售物价的相互关系，所反映的趋势应当不会有问题。

三、季节差价

一般来说，某些商品存在季节差价是市场经济运行中自然而正常的现象。从供给方面说，绝大多数农副产品由于其生产周期具有明显的季节性质，存在供应的淡季和旺季。在旺季供给增加物价会下落，淡季供给减少物价会上涨。从需求方面说，人们对某些商品购买也存在季节的差别，有关商品的物价也相应发生变动。这属于生活常识，无须作更多的说明。

但是，随着经济的近代化和市场的不断完善，与传统社会比较起来，季节差价总的趋势应是不断缩小。尤其是从供给方面看，由于仓储条件的改进，各种鲜活食品可以长期保存；运输成本的下降和市场信息的灵通，使得商品可以在全世界范围内迅速调运，商品越来越趋向于均衡进入市场，从而导致季节差价的缩小。

因此，过大的季节差价实际上是市场经济不发达的表现。尤其是在中国传统社会中，在农业收获季节，商人压低市场价格，迫使农民贱价出售。尤其是贫苦农民为了完纳租赋或购买某些必需的日用工业品，被迫不计价格忍痛出卖以换取现金，而到了播种或青黄不接的季节，商人则抬高粮价，农民又不得不用出售工副业品的收入高价购入种子和口粮。因此，这种季节性的价格变动无疑是经济不发达，尤其是劳动人民贫困的表现。我国直至20世纪30年代，在农村集市贸易中农副产品的季节差价尽管较之19世纪已有缩小，但还是相当明显的。这方面的资料十分丰富，但也很零散，本书不拟摘录。唐传泗和欧阳侃曾编制过一个米价的季节变动统计表，本书摘录如下，以便读者对农产品的季节差价有一个大略的了解（表3-29）。

表 3-29　各地米价的季节变动指数

全年平均=100

项目	上海 1896—1930 共 35 年	江苏武进 1894—1931 共 38 年	安徽六安 1914—1932 共 19 年	四川涪陵 1915—1930 共 16 年	广西容县 1909—1931 共 23 年	河北正定 1907—1931 共 25 年
全年平均	100.0	100.0	100.0	100.0	100.0	100.0
1 月	93.3	96.7	97.3	102.4	99.0	101.9
2 月	97.3	97.9	99.8	101.7	98.3	102.3
3 月	97.7	98.7	102.1	100.9	100.6	102.9
4 月	97.1	98.1	101.8	99.6	102.9	103.1
5 月	99.3	98.9	102.6	99.7	102.2	102.6
6 月	102.9	101.5	102.3	98.5	101.6	102.6
7 月	107.9	105.9	102.0	97.8	100.9	102.1
8 月	109.3	105.4	98.6	95.8	100.2	101.0
9 月	107.6	104.8	98.3	97.4	99.6	94.6
10 月	100.6	98.7	97.9	100.6	98.9	94.0
11 月	93.9	96.1	98.8	102.5	98.2	95.4
12 月	93.5	97.3	98.5	103.1	97.6	97.5

资料来源：同表 3-25。

表 3-29 中最长的时间系列为江苏武进的指数，共 38 年。遗憾的是我们不能从表中看出这期间季节差价变动的趋势。为了证明这一问题，本书将金陵大学所做的江苏武进农民所得农产品价格的统计数据编成表 3-30。

表 3-30　江苏武进农民所得农产品价格的季节变化
（1896 年、1931 年、1932 年）

项目	白米（升/元）		元麦（斤/元）		黄豆（斤/元）	
	价格	指数	价格	指数	价格	指数
1896 全年平均	0.047	—	0.031	—	0.042	—
1 月	0.030	63.8	0.038	122.6	0.050	119.0
2 月	0.031	65.9	0.028	90.3	0.039	92.9
3 月	0.036	76.6	0.027	87.1	0.040	95.2
4 月	0.037	78.7	0.028	90.3	0.045	107.1
5 月	0.048	80.8	0.027	87.1	0.038	90.5
6 月	0.049	104.2	0.024	77.4	0.034	80.9
7 月	0.060	127.6	0.028	90.3	0.039	92.9
8 月	0.064	136.1	0.027	87.1	0.035	83.3
9 月	0.055	117.0	0.035	112.9	0.041	97.6
10 月	0.054	114.9	0.036	116.1	0.046	109.5
11 月	0.056	119.1	0.038	122.6	0.048	114.3
12 月	0.052	110.6	0.036	116.1	0.049	116.7

续表

项目	白米（升/元）		元麦（斤/元）		黄豆（斤/元）	
	价格	指数	价格	指数	价格	指数
1931 年、1932 年全年平均	0.101	—	0.055	—	0.072	—
1 月	0.090	89.1	0.062	112.7	0.082	113.9
2 月	0.083	82.2	0.063	114.5	0.080	111.1
3 月	0.087	86.1	0.055	110.0	0.073	101.4
4 月	0.088	87.1	0.049	89.1	0.073	101.4
5 月	0.091	90.1	0.050	90.9	0.073	101.4
6 月	0.099	98.0	0.049	89.1	0.072	100.0
7 月	0.097	96.0	0.049	89.1	0.067	93.1
8 月	0.115	113.9	0.060	109.1	0.087	120.8
9 月	0.122	120.8	0.054	98.2	0.069	95.8
10 月	0.121	119.8	0.053	96.4	0.063	87.5
11 月	0.109	107.9	0.053	96.4	0.062	86.0
12 月	0.107	105.9	0.058	105.5	0.068	94.4

资料来源：张履鸾：《江苏武进物价之研究》，《金陵学报》1933 年第 3 卷第 1 期。

注：武进的指数资料是从 1894 年起至 1932 年止，但各年的统计并非逐月数据都有。早期本书选择 1896 年数据为代表，因为该年白米、元麦和黄豆三种农产品逐月的价格数据齐全。20 世纪 30 年代选择 1931 年和 1932 年也是因为 1931 年白米逐月的价格数据齐全，1932 年元麦和黄豆逐月的价格数据齐全。

从表 3-30 中可以看到，1896 年时，白米每升最高价为 0.064 元（8 月），最低价为 0.030 元（1 月），全年平均为 0.047 元，如以其为 100，则最高和最低价格指数分别为 136 和 64，上下相差 72 个百分点。到 1931 年时，白米每升最高价为 0.122 元（9 月），最低价为 0.083 元（2 月），全年平均为 0.101 元，以平均值为 100，则 9 月和 2 月粮价指数分别为 121 和 82，相差 39 个百分点，说明季节差价比 19 世纪末时已明显缩小。用同样方法计算所得元麦 1896 年最高价与最低价的月指数分别为 123 和 77，相差 46 个百分点，而 1932 年的价格最高月份与价格最低月份的指数分别为 115 和 89，只相差 26 个百分点。黄豆 1896 年 1 月价格最高指数为 119，6 月最低为 81，相差 38 个百分点；1932 年最高和最低月指数分别为 121 和 86，相差 35 个百分点。元麦和黄豆的季节差价的变动趋势与白米是基本相同的。这从一个侧面反映了 19 世纪末到 20 世纪 30 年代初的三十余年间，中国在市场发育方面还是缓慢地有所进展。

第四章　生产要素价格的变动

　　本书所讨论的生产要素价格主要是资本、劳动和土地的价格。现代经济学通常把技术也作为生产要素之一。旧中国的技术虽然已有作为商品买卖的现象，但技术市场尚不存在。更由于历史资料的限制本书将不对这一要素的价格问题加以讨论。作为生产要素的价格，土地以地价或以土地收益率来表示，资本的价格用利率来表示，而劳动的价格则以工资来表示。

　　在西方经济学中，生产要素的组合属于生产理论，而生产要素的价格决定，则属于分配理论。本书讨论生产要素相对价格的变动，一方面在于要从生产方面说明其对国民经济结构或模式的影响；另一方面从分配的角度讨论其对国民收入分配的影响，并进而分析其对全部国民经济发展的作用。

　　生产要素相对价格的变动及其对中国国民经济结构的影响，虽然在理论上可以从总体上讨论，即讨论由土地、资本和劳动的价格的相对变动所导致的资源在国民经济不同部门之间的流动，但实际上这种分析模式可能只适合于西方少数几个发达国家的工业化过程；而不发达国家，尤其是中国，由于存在明显的二元结构，在本书所讨论的时限内，一直是资本主义工业与传统农业并存。所以可能更符合中国实际的讨论方法是，首先分别分析其在工业部门和农业部门的不同情况，即在工业部门中主要讨论资本和劳动价格的相对变动的作用。其次，将城市土地价格的变动作为一个因素加进来加以讨论；而在农业部门中则可以重点讨论劳动、土地二者之间的价格相对变动的影响。再次，将资本价格变动的因素加进来一并进行分析。最后，从国民经济总体上加以综合。

在大多数情况下，制造一定量的某种产品所需的各种生产要素的配合比例，在一定限度内是可以改变的。例如，生产同种工业品可以用资本代替劳动，采取使用较多的资本而相应地使用较少的劳动的生产方法。或者相反，也可以采取以劳动代替资本的生产方法。而生产某种农产品则可以用劳动代替土地，采取某种使用劳动较多，即精耕细作的方法，而相应地使用较少的土地。或者相反，也可以采取粗放的耕作方法，使用较少的劳动耕种较多的土地。生产中各种要素如何组合，也即各种资源如何配置，在近代社会中主要取决于市场上各种要素相对价格的变动。

第一节　中国传统社会的资源配置和市场机制的作用

传统社会是一个以自然经济为主的社会，无论是西方的庄园，还是中国的小农经济，生产主要都是为了自己消费。在这种经济形态下，生产要素的配置也即劳动如何安排，土地种植什么等主要依靠长期积累下来的习惯，由庄园主或家长决定。西方学者在这一问题上提出了一些新的看法，十分引人注目。其中尤以著名的经济学家费景汉先生的意见最有影响。为了说明问题的需要，本书将他的观点作一概述。

费景汉教授认为，在中国古代公元前 221 年以前以至公元 770 年，即从秦以前到中唐，是一个以政治为基础的中央集权体制或家族关系支配的市场制度。然而唐代的市场革命以后，它的经济制度逐步变得自由化了。在前近代时期，即唐以后至鸦片战争前的时期，竞争市场成为经济组织的基本模式。市场对中国传统农业社会的商品、资金、生产要素扮演组织者的角色。它起到增进效率、公平和稳定的作用。

费景汉教授明确指出，中国在前近代时期，市场是一个包含全部的制度，人们经济行为的所有方面都被它控制。除了商品市场之外，市场还决定服务、生产要素的价格（工资、租金、利息和利润）和资本财产的价格（如土地价格）。在前近代时期的中国，工资、利润和租金的水平基本上是由市场力量决定的。因此他的结论是：首先，中国市场制度在家族企业为主时，负责分配自主的劳动力；其次，中国市场制度可以提高商品及生产要素收入分配的效率；最后，中国市场制度负责调节社会单元之间相关的资产平均分配。所以，鸦片战争前的中国实际上是一种"商业资本主义"社会。①

如前所述，中国封建社会在其发展进程中商品经济或市场机制的作用，较西方的中世纪发达，尤其是宋以后更是如此。在中国封建社会中，一方面，国家在资源的配置上发挥的作用总的说来日趋衰落，而市场的作用越来越发展和加强。这表现在土地自由买卖的发展和人身依附关系的松弛，国家对土地和人民的控制都在减弱，国家对土地实行再分配和驱使人民从事

---

① Fei J C H. The Chinese Market System in a Historical Perspective. The Second Conference on Modern Chinese Economic History. Taipei: "The Institute of Economics, Academia Sinica", 1989.

各种劳役的能力逐步下降。另一方面，中国的政府对人民生产什么和如何生产向来是很少干涉的。农民认为种植某种作物比较有利，就可以自由转移去种某种作物，以致在封建社会后期就出现了某些农产品的专业区域，而不像西方和日本中世纪那样在种植作物，以致选用品种方面都没有自由。中国的国家机构虽然是历来就打算垄断尽可能多的资源，但结果还是官手工业日趋没落，不得不尽量借助市场。和雇制度及和买制度的出现就是明证。

从理论上说，只要有市场存在，生产者只要有剩余产品拿出去交换，市场对资源的配置就会发生导向的作用。应当说这种作用的程度与商品经济的发展程度和市场的发育状况是同步进行的。从这一事实和理论出发，费景汉先生的意见是不无道理的。但笔者认为他过分夸大了中国前近代社会中市场发育的程度和对生产要素分配的作用。他的意见实质上是认为早在鸦片战争以前中国要素市场就已经形成，资源的配置完全由要素价格的信号所决定。这种情况显然与中国的历史事实不符。在笔者看来，就是经过了鸦片战争后的100年的发展，中国的生产要素市场虽然在经济发达的地区初步形成，但仍然发育得很不完善，而且从全国范围看，呈现出明显的不平衡性和不统一性。

对在中国近代化过程中，或曰由传统社会向资本主义社会转化的过程中，生产要素市场形成的问题，迄今在大陆虽然没有人像费景汉那样从总体上发表意见，但对劳动力市场的形成、资本市场的形成问题则在资本主义萌芽和民族市场形成等问题的讨论中被涉及，并存在着各种不同的意见。本书将在下述讨论资本、劳动、土地价格各节中，对这方面有关的情况略作说明。

在中国传统社会中，资本是最稀缺的资源，借贷资本具有高利贷的性质。它的存在主要不是为了满足农民和手工业者扩大生产的需要，而是当小生产者遇到天灾、人祸等自然变故和意外事件，或由于完缴加重的地租和赋税的急需，不得不求助这些货币所有者时，才去借贷。所以，高利贷的利息往往要占有这些小生产者全部的剩余劳动，甚至一部分必要劳动，使他们的简单再生产都无法维持。因而，在传统社会中，资本价格最高，其次是土地。本来在中国古代土地并不是稀缺的资源，起码在宋代以前还有不少的公有和待垦土地存在，那时相对说来劳动力倒是比较稀缺的资源。但宋代以后，特别是到了明清时期，情况发生了变化，土地随着人口的增长变得越来越稀缺，因而其价格也不断上涨，劳动力相对说来变成了最不稀缺的资源，因此价格变得便宜起来。这种情况与欧洲国家是不相同的。在西欧传统社会后期，劳动力仍然是一种稀缺的资源，所以英国要用圈地运动迫使农民离开土地充当雇佣劳动者。

　　传统社会是一个以农业为主要生产部门的社会，资本很少，不只是农业中的资本投入不多，就是手工业中的固定资本数量也是有限的。所以在前近代化时期最主要的生产要素就是土地和劳动。这里所要讨论的就是由于其稀缺程度不同和价格的相对变动所形成的中国这两种生产要素结合的特定模式。

　　西方经济学中用等产量曲线来表示为生产一定数量的产品可以用所需各种生产要素的不同数量加以组合，如为生产 500 吨稻谷，可以分别用劳动和土地这两种生产要素各种不同的组合方式。中国传统社会后期等产量曲线是向右下方倾斜的趋势，也即由比较少的劳动与土地结合变为以较多的劳动与较少的土地相结合，形成了中国农村精耕细作的经营模式，也即劳动集约的模式，以图尽量节约土地而养活尽量多的人口（图 4-1）。

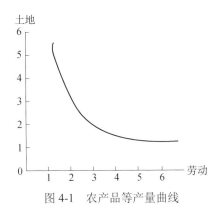

图 4-1　农产品等产量曲线

按照经济学的一般规律，凡是生产要素的配合比例能够改变的生产函数，一般都具有如下特点：如果使一种生产要素固定不变，则增加使用另一种生产要素所增加的收益迟早会出现递减的现象。中国农村精耕细作的经营模式的结果只能是导致收益率递减。在技术没有变化的情况下，当新的劳动者加在固定数量的土地之上时，每一个劳动者便具有较少的土地与之发生作用。因此，尽管总产量可以增加，人均产量则会递减。劳动-土地比例的递增和产量-劳动比例的递减意味着每一位最后的（或边际的）劳动生产者对产品的贡献持续降低，从而实际工资水平持续降低。

正如李嘉图从本质上所指出的那样，人口的增加意味着较低的按人口平均的收入和工资率。较低的工资率意味着较高的地租率。地主随着劳动者蒙受损失而得到好处，而农产品的成本不断上升。

由于人均农业收益下降，农民扩大副业以资挹注。赵冈和陈钟毅认为这种生产模式的结果是农村副业排斥了手工工场，结果造成中国为了最大限度地养活不断增长的人口而牺牲了经济的发展。①

---

① 赵冈、陈钟毅：《中国经济制度史》，中国经济出版社 1991 年版，第 287 页。

第二节　利率的变动

如前节所述，在中国传统社会中，借贷资本具有高利贷的性质，利率是很高的。这种高利贷资本的来源，主要是地主、官僚、商人通过各种途径积累起来的货币资本，它与社会生产很少联系。其贷款对象一是遭受意外的小生产者，二是大肆挥霍的剥削者。高利贷的利息水平除了货币需求者的负担能力和抵抗能力外，没有其他经济上的限制。据《天津通志·金融志》记载，鸦片战争前天津地区高利贷的放债者多为富绅及市井流氓。借款方式或为信用借款，多凭商号或个人具保；或为抵押放款，多以房地红契为抵押品。借款额常为 100 元以上，还款期以 6 个月至 1 年较为普遍。利率随数额、期限而定，最低为年息 30%，高的为 50%—60%。①

中国封建社会后期，票号和钱庄等金融组织机构已经产生并不断发展。但那时的钱业市场主要还是经营货币的兑换、异地间的款项划拨和同行之间的拆借，存放款的业务有限。鸦片战争后，外国银行开始在中国的通商口岸设立分行。其业务主要是为外国对华商品进出口融通资金。随后国人自办的银行也开始出现。1897 年率先建立的中国通商银行，设立的直接原因是铁路建设拨款的需要，希图能低于外国银行资金的成本。与此同时，旧有的钱庄也开始转向以经营存放款业务为主。总之，鸦片战争后尤其是 19 世纪 70 年代以后，由于中西贸易的扩大和近代工业的出现，中国的金融市场首先在沿海的商埠发展起来。它调动了闲

---

① 《天津通志·金融志》，天津社会科学院出版社 1995 年版，第 276 页。

余资金投入周转，使信贷活动活跃起来。不断加速的资金流动和激烈的竞争，使利率有下降的趋势，但其主要服务对象还是日益繁荣的商业活动，而与当时近代工业的兴起联系甚少。当时无论是官办还是民办企业筹款都甚为困难。尤其是洋务派所办企业，不得不依靠官款或通过私人关系筹集，明定官利若干，借得的资本仍具有某种高利贷的印记。

近年来很多国内外学者在论著中都认为中国近代经济发展的困难并不是国民收入没有剩余，而是缺乏一种将这种剩余集中起来，转化为投资的机制。笔者认为这种意见是正确的。[①]其实，中国货币持有者对赢利前景的反应是非常敏感的。除前述民间商业信贷的活跃外，19世纪后半期许多中国资本附股于外国洋行就证明了这一点。它们不愿投资于中国工业企业，是因为缺乏法律对这种经济活动的保护，特别是官办企业，或有政府和官员参加办的企业，普通人更不愿投资。1876年上海某外籍记者曾说："中国有极多私人资本，欲谋出路；但无出路可寻，盖深恐所企图实施之事，正进行工作时，为政府官吏或征税胥役所剥削，致使事业之发起者，遭受摧毁与损失也。"[②]

20世纪初年以后，尤其是中华民国成立以后，中国经济改革的速度加快，银行法和其他一些有关金融活动的法规相继出台，中国的新式银行，尤其是私人商业银行有了迅速的发展。到1937

---

① 可参见陈振汉：《我国历史上国民经济的发达和落后及其原因》，载孙健编：《中国经济史论文集》，中国人民大学出版社1987年版，第81—88页；Riskin C. Surplus and Stagnation in Modern China. *In* Perkins D H. ed. *China's Modern Economy in Historical Perspective*. Stanford: Stanford University Press, 1975: 49-84; Lippit V. The Development of Underdevelopment. *Modern China*, 1978, 4(3); Hao Y P. *The Commercial Revolution in Nineteenth-Century China: The Rise of Sino-Western Mercantile Capitalism*. Berkeley: University of California Press, 1986: 342-343. Wang Y R. Dual Structure and Economic Growth: A Comparative Study on the Modernization of Japan and China 1880s-1930s. *The Social Sciences Review*, 1991, 36(3): 1-58.

② 窝漆德：《中国工业化发展迟缓之分析》，刘毓璜译，《大公报》1936年5月13日，见南开大学经济研究所编：《经济周刊》第165期。

年时，各类银行共计164家，其在各地的支行共计1627家，实收资本43 430.2万元，存款总额406 750.6万元，放款总额为259 455.6万元。[1]另据侯继明的计算，1921—1936年，中国新式银行的贷款额以年率12.3%的速度增长。[2]

银行业与近代工矿交通业及农业的关系逐渐密切，放款对象逐步变化。试以金城银行为例。

金城银行自1917年至1936年的20年间，放款额由381 107万元增加为95 924 343万元，增加了24倍。[3]贷款结构发生了明显的变化，商业放款由1917年占总额的78.19%下降为1936年的39.41%，而工业放款的比重则由8.05%上升为16.50%，农业贷款由2.47%上升为6.48%。矿业放款由2.44%增加为7.65%，交通及公用事业放款更由0增加为占全部放款的15.05%，增长最为迅速（表4-1）。

上海银行与金城银行相同，其放款总额和对工业放款的数额在20世纪二三十年代也有明显的增长（表4-2）。

表4-1　金城银行历年各种放款成分比例表（1917—1936年）单位：%

类别	1917	1921	1928	1932	1936
商业	78.19	60.45	50.17	46.86	39.41
工业及其产品	8.05	13.69	14.53	15.43	16.50
农业及其产品	2.47	2.96	3.53	3.04	6.48
矿业及其产品	2.44	5.75	8.37	6.28	7.65
交通及公用	—	5.04	10.41	13.86	15.05
机关	1.64	3.62	4.92	5.06	6.00
其他	7.21	8.49	8.07	9.47	8.91
总计	100.00	100.00	100.00	100.00	100.00

资料来源：《金城银行创立二十年纪念刊》，1937年，第154页。

[1] 朱斯煌主编：《民国经济史：银行周报三十周纪念刊》，银行学会1948年版，第495、508—510页。

[2] 〔美〕侯继明：《外国投资和经济现代化（1840—1937年）》，沈祖炜译，李必樟校，载张仲礼主编：《中国近代经济史论著选译》，上海社会科学院出版社1987年版，第53页。

[3] 《金城银行创立二十年纪念刊》，1937年，第164—165页。

表 4-2　上海银行存放款的增长（1926—1936 年）

项目	放款		存款	
年份	年底余额/元	与 1926 年底比较增减百分比/%	年底余额/元	与 1926 年底比较增减百分比/%
1926	19 194 822	100	32 440 368	100
1927	16 169 330	84	30 331 202	93
1928	33 281 585	173	45 013 261	138
1929	44 869 521	233	62 738 950	193
1930	68 406 199	356	89 777 487	276
1931	67 068 400	349	95 553 966	294
1932	91 933 040	478	124 171 474	382
1933	109 583 540	570	140 492 190	433
1934	127 127 683	662	158 159 145	487
1935	97 613 980	508	131 584 964	405
1936	119 549 398	622	153 475 065	473

资料来源：中国人民银行上海市分行金融研究所编：《上海商业储蓄银行史料》，上海人民出版社 1990 年版，第 626 页。

1926—1936 年，上海银行的放款额由 19 194 822 元增加为 119 549 398 元，增加了 5 倍多，比存款额增加要快得多。其对国货工业的贷款则由 1931 年的 22 973 611 元增加为 1936 年的 383 720 000 元[1]，也有明显的增长。

到了 20 世纪 30 年代，我国很多银行出现资金过剩的现象。如上海银行 1933 年 6 月 21 日总经理会议上，主席陈光甫说："现在资金过剩我行已有 4000 万之余款无处可放，不得不设法疏通。"[2]如果说资本的价格也是供求的均衡价格，那么这种供大于求的结果必然导致利率的下降。

与银行对工业企业放款增加相对应的是，我国民族工业来自银行的贷款有明显增加。据 20 世纪 20 年代的一次调查，78 家企

---

[1]　中国人民银行上海市分行金融研究所编：《上海商业储蓄银行史料》，上海人民出版社 1990 年版，第 608—609 页。

[2]　上海银行档案，总经理处第 94 次会议记录，见中国人民银行上海市分行金融研究所编：《上海商业储蓄银行史料》，上海人民出版社 1990 年版，第 413 页。

业平均借入资本（主要来自银行）占全部资本的比例达 36%。①

除贷款外，银行还经营仓储、运输、保险、信托等业务，由信用中介发展到通过买卖企业股票和债券，对企业直接投资或代理企业发行股票和债券，参与企业管理。为满足各大企业所需的巨额资金，银行还组成银行团联合向大企业贷款。

在新式银行迅速发展的同时，20 世纪早期，中国的钱庄并未衰落，而是适应中国近代化的要求，其业务方式也向近代银行业转化，从而使其实力有所扩展。钱庄对工业贷款在 20 世纪 30 年代有明显的增加，包括棉纺织厂、丝纺织厂、毛纺织厂、炼铁厂、面粉厂、化学工厂、水泥厂等，实收资本不断扩充。

随着银行业的发展，中国的货币供应量明显增加（表 4-3）。

表 4-3　中国货币供应量的增加（1910—1936 年）　单位：百万元

年份	货币供应量	年份	货币供应量	年份	货币供应量
1910	1873	1919	2203	1928	4098
1911	1903	1920	2468	1929	4560
1912	1951	1921	2571	1930	5101
1913	1976	1922	2743	1931	5012
1914	2016	1923	2913	1932	5000
1915	2014	1924	3090	1933	5530
1916	1973	1925	3364	1934	5531
1917	1935	1926	3616	1935	5904
1918	2031	1927	3764	1936	6607

资料来源：Rawski T G. *Economic Growth in Prewar China*. Berkeley: University of California Press, 1989: 395.
注：本表采用的是罗斯基计算的货币供应量的低估值，包括银行活期存款。

罗斯基认为，1910—1936 年，中国的货币储备以每年 5% 的速度增长，纸币已在很大程度上代替了银两。在二十余年的时间里，货币供应量增加了 2.56 倍，从而缓解了长期以来资本供给的限制。

---

① 转引自刘佛丁：《我国民族资本企业资本集中问题初探》，《南开经济研究所季刊》1983 年第 4 期。

按照经济学原理，如果我们假定货币流通速度不变，货币流通量的增加将导致利率下降、投资增加和国民生产总值的上升。

关于我国银行贷款利率向无系统的统计资料可供使用，在发达的资本主义国家通常均以贴现率来代表当时的市场利率。我国由于中央银行对商业银行再贴现的制度出现较晚，所以我们不得不使用拆息来作为讨论利率变动的基础。所谓拆息又名银拆，是钱庄间的拆息，银行遵行；1933年废两改元后，由银行业同业公会联合会根据市场对资金供求的缓急，为同业间短期借款所定之利率。

在银本位时期，通常可以用拆息作为资金市场的代表利率（表4-4、图4-2）。

表4-4　上海银拆平均市价（1873—1936年）

（1913年=100）　　　　单位：规元两

年份	拆息	指数	年份	拆息	指数
1873	0.352	765	1894	0.098	213
1874	0.230	500	1895	0.058	126
1875	0.200	435	1896	0.200	435
1876	0.294	639	1897	0.195	424
1877	0.150	326	1898	0.215	467
1878	0.167	363	1899	0.133	289
1879	0.241	524	1900	0.127	276
1880	0.248	539	1901	0.084	183
1881	0.148	322	1902	0.150	326
1882	0.313	680	1903	0.243	528
1883	0.211	459	1904	0.191	415
1884	0.047	102	1905	0.221	480
1885	0.032	70	1906	0.152	330
1886	0.128	278	1907	0.206	448
1887	0.169	367	1908	0.216	470
1888	0.177	385	1909	0.164	357
1889	0.293	637	1910	0.211	459
1890	0.193	420	1911	0.126	274
1891	0.100	217	1912	0.051	111
1892	0.111	241	1913	0.046	100
1893	0.183	398	1914	0.066	143

续表

年份	拆息	指数	年份	拆息	指数
1915	0.035	76	1926	0.150	326
1916	0.121	263	1927	0.077	167
1917	0.138	300	1928	0.134	291
1918	0.203	441	1929	0.149	324
J919	0.230	500	1930	0.067	146
1920	0.227	493	1931	0.133	289
1921	0.175	380	1932	0.111	241
1922	0.155	337	1933	0.057	124
1923	0.218	474	1934	0.092	200
1924	0.179	389	1935	0.141	307
1925	0.075	163	1936	0.082	178

资料来源：①1873—1932 年：孔敏主编：《南开经济指数资料汇编》，中国社会科学出版社 1988 年版，第 478—481 页。②1933—1936 年：《金城银行创立二十年纪念刊》，1937 年。

注：规元每千两之日息。

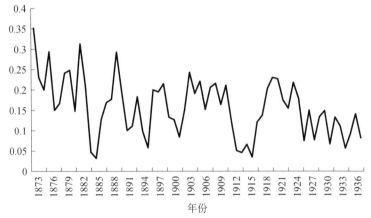

图 4-2 上海银拆平均市价的变动趋势（1873—1936 年）

资料来源：同表 4-4。

从表 4-4 和图 4-2 中我们大略可以看出，1873—1936 年拆息变动的总趋势是在波动中有所下降，但并不明显。下面，笔者求取 10 年平均值就可以得到表 4-5。

表 4-5　上海银拆平均市价（1873—1936 年）

10 年平均　　　　　　　　　　　　单位：规元两

年份	平均市价	年份	平均市价
1873—1882	0.2343	1913—1922	0.1396
1883—1892	0.1749	1923—1932	0.1293
1893—1902	0.1443	1933—1936	0.0930
1903—1912	0.1781		

资料来源：据表 4-4 中数据计算。

由表 4-5 可以看出，从 19 世纪 70 年代至 20 世纪 30 年代，拆息的变动除在 1903—1912 年略有回升外，总的说来是逐步下降的趋势。19 世纪 70 年代时平均高达 0.2343 两，到 20 世纪 30 年代时只有 0.093 两。月息由 7.0‰降至 2.80‰。

拆息率毕竟是银业短期借款的利率，逐日变化无定，数据经过处理后虽然可以反映出一个长期内资本价格的变动，但最理想的还是希望能得到一个长期放款利率的系列数据。

表 4-6 为 1892—1937 年天津各银行放款利率统计情况，从中可以看出，天津各银行长期放款的利率变动趋势与拆息的变动趋势有相似之处，即从 19 世纪末到 20 世纪初有些上升，而从 1911 年以后又趋下降，并维持在月息 1 分上下。

表 4-6　天津各银行放款利率（月息）统计（1892—1937 年）单位：分

年份	最高	最低	平均	年份	最高	最低	平均
1892	—	—	0.7	1905	2	0.6	1.179
1893			0.6	1907	3	0.65	1.25
1894			0.7	1908	3	0.7	1.112
1895			0.8	1909	3	0.6	1.2
1896			0.5	1910	5	0.5	1.182
1897	2	0.5	1.46	1911	6	0.5	1.282
1898	—		0.75	1918	1	0.8	0.9
1899	1	0.5	0.917	1923	1.05	0.9	1
1900	1	0.5	0.614	1927	—		1.1
1901	2.5	0.525	0.934	1928	—		1
1902	2.5	0.5	1.008	1932			1.1
1903	2	0.525	0.848	1935			0.8
1904	3	0.6	1.056	1937	1.2	0.5	0.9

资料来源：①《天津通志·金融志》（天津社会科学院出版社 1995 年版，第 317—318 页）表 3-2 光绪宣统年间天津商界借贷利息情况，1892—1896 年、1898 年每年记录只有一笔，故无最高与最低数据。②1918 年以后年份数据根据表后论述整理。

另据上海交通银行的档案记录，1931—1937 年，该行各类长期放款共 230 笔，月息均为 5 厘至 1 分，尤以 8 厘者居多。[1]

过去在论及中国近代银行贷款利率时，最常被引用的是严中平先生《中国棉纺织史稿》中的 1910 年各城市年利率。从这个统计中可以看到的是沿海城市的利率低于内地的利率，如上海的年利率为 7.2%—9.6%，天津为 8.4%，宁波为 6.0%—8.4%，而九江为 9.6%—18%，长沙为 9.6%—11%，宜昌为 12%—18%[2]，说明各地金融市场发育的程度不同。内地市场风险较大，所以资本使用的成本就高。另据美国学者彭慕兰（Kenneth Pomeranz）对 1900—1937 年山东资本市场的研究，说明当经济比较发达的山东北部沿海地区利率下降时，资金很少流入落后的中部和西南部地区，那些地区的借贷利率仍然是偏高的。最不发达的山东西南部地区的借款利率大约高于中部地区 0.6%（月息），高于东北部地区 1.5%（月息），而且在 1900—1937 年变化不大。他认为是政治上的不统一造成了金融市场的不统一。[3]

尽管从 19 世纪末至 20 世纪 30 年代，中国资本的价格有下降的趋势，但如前所述，到了抗日战争全面爆发前，一般来说长期放款月息仍在 8‰左右。[4]与西方发达国家相比明显偏高。下面，本书将以中央银行贴现率为代表来作一比较，具体情况见表 4-7。

---

[1] 参见李一翔：《近代中国银行与企业的关系（1897—1945）》，东大图书股份有限公司 1997 年版，第 168—169 页。

[2] 严中平：《中国棉纺织史稿》，科学出版社 1955 年版，第 158 页。

[3] Rawski T G, Li L M. *Chinese History in Economic Perspective*. Berkeley: University of California Press, 1992: 301.

[4] 利率高受公债影响。公债因折扣大，银行承购收益率合年息，1937 年以前为 14.8%—19.3%，1936 年为 11.6%，见〔美〕阿瑟·恩·杨格：《一九二七至一九三七年中国财政经济情况》，陈泽宪、陈霞飞译，中国社会科学出版社 1981 年版，第 106 页。

表 4-7　主要资本主义国家中央银行贴现率（1913—1936 年）单位：%

年份	英国	美国	法国	德国	意大利	日本
1913	4.77	—	4.00	5.87	5.25	6.60
1917	5.16	4.02	5.00	5.00	5.25	5.50
1918	5.00	4.68	5.00	5.00	5.25	5.50
1919	5.15	4.75	5.00	5.00	5.00	7.30
1920	6.71	6.49	5.78	5.00	6.00	8.00
1921	6.10	5.96	5.75	5.00	6.00	8.00
1922	3.70	4.21	5.08	6.58	5.75	8.00
1923	3.49	4.43	5.00	38.48	5.50	8.00
1924	4.00	3.63	6.02	0.00	5.50	8.00
1925	4.57	3.42	6.52	9.15	6.46	7.52
1926	5.00	3.84	6.58	6.74	7.00	7.12
1927	4.65	3.79	5.23	5.83	7.00	5.90
1928	4.50	4.50	3.53	7.00	5.96	5.48
1929	5.50	5.16	3.50	7.10	6.79	5.48
1930	3.42	3.04	2.71	4.93	5.93	5.39
1931	3.93	2.12	2.11	6.86	5.88	5.40
1932	3.01	2.81	2.50	5.21	5.56	5.30
1933	2.00	2.56	2.50	4.00	3.86	4.02
1934	2.00	1.54	2.66	4.00	3.10	3.65
1935	2.00	1.50	3.48	4.00	4.16	3.65
1936	2.00	1.50	3.67	4.00	4.69	3.38

资料来源：《金城银行创立二十年纪念刊》，1937 年。

从表 4-7 可以看到，英国、美国、法国、德国、意大利、日本六国的利率在 1913—1936 年，无一例外都是下降的趋势。从总水平看，越是发达的国家利率的水平越低。1936 年时，英国贴现率为 2%，美国只有 1.5%，中国贷款利率高出英国和美国 3—4 倍，大体上相当于 19 世纪中叶西方国家长期贷款的利率水平。

当然，上面所讨论的银行利率，主要是指在大城市中华资商业银行的放款利率。而外国银行的贷款利率，一般来说略低于中国银行，据统计，约在 4%—8% 之间①，但它们主要是为外资在华的贸易和投资活动服务的，尽管其对华资银行的贷款利率不无影响。

另外需要说明的是，广大农村地区，尤其是偏远地区，旧式

① 张继凤：《略论百年来我国利率的变迁》，载《金融研究》1982 年第 4 期。

金融机构仍有很大势力，地主、富农、商人控制着金融市场，借贷资本仍未摆脱高利贷性质。直到 20 世纪 30 年代，这些地区的借贷利息仍在 2 分左右，甚至更高。借债的主要是贫雇农，他们为生活所迫而借贷，中农和富农为发展生产而借贷的只是少数。尽管到 20 世纪 30 年代有些银行开始经营农村信贷业务，但能享受其利益者只限于少数经济发达地区的一部分农户。那种认为中国普通农民家庭都卷入金融市场的论断是缺乏说服力的。[①]

造成这一时期资本价格下降的原因，除本节前述的金融市场的发育、货币供应量增加和资本运作的安全性提高外，这里还需说明的是国外资本流入的作用。

世界市场发展的结果是价格的统一性的发展，利润、利息都是如此。世界市场的共同语言就是价格。"一个价格"是市场的法则，商品如此，资本也是如此。资本从低利率国家向高利率国家的流动，是资源在国际范围内配置所不可避免的。尤其是 19 世纪 70 年代以后，国际资本市场形成、列强已处于资本输出时期更是如此。西方金融机构纷纷进驻中国并展开竞争，因此外国资本的流入是导致中国这一时期利率下降的另一原因。尤其是在 1894 年到 20 世纪最初的十余年里，外国资本为缓解中国资本的短缺做出了贡献，他们所要求的利率是较低的。

澳大利亚经济史学家蒂姆·赖特（Tim Wright）博士认为，如果把外国资本算进来，资本供给不是中国工业发展的困难所在。当20 世纪初 10 年间中国投资者不愿为煤矿企业提供股份资本时，外资还是可以自由地被利用的。1914 年以前外资的增加是迅速的。[②]

国外资本流入中国，除了国内外利率差异的作用外，其在中

---

① 持这种观点的可以 Rawski T G. *Economic Growth in Prewar China*（Berkeley: University of California Press, 1989）为代表。

② Wright T. *Coal Mining in China's Economy and Society*，*1895-1937*. Cambridge: Cambridge University Press, 1984: 118.

国境内的购买力上升是另一方面的原因。本书在第二章讨论货币相对价格变动时就已经指出，19 世纪 70 年代以来，银价下跌的总趋势对于外国对华投资和侨汇是有利的。据估计，1871—1936 年，中国资金入超累计在 45 亿美元以上。①

第三节　工资率的变动

中国的传统社会自宋以后，农村中雇工的队伍扩大，农民的人身依附关系逐步松弛。他们在异地之间的迁移和流入手工业和商业较为发达的城镇，或在需要劳动力的矿区寻找工作，比西方和日本的中世纪有较多的自由。在中国资本主义萌芽问题的讨论中，历史学家寻找到了不少证据，借以说明上述事实。但是应当看到的是，直到鸦片战争前夕，乃至 19 世纪 70 年代，中国农村尽管存在大量潜在的剩余劳动力，但他们并未能摆脱家庭农业与手工业相结合的小农经济的束缚。移入新区的农民经营方式并未改变。虽然明清时期早有"人市"，且甚为普遍，农忙季节，几乎每村都有，但那是季节性的农业短工，或丝织业镇市的临时织工，不是现代意义的劳动力市场。那种认为在明清时期中国就已经形成了劳动力市场的看法是缺乏根据的。只是到了 19 世纪 70 年代以后，由于以英国为首的列强廉价纺织品的大量涌入，尤其是洋纱逐步挤垮土纱，中国农村的自然经济才真正开始分解，从而为中国近代劳动力市场的产生创造了条件。

中国近代工业的出现和发展对劳动力市场的发育起到了巨大

---

① 〔美〕邓伯格：《1840—1949 年外国人在中国经济发展中的作用》，程麟荪译，李必樟校，载张仲礼主编：《中国近代经济史论著选译》，上海社会科学院出版社 1987 年版，第 37 页。

的推动作用。其对劳动力的总需求不断扩大，而在经济不景气时期又使这些人中的一部分陷于失业成为产业后备军，导致劳动力市场在中国主要工商业城市及某些经济比较发达的地区出现，不过这已经是 20 世纪初年以来的事情了。

在国家的近代化起步以后，劳动力市场的形成过程首先表现为农村人口大量流入城市，以及工业雇佣劳动的迅速增长。1887年，中国的城市人口估计约为 7552.72 万人。到 1936 年时增加为122 593 140 人。[①]50 年间增加了 470 万余人，年增长约 9‰。这一时期中国人口的自然增长率为 5.8‰，城市人口的增长率远远超过人口自然增长率。其超过部分则可视为由农村移入城市的人口数。

到 1933 年时，中国新式工厂和矿业中的工人人数估计为 96.8万人，中小厂矿中的工人估计为 110 万人[②]，二者合计约为 206.8万人。众所周知，这些工人绝大多数是由农民和手工业者转化而来的。试以上海为例，据《中国劳动年鉴》记载，上海纱厂工人，本地人只占 30%，江苏北部应募进厂的占 40%，其他各省的占 30%。[③]再以东北日本人开设的工厂为例，如表 4-8 所示。

---

① 1887 年城市人口数是根据《光绪会典》卷 17 中的中国人口数和张仲礼《十九世纪八十年代中国国民生产总值的粗略估计》（王玉茹、赵津译，《南开经济研究所季刊》1987 年增刊第一集）中城市和乡村人口的比例数计算；1936 年是根据章有义：《近代中国人口和耕地的再估计》（《中国经济史研究》1991 年第 1 期）中 1936 年的中国人口数和巫宝三在《中国国民所得（一九三三年）》（中华书局 1947 年版）一书中城乡人口的比例数计算。

② 据巫宝三主编：《中国国民所得（一九三三年）》（中华书局 1947 年版）中的调查。1933 年时，合乎工厂法的中外企业共有工人 738 029 人（见该书上册第 71 页）。该年在外资和华资新式厂矿中劳动的工人约为 23 万人[刘佛丁：《试论我国民族资本企业的资本积累问题》，《南开学报（哲学社会科学版）》1982 年第 2 期]。二者合计为 96.8 万余人。1933 年中小厂矿工人数也是根据刘佛丁先生在同一篇文章中所做的计算。关于抗日战争全面爆发前前产业工人数的估计还有全国总工会《关于解放前中国产业工人人数的初步估计》，1935 年为 227.1 万人（1959 年未刊稿）。国家统计局整理的 1936 年产业工人数为 424 万人。

③ 王清彬、王树勋、林颂河，等编：《第一次中国劳动年鉴》，北平社会调查部 1928 年版，第359 页。

表 4-8　东三省日本人工厂工人籍贯百分比表　　　单位：%

籍贯	奉天省	"关东州"	山东省	直隶省	吉林省	朝鲜平安北道	俄罗斯
旅顺某织工厂	7.6	30.7	61.5	—	—	—	—
辽阳某机织工厂	45.6	—	38.8	15.4	—	—	—
大连某窑业工厂	2.3	21.3	68.2	8.0	—	—	—
吉林某火柴工厂	6.8	—	30.0	39.4	23.7	—	—
安东某火柴工厂	—	—	31.3	—	—	68.6	—
抚顺某化学工业所	9.4	—	72.3	16.7	0.08	0.08	0.2

资料来源：王清彬、王树勋、林颂河，等编：《第一次中国劳动年鉴》，北平社会调查部 1928 年版，第 358 页。

　　在观察了劳动力移入的城市和工厂以后，再反过来看一看劳动力从农村移出的情况。根据对江苏无锡 11 个村农户的调查，1929 年时外迁人口占总人口的比例为 8.7%，1936 年增加为 9.73%，1948 年更增加为 14.11%。在外的劳动力比例则分别为 11.79%、13.71% 和 20.33%，均呈明显增加的趋势。这些离村的人口和劳动力一般是迁往无锡和上海，在那里就业。[1]

　　人口之所以从农村移入城市，由第一产业转入第二产业，是由于移入地区和产业的工资水平高于移出地区和产业的工资水平。正如列宁在《俄国资本主义的发展》一书中所指出的："'迁移'能给工人带来'纯经济上的'益处，是因为他们所去的地方工资较高，在那里他们当雇工的境况较为有利。"[2] 列宁还指出，人口从农业转到工业（人口的工业化）是资本主义国内市场形成的一个重要方面。

　　中国近代劳动力市场形成过程的另一方面是向国外移民。众所周知，在世界资本主义发展和世界市场形成的过程中，人口向新大陆的移动是其主要组成部分之一。在其高峰的 1881—1910 年，欧洲国家移往世界其他地区的人口高达 2500 万人。[3] 这说明

---

[1]　吴柏均：《无锡区域农村经济结构的实证分析（1920—1949）》，《中国经济史研究》1991 年第 3 期。

[2]　《俄国资本主义的发展》，中共中央马克思恩格斯列宁斯大林著作编译局译，人民出版社 1949 年版，第 214 页。

[3]　Kuznets S. *Modern Economic Growth: Rate, Structure, and Spread*. New Haven: Yale University Press, 1966: 52.

劳动力市场在世界范围内已经形成。由于多方面的因素和条件的限制，中国向国外移民的过程十分缓慢，其数量与庞大人口总数比较起来也微不足道。只是到了清朝末年才废止了人民出洋的禁令。据民国初年北京政府农商部调查，我国在国外的华侨为8 670 000 人[①]，到 20 世纪初年也不过只有 1 141 424 人[②]。表面看来，中国人口移往国外只不过加速了移入区的开发和资本主义发展，但中国在前近代时期留下的人口基数庞大，移民是解决近代化过程人口压力的一个重要途径。更为重要的是，华工出口对中国近代劳动力市场的形成起了重要的推动作用。

除了向城市和海外移民外，中国近代劳动力市场形成过程中最值得注意的还是向新垦区，尤其是向东北的移民。它之所以值得注意，是因为 20 世纪初年以后向东北的移民，既与中国历史上依靠行政力量由国家强制实行的移民戍边不同，也与清代湖广填四川式的小农经济的异地再生不尽相同。东北地区土地肥沃，兼有丰富的森林、矿藏资源，但清政府由于种种原因长期采取限制关内人口移入东北的政策。到 19 世纪末，外国势力深入东三省内部，清政府封关政策无法维持。1897 年中东铁路开始修筑，数千名工人群集东北，关内移民亦从此大规模北上。1908 年清政府正式废止封禁政策，山东、河北在华北地区人口最密，又近邻东北，铁路修通后交通十分便利，因此成为东北移民最主要的来源地。据南开大学社会经济调查委员会的统计，1923—1929 年移入东北的居民由三四十万增至一百余万（表 4-9）。另据估计，1912—1949 年从山东流入东北的移民数达 1836 万余人。而山东移民在东三省移民中约占 80%。据此推算，则民国年间从关内流入

[①] 王清彬、王树勋、林颂河，等编：《第一次中国劳动年鉴》，北平社会调查部 1928 年版，第 53 页。

[②] 《中外财政金融消息汇报：外国：华侨现状及其汇款》，《财政评论》1945 年第 13 卷第 4 期。

东三省的移民总数大约为 2295 万人。[1]

表 4-9 内地人民移入东三省之估计（1923—1929 年） 单位：人

年份	1923	1924	1925	1926	1927	1928	1929
人数	341 638	384 730	472 978	566 725	1 050 828	1 089 000	1 046 291

资料来源：钟悌之：《东北移民问题》，日本研究社 1931 年版，第 43—44 页。

中东铁路和京奉铁路修通后，铁路沿线地区的工业和城市化迅速发展，尤其是日俄战争以后，日本加速了对东北地区矿业的开发，对劳动力的需求迅速增加。20 世纪初年以后，关内向东北移民之所以与中国历史上的流民不同，是因为移入人口中的一部分是作为雇佣劳动者进入工矿企业从事近代生产的。这已从表 4-8 中得到说明。

再以抚顺煤矿为例（表 4-10），从表 4-10 中可以看到，在 1914—1921 年的 11 次调查中，抚顺煤工中关内迁入的比例一直在 90% 以上，而东三省人所占比例则低于 10%。

表 4-10 抚顺煤工主要原籍历年人数比较表（1914—1921 年） 单位：人

时间	山东	直隶	东三省	其他各处	共计
1914 年 9 月	5 288	1 792	535	35	7 650
1916 年 6 月	4 796	1 331	395	17	6 593
1916 年 10 月	4 527	1 261	302	28	6 618
1916 年 12 月	5 445	1 608	563	34	7 655
1917 年 4 月	4 430	1 521	418	37	6 406
1917 年 8 月	4 340	1 849	409	46	6 644
1917 年 11 月	6 255	2 767	572	48	9 642
1918 年 4 月	6 087	3 591	607	66	10 351
1919 年 1 月	6 323	2 869	904	95	10 191
1920 年 9 月	5 119	3 631	640	——	9 390
1921 年 1 月	6 715	4 911	790	168	12 584

资料来源：王清彬、王树勋、林颂河，等编：《第一次中国劳动年鉴》，北平社会调查部 1928 年版，第 365 页。

众所周知，20 世纪初年以后，在中国各地区之间，东北地区

---

[1] 陈映芳：《旧中国移民流及其与劳动市场之关系》，《社会科学》1990 年第 2 期。

农业中的资本主义发展最为迅速。那里农业劳动者的劳动生产率最高，使用雇佣劳动的比例大于关内，这种状况一直保持到中华人民共和国成立后。因此，由关内向东北新垦区的移民带有劳动力由非资本主义经济向资本主义生产转移的性质。据 20 世纪 20 年代末的调查，东北移民中除有 1/10 进入工矿企业外，6/10 充当农业雇工，其余 3/10 则自领官地垦荒。①实际上，人们通常只注意到关内穷苦的农民闯关东的情况，而忽视了还有一部分农民是携带着一部分资金迁入东北地区的。据估计，在 20 世纪 30 年代，1 户移民耕地 1 方（45 垧），如单独经营最少需资本 885 元，若 3 户合资经营，每户则需 398 元。这笔资金当时若农民自己无法解决是很难从政府或其他方面筹措的。

当然在注意到移民对近代劳动力市场形成作用的同时，我们仍然应当看到，中国近代的人口移动大半还是天灾人祸所致，或由人多地少向人少地多的地区移动，性质与古代没有什么区别。

此外，中国近代劳动力市场的出现还反映于传统农业中劳动力市场的出现。刘克祥在《甲午战后的中国农业封建性雇佣劳动》一文中的研究认为，甲午战争后中国农业自由雇佣劳动和资本主义性质的雇工经营有所发展，部分地区农业劳动力市场开始形成。但这种发展不是很充分，农业中资本主义相当微弱，农业劳动力商品化进程远没有完成。在多数情况下，家族劳动仍是农业劳动的基本形式，雇佣劳动只是一种补充和调剂。另外，相当一部分雇佣劳动也不具备自主的性质，封建色彩浓厚。同时各地区发展不平衡，在一部分地区自由雇佣劳动占据主导地位，而在另一些地区，封建性乃至奴隶式的雇佣劳动仍然相当普遍。直到民国时期，中国农村的劳动力市场主要是一种短工市场。这些雇

---

① 朱偰：《满洲移民的历史和现状》，《东方杂志》1928 年第 25 卷第 12 期。

工没有脱离家庭生产，当雇工只是一种副业以补家庭收入。雇主多是农民，所以是劳动力的调剂。雇长工的多是地主，是自给性生产，地主、富农、雇工从事商品生产的不多。①

　　一般来说，在二元结构下，由于农业部门和传统工业部门有大量未充分利用的劳动力，因而有助于压低劳动力的市场价格，便于造成劳动生产率和工资增长的差别。19 世纪末期，尤其是 20 世纪初期以后，由于近代工业的发展和新垦区的开发，对劳动的需求比在中国传统社会中有了明显的增加。尽管中国农村和传统工业部门存在大量潜在的过剩人口，但由于劳动力市场尚未形成，所以城市工人的工资出现上升的趋势。刘易斯二元结构的发展模型中所设想的，即后发展国家由于存在过剩的劳动力，因而在其开始近代化以后，引进先进技术设备，近代工业可以用农业中生存工资雇用到所需的劳动力，并长期保持低工资率的设想，已为大多数第三世界国家的历史实际所证明是不现实的。伴随着一个国家近代经济的增长，城乡劳动者的工资也相应上涨。国家间的不同只是在于工资总水平上涨程度与劳动生产率增长程度的比例的不同，以及工农业工人工资之间差距大小程度的不同。作为发挥二元结构优势的范例的日本，其成功之处不过在于在近代化过程中，非熟练劳动的实际工资以较低的速度增长，就是在繁荣时期，工资的增长始终低于劳动生产率的增长，而工业部门的工资与农业部门的工资差距则较小，非农业部门的实际工资以农业劳动生产率的持续增长为基础，而包括中国在内的许多发展中国家则不是这样。

　　19 世纪后半期，当中国近代工业开始出现时，据当时许多中外人士的议论认为，中国苦力也即非熟练工人的工资是很便宜的，其与农业中的雇佣劳动工资差距不大。但当时的问题是劳动

---

① 刘克祥：《甲午战后的中国农业封建性雇佣劳动》，《中国经济史研究》1992 年第 1 期。

力市场尚未形成，所以工资在劳动力资源配置上尚不能发挥其调配的作用。因此，那时劳动力的供应问题，也即招募工人的困难，并不是通过提高工资水平所能解决的。这就是为什么那时在很多外资企业，乃至一些中国企业中广泛存在着包工制度的原因。它证明了当时在一些新兴工业城市和矿区尚无劳动力市场存在，所以资本家不得不靠封建包工头到农村用欺诈的手段去招募劳动力，并用人身强制的手段来管理这些工人。中国劳动力市场只是到了 20 世纪初年以后，特别是到 30 年代才开始在一些工业比较发达的地区形成。

关于旧中国工资变动的情况，尚无全国性的资料可供使用，笔者只好尽量从工矿交通等近代工业部门以及农业和手工业等传统生产部门中选择一些有较长系列工资统计的厂矿企业、城镇乡村的资料作典型加以分析，以从中寻求具有共同性的变动趋势。

在矿业方面最具典型性的资料，当属南开经济研究所编制的开滦煤矿工人工资的统计数字。由于开滦的劳工档案之丰富在旧中国工矿企业中实属罕见，所以以此为基础所编制的工资率的科学性和可信度甚高（表 4-11 至表 4-13）。

表 4-11　开滦矿区工人月名义工资和实际工资（1904—1937 年）

1925—1926 年=1　　　　　　　　　　单位：元

年份	月名义工资总计	月名义工资指数	生活费指数	实际工资指数
1904—1905	8.01	0.64	0.57	1.12
1913—1914	8.33	0.67	0.72	0.93
1919—1920	8.33	0.67	0.75	0.89
1920—1921	9.24	0.74	0.86	0.89
1921—1922	9.24	0.74	0.87	0.85
1922—1923	10.17	0.81	0.86	0.94
1923—1924	11.11	0.89	0.91	0.98
1924—1925	12.02	0.96	0.96	1.00
1925—1926	12.48	1.00	1.00	1.00
1926—1927	12.42	1.00	1.04	1.96
1927—1928	12.68	1.02	1.11	0.92
1928—1929	12.51	1.00	1.13	0.88

续表

年份	月名义工资总计	月名义工资指数	生活费指数	实际工资指数
1929—1930	14.70	1.18	1.18	1.00
1930—1931	14.68	1.18	1.20	0.98
1931—1932	17.20	1.38	1.15	1.20
1932—1933	16.91	1.35	1.02	1.32
1933—1934	13.69	1.10	0.90	1.22
1934—1935	17.96	1.44	0.97	1.48
1935—1936	18.15	1.45	1.10	1.32
1936—1937	18.11	1.45	1.21	1.20

资料来源：丁长清：《旧中国工人阶级贫困化问题管见——开滦煤矿工人的工资水平及其变动趋势》，《南开经济研究所季刊》1984年第4期。

注：①月名义工资总计项中除包括基本货币工资外，还计入了从实物工资（廉价面粉和煤炭）中所得的收益值，以及摊入每月的年终奖金额。数据全部依据开滦煤矿所存档案资料。②1904—1919年开滦矿区工人的月工资几乎没有变动，故只在其间填入1913—1914年度一个点，其余均略。这一时期消费物价虽小有起落，实际工资水平也有微小的上下变动，但并不影响总的趋势。

表4-12　开滦井下煤工月名义工资和实际工资（1887—1936年）

1929年=100 单位：元

年份	月名义工资额	实际工资指数	年份	月名义工资额	实际工资指数
1887	4.01	116.43	1927	11.21	79.94
1905	7.48	127.86	1929	13.35	100.00
1920	8.54	76.32	1931	17.40	144.29
1922	9.35	81.06	1935	17.40	165.46
1924	10.15	89.69	1936	18.91	105.57

资料来源：南开大学经济研究所经济史研究室编：《旧中国开滦煤矿的工资制度和包工制度》，天津人民出版社1983年版，第123页。

表4-13　开滦井上机匠月名义工资和实际工资（1887—1936年）

1929年=100 单位：元

年份	月名义工资额	实际工资指数	年份	月名义工资额	实际工资指数
1887	6.00	82.81	1927	25.91	87.93
1905	14.15	115.12	1929	28.04	100.00
1920	15.49	65.78	1931	30.80	121.63
1922	17.09	70.56	1935	29.88	135.28
1924	23.32	98.14	1936	38.17	101.46

资料来源：南开大学经济研究所经济史研究室编：《旧中国开滦煤矿的工资制度和包工制度》，天津人民出版社1983年版，第127页。

从表4-11至表4-13可以看出，开滦矿区工人的月名义工资，只是在个别年份有所下降。这主要是因为月挣工资班数减少，使月工资额也相应地减少，或者是由于工人的构成发生变化（新工人增加，里、外工比例变动），造成日工资率略有下降。一般来说，名义工资是持续上升的，井下煤工的工资可以代表非技术工人的工资水平和变动趋势，其月平均工资由 1887 年的 4.01 元增加为 1936 年的 18.91 元，增加了 3.7 倍。井上机匠的工资统计则可以代表技术工人的工资水平和变动趋势，同期他们的月平均工资由 6 元增加为 38.17 元，增加了 5.4 倍。但如果我们将表中的工资变动作一曲线就可以看出，开滦矿区工人的名义工资各时期增长的幅度不同。在中国近代经济增长的第一个周期上升期的 1887—1905 年，开滦矿区工人的工资有比较明显的上升，如井下煤工的月工资由 4.01 元增加为 7.48 元，增加了近 87%，井上机匠的工资由 6 元增加为 14.15 元，增加了 136%；而在这一周期衰退期的 1905—1913 年，开滦矿区全体工人的月平均工资则几乎没有增加。中国近代经济发展进入第二个周期的上升期后，开滦矿区工人的工资并没有立即增长，而是到了 1919 年后才开始提高，1919—1931 年有了大幅度的增长，矿区全体工人的月平均工资由 8.33 元增加为 17.20 元，12 年间增加了 106%；而在这个周期下降期的 1931—1935 年，开滦矿区工人的工资几乎没有增长。

按照经济运行的一般规律，在商业繁荣期内，对产品的需求增加，投资增长，生产迅速扩充，对劳动力的需求增加，工资必然增高。相反，在经济衰退期内，生产收缩，对劳动力需求减少，工资相应下降。但由于工资刚性的作用，在中国各企业一般只能保持工资率不变，减少名义工资是很难做到的。

开滦矿区工人的实际工资水平则与名义工资不甚一致，1887—1905 年略有上升。促使这一时期工人实际工资上升的因素，是货币工资的增加。这一时期的物价虽有所上涨，但不如工资增长的幅度大。

1905—1920 年，开滦矿区工人的实际工资处于一种显著下降的状态。导致这一时期工人实际工资降低的因素，是货币工资基本上没有增加，而物价却显著上涨。

1920—1926 年，开滦矿区工人的实际工资又开始缓慢地上升。这主要是由于工人进行了罢工斗争，迫使矿方先后三次增加工资。由于名义工资增长较快，物价虽然也在上涨，但上涨的幅度小于名义工资增长的幅度，所以工人的实际工资水平比第一次世界大战期间有所提高。

1926—1929 年，开滦矿区工人的平均日工资几乎没有增加，而物价却在继续上涨，这就使开滦矿区工人的实际工资水平又趋于下降。

1929—1935 年，开滦矿区工人的实际工资显著提高，1935 年达到一个高峰。这主要是因为受世界经济危机的波及，从 1931 年开始物价大幅度下降，尽管这一时期工人的名义工资几乎没有上涨。

下面再让我们来看一看中兴煤矿工人工资变动的情况（表 4-14）。

表 4-14　中兴煤矿历年工资率和实际所得（1917—1931 年）单位：元

年份	有技能工人		无技能工人	
	工资率	实际所得	工资率	实际所得
1917	22.87	22.87	7.84	7.36
1918	22.21	22.42	7.98	7.48
1919	27.12	27.35	8.09	7.59
1920	27.79	27.79	7.64	7.55
1921	27.56	28.33	7.46	7.44
1922	28.00	26.25	7.70	7.67
1923	29.86	32.25	7.96	7.93
1924	30.23	31.50	7.97	8.00
1925	28.90	29.30	8.01	8.13
1926	27.50	26.64	7.90	7.80
1927	27.49	29.40	8.78	8.62
1928	31.39	31.18	9.42	9.50
1929	33.00	35.58	10.82	10.67
1930	29.37	30.06	11.53	11.56
1931	26.35	28.06	13.02	13.39

资料来源：邢必信、吴铎、林颂河，等编：《第二次中国劳动年鉴》，北平社会调查所 1932 年版，第 60 页。

中兴煤矿的工资统计数字系列较短，其价值远不能与开滦的资料相比，其期限恰在中国近代经济发展的第二个周期上升期，所以无论其名义工资还是其实际工资都表现出明显的上升趋势。在这一点上与上述开滦矿区工人工资的变动趋势是一致的。

下面再让我们看两个运输业工人工资变动的实例，见表 4-15 和表 4-16。

表 4-15　广九铁路工人工资指数表（1912—1926 年）

1913 年=100

年份	工资指数	物价指数	实际工资指数
1912	98.1	—	—
1913	100.0	100.0	100.0
1914	101.4	103.6	97.9
1915	101.8	112.1	90.8
1916	102.0	119.4	85.4
1917	103.3	124.3	83.1
1918	104.2	133.4	78.1
1919	104.8	136.4	76.8
1920	105.4	135.4	77.8
1921	113.1	144.8	78.1
1922	119.5	153.4	77.9
1923	123.8	161.0	76.9
1924	124.5	175.6	70.9
1925	185.3	172.3	107.5
1926	203.1	171.5	118.4

资料来源：①工资指数：邢必信、吴铎、林颂河，等编：《第二次中国劳动年鉴》，北平社会调查所 1932 年版，第 54—57 页。②物价指数：赖爱民：《我国工人的工资问题（续完）》，《南华评论》1932 年第 3 卷第 14 期，第 26 页。

注：实际工资指数系据前两栏数据计算。

表 4-16　广三铁路工人工资指数（1912—1926 年）

1913 年=100

年份	工资指数	物价指数	实际工资指数
1912	106.8	—	—
1913	100.0	100.0	100.0
1914	100.3	103.6	96.8
1915	100.8	112.1	89.9
1916	100.8	119.4	84.4
1917	102.2	124.7	82.0
1918	104.3	133.4	78.2
1919	105.3	136.4	77.2

续表

年份	工资指数	物价指数	实际工资指数
1920	111.6	135.4	82.4
1921	116.2	144.8	80.2
1922	116.2	153.4	75.7
1923	118.1	161.0	73.4
1924	120.7	175.6	68.7
1925	169.8	172.3	98.5
1926	179.8	171.5	104.8

资料来源：①工资指数：邢必信、吴铎、林颂河，等编：《第二次中国劳动年鉴》，北平社会调查所 1932 年版，第 58—61 页。②物价指数同表 4-15。

从广九铁路和广三铁路工人的名义工资可以看到，其在中国近代经济发展的第一个周期性波动的下降期内几乎没有变动。这种状况大约持续到 1920 年，而从 1920 年后则有迅速的上升。而这两条铁路工人的实际工资在这期间也程度不等地略有上升。

城市产业工人的工资变动与上述铁路工人的状况颇为相似。现以广州为例，见表 4-17。

表 4-17　广州工人实际工资指数（1913—1926 年）

1913 年=100

年份	工资指数	物价指数	实际工资指数
1913	100.00	100.0	100.00
1914	101.23	103.6	97.71
1915	100.19	112.1	89.38
1916	104.35	119.4	87.39
1917	106.96	124.7	85.77
1918	104.79	133.4	78.55
1919	106.19	136.4	77.85
1920	107.23	135.4	79.19
1921	119.34	144.8	82.42
1922	124.69	153.4	81.28
1923	131.39	161.0	81.61
1924	135.28	175.6	77.04
1925	206.63	172.3	119.92
1926	253.59	171.5	147.86

资料来源：赖爱民：《我国工人的工资问题（续完）》，《南华评论》1932 年第 3 卷第 14 期，第 26 页。

1913—1920 年，广州工人的名义工资上涨极慢，实际工资是下降的趋势，而 1920 年后，名义工资迅速上涨，其速度快于物价上涨的幅度，所以实际工资也迅速上涨。

表 4-18 上海纺织工人的名义工资和实际工资（1910—1937 年）

年份	名义工资（元）		米价（元/石）	实际工资（米：石）	
	日工资	月工资		日工资	月工资
1910	0.26	—	7.13	0.036	—
1911	0.26	—	7.98	0.032	—
1912	0.27	—	7.94	0.034	—
1913	0.27	—	7.21	0.037	—
1914	0.27	—	6.42	0.042	—
1915	0.27	5.00—6.50	7.40	0.036	0.68—0.88
1916	0.27	—	7.12	0.038	—
1917	0.27	—	6.52	0.041	—
1918	0.27	—	6.62	0.041	—
1919	0.29	—	6.94	0.042	—
1920	—	6.75—8.78	9.61	—	0.70—0.91
1924		9.44	10.29	—	—
1925		11.42	10.20	—	—
1927	—	11.89	13.94	—	0.85
1929	—	10.70	12.44	—	0.86
1930	0.42	12.50	15.86	0.026	0.79
1931	0.42	—	12.03	0.035	—
1932	0.46	13.99	11.62	0.040	1.20
1933	0.45	13.98	8.38	0.054	1.67
1934	0.46	12.25	10.26	0.045	1.19
1935		12.04	12.18	—	0.099
1936	—	12.82	10.43	—	1.23
1937	—	11.09	12.20	—	0.91

资料来源：Rawski T G. *Economic Growth in Prewar China*. Berkeley: University of California Press, 1989: 301.

由表 4-18 可以看到，上海纺织工人的名义工资和实际工资在 1910—1937 年都是上升的趋势。

在分析了近代工矿交通事业中工人工资的变动情况后，笔者再举一个手工业工人工资变动的实例来加以比较（表 4-19）。

表4-19　北京瓦木工匠每日工资指数（1862—1925 年）

1913 年=100

年份	名义工资指数		实际工资指数		年份	名义工资指数		实际工资指数	
	大工	小工	大工	小工		大工	小工	大工	小工
1862	80.9	96.0	—	—	1895	80.9	102.7	113.9	144.6
1863	78.5	92.4	—	—	1896	87.1	98.7	121.0	137.1
1864	82.8	97.8	—	—	1897	91.1	105.4	115.3	133.4
1865	82.3	96.4	—	—	1898	100.0	110.7	119.0	131.8
1866	81.5	96.0	—	—	1899	105.5	121.4	113.4	130.5
1867	78.5	92.4	95.7	112.7	1900（春）	92	105	114	130
1868	81.5	96.0	97.0	114.3	1900（秋）	109	135	135	167
1869	80.1	94.6	94.2	112.3	1901	99	121	145	177
1870	74.7	88.4	88.2	105.2	1902	95	117	124	154
1871	71.0	83.5	86.6	101.8	1903	90	112	108	133
1872	68.3	80.8	81.3	92.5	1904	86	106	111	136
1873	65.6	77.7	79.3	93.8	1905	85.5	105	114	140
1874	63.4	75.0	94.6	111.9	1906	85	104	103	122
1875	63.2	74.6	105.7	124.3	1907	76	94	88.5	108
1876	56.7	67.0	104.2	104.7	1908	82	92	92	103
1877	53.0	62.5	85.5	100.8	1909	77.5	87	88.5	98.5
1877	54.3	65.6	87.6	105.8	1910	76	85	85.3	95
1878	54.8	67.0	79.4	97.1	1911	103	103	103	103.5
1879	54.8	67.0	85.6	104.7	1912	99	99	97.7	95
1880	53.8	65.6	82.8	100.9	1913	100	100	100	100
1881	54.0	66.5	84.4	103.9	1914	102	101.5	110	109
1882	57.0	70.1	89.1	109.5	1915	99	99	112	111
1883	64.0	78.1	104.9	128.0	1916	101	101	106	105
1884	67.5	82.6	108.9	133.2	1917	108	108	106	105
1885	61.3	74.6	97.3	118.4	1918	100	100	103	103
1886	66.1	80.8	100.2	122.4	1919	97	97	111	111
1887	67.2	81.7	97.4	118.4	1920	114	127	100	111
1888	79.8	97.3	114.0	139.0	1921	106	117	91	100
1889	76.6	86.2	107.8	121.4	1922	106	113	90	100
1890	77.7	92.9	103.6	123.9	1923	104	112	88	95
1891	73.9	94.2	104.1	132.7	1924（春）	111	116.5	91	95
1892	72.8	89.7	110.3	135.9	1924（秋）	147	134	106	96
1893	78.0	88.4	109.9	124.5	1925	161	156	112	108
1894	83.9	94.6	113.4	127.2					

资料来源：①1862—1899 年：据彭泽益编《中国近代手工业史资料（1840—1949）》第2 卷（生活·读书·新知三联书店 1957 年版）中数据计算。②1900—1925 年：据王清彬、王树勋、林颂河，等编：《第一次中国劳动年鉴》，北平社会调查部 1928 年版，第62—63 页。

北京瓦木工匠工人名义工资变动的系列数据说明，其与中国近代经济增长的周期性波动是基本一致的。在 19 世纪 80 年代中期以前是一种下降的趋势，在从 80 年代中期开始的第一个经济周期的上升期中，北京手工业工人的工资也有所上升。这种状况一直持续到 20 世纪初期。其后，在周期的下降期中，工人的名义工资也趋于下降。直至 20 世纪 10 年代中期，中国经济进入第二个经济周期的增长期后，北京手工业工人的工资又有所回升。实际工资的情况则不尽相同，技术工的实际工资变动不大，从首尾年份看还略有上升，而壮工（小工）的实际工资则略有下降。

下面让我们来看一看县乡和农村工人工资的变动情况（表 4-20）。

表 4-20　广东台山县工资指数表（1912—1925 年）

1913 年=100

年份	工类	商类	农类	平均	物价指数	实际工资指数
1912	96.4	95.3	96.5	96.1	—	—
1913	100.0	100.0	100.0	100.0	100.0	100.0
1914	98.7	97.4	102.4	99.6	103.6	96.1
1915	102.4	103.0	106.8	104.1	112.1	92.9
1916	108.7	107.2	112.7	109.7	119.4	91.9
1917	112.5	110.6	120.3	114.7	124.7	92.0
1918	124.6	125.0	127.6	125.8	133.4	94.3
1919	128.6	127.9	134.0	130.3	136.4	95.5
1920	138.5	137.0	145.2	141.1	135.4	104.2
1921	152.8	143.6	150.3	149.2	144.8	103.0
1922	168.2	154.8	156.2	160.0	153.4	104.3
1923	176.1	162.7	164.4	168.0	161.0	104.3
1924	184.2	173.4	172.8	177.0	175.6	100.8
1925	190.5	179.8	181.5	184.1	172.3	106.8

资料来源：①工类、商类、农类，平均：王清彬、王树勋、林颂河，等编：《第一次中国劳动年鉴》，北平社会调查部 1928 年版，第 66—67 页。②物价指数同表 4-15。

注：实际工资指数系用平均指数与物价指数计算。

从表 4-20 可以看到，台山县各类工人的名义工资均呈明显上升趋势，唯其中从事工业生产者的工资上涨较快，农业工人的工资上涨较慢，实际工资水平则略有上升。

最后，再来让我们看看农业工人工资的变动情况（表4-21）。

表4-21　江苏武进农工工资的变动情况（1908—1932年）

1910—1914年=100

年份	农工工资指数	农人支付之零售物价指数	农工实际工资指数	年份	农工工资指数	农人支付之零售物价指数	农工实际工资指数
1908	79	—	—	1921	118	139	84.9
1909	92	—	—	1922	132	143	92.3
1910	92	93	98.9	1923	132	151	87.4
1911	92	104	88.5	1924	132	151	87.4
1912	105	98	107.1	1925	125	148	84.5
1913	105	100	105.0	1926	125	153	81.7
1914	105	103	101.9	1927	132	141	93.6
1915	118	113	104.4	1928	138	141	93.6
1916	118	115	102.6	1929	138	148	93.2
1917	118	117	100.9	1930	145	162	89.5
1918	118	119	99.2	1931	145	181	80.1
1919	118	126	93.7	1932	137	183	74.9
1920	118	136	86.8				

资料来源：农工工资指数、农人支付之零售物价指数：张履鸾：《江苏武进物价之研究》，《金陵学报》1933年第3卷第1期。

注：农工实际工资指数据前两栏计算。

武进农工名义工资在1908—1932年也呈上升趋势，但如与当地农人生活消费指数比较，则呈明显下降趋势。关于农业工人工资变动的不同趋势，本书将在下文作进一步分析。但武进一县的数据不足以代表全国，所幸的是我们尚有卜凯所做的调查。卜凯的数据是根据21省99县100个地方的资料编制而成，应当说在本书所引用的资料中是最具代表性的一种（表4-22）。

表4-22　中国农业工人名义工资和实际工资指数（1906—1933年）

1926年=100

年份	农业工人名义工资指数	农民所付的农村零售物价指数	实际工资指数
1906	43	71	60.56
1907	53	58	91.38
1908	58	57	101.75
1909	59	54	109.26
1910	60	57	105.26

年份	农业工人名义工资指数	农民所付的农村零售物价指数	实际工资指数
1911	61	61	100.00
1912	69	65	106.15
1913	72	65	110.77
1914	74	64	115.63
1915	77	68	113.24
1916	80	71	112.68
1917	83	76	109.21
1918	86	79	108.86
1919	88	82	107.32
1920	89	85	104.71
1921	91	88	103.41
1922	93	91	102.20
1923	95	95	100.00
1924	95	101	94.06
1925	97	101	96.04
1926	100	100	100.00
1927	105	103	101.94
1928	112	109	102.75
1929	118	118	100.00
1930	124	126	98.14
1931	126	135	93.33
1932	132	127	103.94
1933	129	104	124.04

资料来源：Buck J L. *Land Utilization in China*. Shanghai: The Commercial Press, 1937: 319.

注：实际工资指数系根据前两栏数据计算。

如果只观察表4-22的一首一尾，在1906—1933年，中国农村中雇工的名义工资和实际工资都有明显的上涨。但如果我们观察数据系列中的大部分时间，即1907—1932年的变动情况就会发现，农业雇工的名义工资与生活费指数，几乎是同步上升的，也即实际工资基本上维持原状或略有上升。

综上所述，可以看出在19世纪末至20世纪初期中国近代化起步后的50年间，城乡劳动者的名义工资都在周期性的波动中程度不同地有所提高，其中近代生产部门工人的名义工资增长幅度较大，而传统部门工人的名义工资增加较少。在用生活费指数加以折算后，所得到的结果是产业工人的实际工资有所增长，而手工业和农业工人的实际工资则增长不多或有所下降。

按照经济学的原理，在一个国家的经济近代化起步以后，国民经济各部门由于劳动生产率增长的程度不同，其工资的差距也将扩大，即近代生产部门由于劳动生产率增长较快，其工资率也增长较快，而传统生产部门则相反。因此，中国在这一时期近代生产部门的工资增长较快，而传统生产部门的工资增长较慢是理所当然的。本节在前边曾说明，对一个能发挥二元结构优势的后发展国家，比如日本，其成功之处在于其近代工业部门的工资增长速度较慢，与传统部门的工资差距相对较小。中国的情况如何呢?下面，本书以城市中的制造业代表近代部门工人工资水平的变动趋势，而以农村雇工的工资水平代表传统部门，来进一步说明二者之间的相对价格变动和对国民经济的影响。

首先让我们用数字来说明一下日本的情况。1919 年以前日本农业工人与制造业工人的工资比例虽然由于经济的繁荣和衰退不断变化，但总的看来比例较高，为 70%—75%，即如果制造业工人的工资为 100 元，农业工人的工资则为 70—75 元。而 1931 年以后工资差别扩大，为 53%（1931 年）至 56%（1938 年）。[①]

中国农村虽然也存在大量的剩余劳动力，但却未能发挥二元结构的优势，近代工业部门工人的工资水平与农业部门工资水平的差距远大于日本。据统计，20 世纪 30 年代上海工人的月工资一般在 30 元，而郊区农村农业工人的工资每月平均只有 5 元（不供食）。[②]前者约为后者的 6 倍。另据巫宝三的调查，1933 年时，全

① Klein L, Ohkawa K. *Economic Growth: The Japanese Experience since the Meiji Era*. Homewood: Richard D. Irwin, Inc.1968: 26.
② 章有义编：《中国近代农业史资料》第 3 辑，生活·读书·新知三联书店 1957 年版，第 453 页。

国制造业工人年平均工资为 178 元，而农村劳动者的平均收入只有 26 元，前者为后者的 6.8 倍。[①]而 19 世纪 80 年代据一些省份的统计，农业雇工的工资平均每年为 12 元，但供给饭食，如果将饭食计入工资，约为 24 元。同一时期城市和矿区的非熟练工人工资平均每年为 72 元，约为前者的 3 倍。造成工资差距扩大的原因，一方面是由于某些地区城市化的超前发展，那里的生存工资水平迅速上涨；另一方面则由于中国农村劳动生产率的增长极为缓慢，单位面积粮食产量甚至没有增长，当第二、第三产业和城市化程度稍有发展，就造成农产品价格与工业品相比以较大幅度上涨，从而使工资成本急剧上升（农产品构成工资成本的主要部分）。农产品价格上涨的好处主要落入土地所有者手中，农业劳动主要还是家内劳动，所以农村劳动工资并未同步上升。这一问题在本书第三章讨论工农业产品差价时已有详细的论述。此外，还有第三方面的原因，那就是中国的劳动力市场直至 20 世纪 30 年代尚未在全国范围内形成，所以城市近代工业生产部门的工资上涨时并不能同步带动农村旧式生产部门工资的上涨。新垦区移民的工资水平提高也不能使移出地区农业工人的工资相应地提高。总的情况是城市工人的工资水平提高较快，而农村工人的工资水平提高较慢。因此，那种以中国统一的劳动力市场已经形成，城乡之间、各产业部门之间劳动力可以自由流动为基础，用城市非熟练劳动工人的工资增长来推论农村工资也相应增长的做法是缺乏根据的。

近代部门和传统部门的劳动价格及其相对变动的状况是各种工资差别中最具有经济含义的一种，笔者已经做了上述的说明。从相对价格的命题出发，在工资这一范畴内，我们除应讨论近代

---

① 巫宝三主编：《中国国民所得（一九三三年）》（上册），中华书局 1947 年版，第 14、73—74 页。

部门和传统部门，或工业与农业工人的工资差别外，涉及的问题还是很多的，如从国别上，我们应讨论中国工人与外籍工人的工资差别问题；从性别上，我们应讨论男工与女工的工资差别问题；从年龄上，我们应讨论成年工人与童工的工资差别问题；从技术水平上，我们应讨论熟练工人与非熟练工人的工资差别问题；从地区上，我们应讨论沿海、内地以至边远地区的工资差别问题；从雇佣形式上，我们应讨论淡季与旺季、农闲与农忙的工资差别问题，以及国民经济各部门内部行业之间的工资差别；等等。但这些问题或由于有些前人已有研究；或由于资料的缺乏；抑或由于本书的篇幅所限，所以不再一一加以分析。

第四节　土地价格的变动

土地在中国传统社会中是最基本的生产资料。与西方和日本的中世纪不同的是，在中国封建时代这种生产要素很早就开始比较自由地买卖，不只是官僚和世族地主可以兼并其他土地所有者的土地，商人、高利贷者也可以通过购买成为地主，农民和其他个体劳动者也可以通过各种致富所得购买土地。可以说中国较早地出现了土地市场。这种市场每年的交易量是十分可观的。清代随着限制各种土地买卖的法律和习惯的废止或变化，土地交易有制度化、规范化的倾向，并出现了土地交易的机构，土地买卖更为频繁。由于人口以较快的速度增加，对土地的需求同步增加，但这种生产要素的供给是有限度的。尽管当时中国还有不少可以利用的土地资源，但受政府政策的阻碍（如禁止向东北移民）、交通的困难、技术条件的制约，在当时的生产力水平上尚无法开发。这就造成从康熙，尤其是从乾隆朝以后，土地价格是上涨的趋势。例如，苏州地区顺治初，良田每亩不过二三两，康熙时增至四五两。[①]到乾隆时全国各类农地每亩平均在白银五两左右，直至鸦片战争前，大体仍保持这一水平。[②]另外，农产品价格的上涨（本书在第一章中已有说明）和农业劳动生产率的缓慢提高，使土地的收益增加，这就更激发了各阶层人民购买土地的欲望。这是造成土地价格上涨的又一原因。

1840 年鸦片战争后，中国经济中出现了一些减少人口对土地压力的因素。这些因素有太平天国运动时期江南主要农业区人口锐减，荒弃土地增加，如同历史上农民战争和改朝换代一样，一度缓和了人口与土地的矛盾。20 世纪初年以后，向东北地区的大量移民使农村劳动力人均占有耕地数就全国范围看，以 20 世纪 30 年代与 19 世纪 40 年代相比，略有增加。但由于中国工业化过程进展得缓慢，农村人口增长与土地相对不足的矛盾没有得到解决，所以土地价格仍然是上涨的趋势。

下面就让我们检阅一下有关土地价格变动的历史资料。笔者的分析仍从农地价格入手，而且主要讨论农业用地的价格。因为中国近代社会，农业一直是国民经济的主要部门。由于在这一部门中技术进步甚少，所以如传统社会一样，土地仍是基本的生产要素。另外，农地价格是城市和矿区用地价格的基础和起点，所以笔者将在分析了耕地价格以后，再对城市和矿业资源用地的问题略作交代。

关于农地价格变动的全国性统计资料，有《农情报告》中所载《各省历年地价之变迁》。现将其中各省的平均数摘录如下（表4-23）。

---

① （清）钱泳撰，张伟校点：《履园丛话》卷 1，中华书局 1979 年版。
② 张忠民：《前近代中国社会的土地买卖与社会再生产》，《中国经济史研究》1989 年第 2 期。

表 4-23 中国农地价格之变迁（1912—1936 年）

1931 年=100

年份	水田	平原旱地	山坡旱地
1912	74	73	72
1931	100	100	100
1932	95	93	94
1933	89	87	88
1934	82	83	82
1935	81	83	82
1936	84	86	83

资料来源：《各省历年地价之变迁》，《农情报告》1939 年第 7 卷第 4 期，第 47 页。

从表 4-23 可以看出，在中国近代经济增长第二个周期上升期的 1912—1931 年，土地价格呈上升的趋势，其指数由 72—74 上升为 100；而在下降期的 1931—1935 年则为下降趋势，其指数由 100 下降为 81—83。

但上述资料的期限较短，与之相似的另一个全国性统计资料是卜凯《中国土地利用》一书中有关 21 省 99 个县 100 个地方的调查资料（表 4-24）。

表 4-24 中国农地价格指数（1906—1933 年）

1926 年=100

年份	麦作区		稻作区		全国	
	农地价格指数	农村零售物价指数	农地价格指数	农村零售物价指数	农地价格指数	农村零售物价指数
1906	45	71	51	—	48	71
1907	49	67	53	51	51	58
1908	48	57	52	58	50	57
1909	52	50	59	57	55	54
1910	52	50	59	61	56	57
1911	54	56	61	63	58	61
1912	55	63	65	66	60	65
1913	58	60	68	67	63	65
1914	61	60	70	66	66	64
1915	63	64	74	70	68	68
1916	68	65	77	75	72	71
1917	71	72	80	78	75	76
1918	72	78	81	80	77	79
1919	79	79	83	83	81	82

续表

年份	麦作区		稻作区		全国	
	农地价格指数	农村零售物价指数	农地价格指数	农村零售物价指数	农地价格指数	农村零售物价指数
1920	82	81	85	87	83	85
1921	85	85	89	90	87	88
1922	88	88	90	92	89	91
1923	91	98	94	94	92	95
1924	94	110	97	96	95	101
1925	99	109	101	97	100	101
1926	100	100	100	100	100	100
1927	101	99	98	105	100	103
1928	98	114	95	106	96	109
1929	107	132	93	110	100	118
1930	105	141	93	118	99	126
1931	110	147	95	128	103	135
1932	92	120	93	130	93	127
1933	112	—	94	104	96	104

资料来源：Buck J L. *Land Utilization in China*. Shanghai: The Commercial Press, 1937: 316, 318-319.

由表 4-24 可以看出，1906—1933 年，中国各地的农地价格逐步上涨，麦作区的上涨幅度快于稻作区，二十余年间上涨 1 倍左右。如以土地价格与农村零售物价相比，土地价格上涨的速度明显快于物价上涨速度。

为了与上述资料相印证，笔者还可以举出江苏武进地价变动的系列数据，如表 4-25 所示。

表 4-25　江苏武进农地价格的变动（1912—1932 年）单位：元/亩

年份	地价	年份	地价	年份	地价
1912	41.78	1919	61.29	1926	108.33
1913	41.67	1920	62.50	1927	127.27
1914	28.57	1921	57.78	1928	139.34
1915	53.13	1922	72.34	1929	149.00
1916	55.56	1923	66.67	1930	153.25
1917	57.14	1924	85.29	1931	139.50
1918	42.05	1925	97.73	1932	122.50

资料来源：张履鸾：《江苏武进物价之研究》，《金陵学报》1933 年第 3 卷第 1 期。

1912—1932 年，武进地价几乎上涨为原来的 3 倍，增幅高于全国平均水平。其年增长率高达 8.33%，远远高于当地零售物价上涨的程度。昆山、南通等县地价上涨的幅度更大（表 4-26）。

表 4-26　昆山等县地价增长指数（1905—1924 年）

年份	昆山	南通	宿县	奉贤	来安
1905	100	100	100	100	100
1914	200	146	123	129	133
1924	394	249	220	200	200

资料来源：章有义编：《中国近代农业史资料》第 2 辑，生活·读书·新知三联书店 1957 年版，第 119 页。

从上述资料中，我们对 20 世纪早期中国农地价格的变动情况已经有所了解，而 19 世纪后半期的土地价格情况则只有个别地区的统计数据可供参考。根据河北滦县刘立合堂历年买地价格的记载，可以看到在 1880—1900 年的 21 年间，其买入土地的地价基本稳定，多数为每亩 8—9 两，而从 20 世纪初年以后，土地价格则明显上升，由每亩 100 余吊，增加为一二十年代的每亩 500 — 600 吊。[①]东北梨树县的数据虽然只是一个点上的情况，但因其贯穿本书讨论的全部时期，所以摘录如表 4-27 和表 4-28 所示。

表 4-27　梨树县裴家油房屯各等田地
每年地价的变动（1855—1927 年）　　单位：元

年份	上等地	中等地	下等地
1855	3.0	2.3	1.5
1860	4.5	3.8	3.0
1875	7.6	6.8	6.1
1880	10.6	9.1	7.6
1885	15.2	13.6	12.1
1890	21.2	18.2	15.2
1894	30.3	27.3	24.2
1900	36.4	33.3	30.3
1904	42.4	37.9	34.8
1909	50.0	45.0	40.0
1912	70.0	60.0	50.0
1921	70.0	60.0	50.0
1926	90.0	80.0	70.0
1927	120.0	100.0	90.0

资料来源：李文治编：《中国近代农业史资料》第 1 辑，生活·读书·新知三联书店 1957 年版，第 276 页。

---

① 李文治编：《中国近代农业史资料》第 1 辑，生活·读书·新知三联书店 1957 年版，第 277—278 页。

表 4-28　梨树县平均每垧地价变迁表（1927—1936 年）　单位：元

年份	上等地	中等地	下等地
1927	186.67	166.33	136.67
1928	238.89	218.89	197.78
1929	288.89	256.67	223.33
1930	238.89	219.22	197.78
1931	186.67	163.33	143.33
1932	107.78	92.22	76.77
1933	123.33	103.33	83.33
1934	123.33	103.33	83.33
1935	186.67	163.33	143.33
1936	197.78	163.33	143.33

资料来源：章有义编：《中国近代农业史资料》第 3 辑，生活·读书·新知三联书店 1957 年版，第 550 页。

梨树县可能系新开发的地区，在 19 世纪中叶，土地价格远远低于关内的水平，但在以后半个多世纪时间里，一直是上升的趋势，只是到了 20 世纪 30 年代才如关内一样，在经济的不景气影响下，才出现地价的下跌。

梨树县在东北尚属开发较早的地区，尽管地价在 1855—1927 年上涨了 40—60 倍，但到 20 世纪二三十年代仍远远低于关内的水平。而吉林和黑龙江的一些新垦区地价更低，到 20 世纪 30 年代，据调查每亩荒地仅值七八角钱。

1840 年鸦片战争以后，中国被迫对外开放，城市土地价格以远较农地价格迅速的速度上涨，尤其是城市中心的繁华地区最为突出。以上海黄浦滩地价为例，1844 年时每亩仅 42 两，到 1933 年时上涨为 36 万两，90 年间上涨了 8571 倍。[1]上海公共租界的土地平均价格也由 1865 年的每亩 1318 两，上涨为 1933 年的每亩 33 877 两，上涨了 25.70 倍。一般来说，城市土地价格水平是由该城市的经济发展程度所决定的。据赵津的研究，20 世纪 30 年代中国主要城市的平均地价如表 4-29 所示。

---

[1]　赵津：《中国城市房地产业史论（1840—1949）》，南开大学出版社 1994 年版，第 247 页。

表 4-29　20 世纪 30 年代中国主要城市平均地价比较表

地价高低次序	城市	每亩平均地价/元	相当于上海的百分比/%	时间
1	上海	22 062	100	1930 年
2	厦门	12 900	58	20 世纪 30 年代初
3	广州	10 671	48	1928 年
4	汉口	10 271	46	1933 年
5	天津	8 110	36	20 世纪 30 年代初
6	重庆	7 320	33	1936 年
7	福州	5 280	24	1936 年
8	南京	3 660	16	1931 年
9	杭州	3 000	13	1929 年
10	昆明	3 000	13	1936 年
11	北平	790	3	1929 年

资料来源：赵津：《中国城市房地产业史论（1840—1949）》，南开大学出版社 1994 年版，第 106 页。

　　上海地价在中国各大城市排名榜首，但与同期世界其他国家的大城市相比，仅排名第 22 位。1931 年时，其最高土地价格仅相当于当时世界上土地价格最为昂贵的纽约的 1/34。

　　从 19 世纪末期，中国近代采矿业开始兴起。起初洋务派所办企业的矿区土地使用费是很低的，在一些未开垦的地区其价格一般均低于附近的农地价格。20 世纪初年以后，由于采矿业的发展，矿区用地的价格也有所上涨。但据澳大利亚学者赖特的研究，其比同期的英国要低得多，因此他认为在工矿业中土地不是一种最稀缺的资源，其供给是有足够弹性的。[①]

第五节　生产要素相对价格的变动对近代中国经济模式的影响

　　本章在前述三节中对中国近代社会经济中三种生产要素的价

---

① Wright T. *Coal Mining in China's Economy and Society, 1895-1937*. Cambridge: Cambridge University Press, 1984, Chapter 2.

格变动趋势做了分析。这种研究当然只是初步的，有待于进一步的验证，但笔者认为其所显现的大致趋向是正确的。这种趋势可以概括为：在19世纪后半期至20世纪30年代，资本的价格在周期性的波动中下降，但利率仍明显高于发达国家水平；货币工资，尤其是近代生产部门劳动者的货币工资在周期性波动中上涨，但实际工资增长有限，传统生产部门（农业、手工业）劳动者的实际工资变化不大，甚至有所减少，与西方工业化国家相比，中国劳动力的价格是便宜的（主要是就计时工资而言，而不是就单位产品中所含的工资成本而言）；土地价格，无论是农村还是城市均有程度不等的上涨，但城市地价上涨的速率和幅度远落后于工业化国家。

生产要素价格在变动方向和速率上的不同，对中国近代经济增长的模式产生了什么影响呢?这就是本节所要讨论的主题。

本节讨论的范围限定于生产要素相对价格变动对产业结构和收入分配的影响，即起码是两种或两种以上要素比价的变动对国民经济所造成的影响，而对一种生产要素价格涨落所产生的结果则不做全面的说明。比如，利率的下降使商品的流通成本下降，对商品经济的发展，尤其是农产品的商品化，起了明显的促进作用，加强了中国经济的一体化，但这种现象的出现与其他生产要素的价格变化无直接关系，所以不在本节的讨论范围之内。

一、中国近代资本集成的加速和资本有机构成的提高

从19世纪末期，尤其是20世纪初年开始，利率的下降，反映资本的供应较前充裕，其对中国经济增长的首要影响是近代资本集成的速度加快。

据吴承明先生的估算，包括中外产业资本、商业资本和金融

业资本等在内的近代资本，1894 年时共计为 113 719 万元，到 1936 年时增加为 2 580 387 万元（包括东北），增加了 21.7 倍，年平均增加约 58 730 万元，年增长率为 7.7%，与大多数西方国家工业化的初期相比，是一个不算低的增长速度。

同期，包括工矿交通和各种公用事业在内的中国产业资本则由 12 155 万元增加为 999 056 万元（包括东北），增加了 81.2 倍，年增长率更是高达 11.1%。

尤其值得注意的是，在 1894—1936 年期间，各个阶段的资本集成的增长速度是不相同的（表 4-30）。

表 4-30　中国近代资本集成和产业资本的增加
（1894—1936 年）　　　　单位：万元

项目	1894 年	1911—1914 年	1920 年	1936 年
资本总额	113 719	483 845	719 882	2 580 387
年均增加值	19 480		33 720	116 282
产业资本	12 155	178 673	257 929	999 056
年均增加值	8 764		11 322	46 320

资料来源：①资本总额与产业资本：吴承明：《中国近代资本集成和工农业及交通运输业产值的估计》，《中国经济史研究》1991 年第 4 期。②年均增加值为笔者计算。

注：1936 年数据包括东北。

由表 4-30 可以看出，中国近代资本集成在 1894—1911 年，每年平均还不到 2 亿元，第一次世界大战期间则增至每年平均 33 700 余万元，而两次世界大战之间的 1920—1936 年更增至平均每年 116 200 余万元，为第一次世界大战时期年均值的 3.4 倍，为甲午战争到第一次世界大战期间年均值的近 6 倍。

由甲午战争至第一次世界大战结束的二十余年间，中国产业资本的年均增长数额还只为 8000—11 000 万元，而 1920 年后，其集成速度大大加速，1920—1936 年的 17 年间平均每年达到 46 000 余万元，为 19 世纪末和 20 世纪初的 4.1—5.3 倍。

另据罗斯基的估算，1903—1936 年中国近代方向的固定资本投资年增长率为 8.1%，关内也有 7.3%，东北的固定资本投资增长率则高达 12.7%。①因为他的估计有连续的数据，现摘录如下（表4-31）。

表 4-31　中国近代方向的固定资本投资（1903—1936 年）

单位：百万元

年份	全国	关内	东北
1903	81	76	5
1904	72	71	1
1905	110	105	5
1906	150	145	5
1907	180	152	28
1908	154	112	42
1909	178	142	36
1910	223	158	65
1911	166	125	41
1912	163	120	43
1913	207	161	46
1914	267	214	53
1915	183	139	44
1916	243	158	85
1917	210	137	73
1918	223	134	89
1919	442	282	160
1920	476	352	124
1921	560	442	118
1922	639	532	107
1923	486	353	133
1924	523	358	165
1925	514	376	138
1926	634	444	190
1927	590	388	202
1928	746	505	241
1929	893	618	275
1930	848	613	235
1931	843	681	162
1932	865	704	161
1933	1034	741	293
1934	1271	741	530
1935	1287	761	526
1936	1398	873	525

资料来源：Rawski T G. *Economic Growth in Prewar China*. Berkeley: University of California Press, 1989: 245.

注：1933 年币值。

---

① Rawski T G. *Economic Growth in Prewar China*. Berkeley: University of California Press, 1989: 251.

从整体上看，罗斯基的估算与吴承明先生的估算是基本一致的，只是略高于吴先生的数字。

如同世界上工业化国家所走过的道路一样，由于资本价格的下降和劳动力价格的上涨，中国从第一次世界大战后期开始，在20世纪的20年代和30年代前期，由手工业向机器工业过渡的进程加速，而已有的近代工业纷纷更新设备，资本有机构成提高，出现了资本替代劳动的现象。一般来说，技术变革和资本投资往往是不可分割的，先进的技术很多是体现在复杂的资本品的形式之中。

在生产要素的配合比例中，有些情况是资本（指物化劳动消耗）所占比重较大，有些则是劳动（活劳动消耗）所占比重较大。前者被称为资本密集型经济，后者则被称为劳动密集型经济。按照马克思的说法则是资本的技术构成和资本价值构成不相同。随着社会经济的发展和科学技术的进步，劳动密集型经济是向资本密集型经济转化和发展的。从历史上考察，资本主义的工业化是从发展轻工业开始，也就是首先发展劳动密集型经济。在积累起必要的资本以后，重化工业开始以较快的速度发展，资本密集型产业在国民经济中逐渐居于主导地位。中国在这一时期也出现了由劳动密集型产业向资本密集型产业转化的迹象，其中包括重工业以较轻工业为快的速度发展的因素。

按照马克思主义政治经济学原理，扩大相对剩余价值的生产是资本主义机器大工业时期资本家追求利润的主要手段。资本价格的下降和供应的日益充裕，使企业主运用这种手段成为现实。从第一次世界大战后期开始，经历20世纪二三十年代，中国民族资本主义工业中的一些行业由工场手工业过渡为机器工业，而民族资本最有代表性行业中的先进企业在战后萧条时期，特别是在20世纪30年代前期的危机时期，竞相进行技术改革，更新设备。第一次世界大战以前，中国民族工业中比较落后的部门停留在工场手工业阶段；发展较好的部门才以蒸汽动力为主。20 年代到 30 年代初期，前者陆续用蒸汽或电力代替人力，如织绸业，第一次世界大战以前均为手工业木机生产，第一次世界大战以后，电力织绸机普遍采用，到 1929 年时仅上海和浙江地区就有电力织绸机 17 000 余台①，织布业中也有一些工场在这一时期用铁机代替木机，并采用动力机。后者如纺纱，在 20 世纪 20 年代相继用电力马达代替了蒸汽引擎，有些过去用人力加工的工序也全改为电力。

工具的改进，以棉纺织业最为显著。20 世纪 20 年代后期到 30 年代前期，英国、美国等国纺织机械有很大改进，中国各民族纱厂中资本比较充裕者也步其后尘，更新设备，对原有旧机器也力谋改进。

由于更新设备，资本有机构成提高（表 4-32）。

表 4-32　申新一厂、八厂资本有机构成的提高情况

年份	固定资产价值/元	工人数/人	按每一工人平均计算的固定资产价值		资本有机构成 C：V
			金额/元	指数	
1931	7 578 090	6 805	1 113.6	100	9.2：1
1936	13 168 960	6 034	2 182.6	196	16.0：1

资料来源：上海社会科学院经济研究所经济史组编：《荣家企业史料》上册，上海人民出版社 1962 年版，第 542 页。

从表 4-32 可以看出，在 1931—1936 年的短短 6 年中，申新一厂、八厂的固定资产增长了 74%，而工人数反而减少了 700 余人。按每一工人平均计算的固定资产价值，1931 年为 1113.6 元，1936 年增为 2182.6 元，不变资本（C）和可变资本（V）的比例则由 9.2：1 增为 16：1。永安纱厂每个工人平均使用的固定资产价值 1928 年初为 1126 元，1936 年增为 2532 元；每个工人平均使用的锭数由 9.94 锭增为 29.14 锭；不变资本（C）和可变资本（V）的比例

① 陈真编：《中国近代工业史资料》第 4 辑《中国工业的特点、资本、结构和工业中各行业概况》，生活·读书·新知三联书店 1961 年版，第 103 页。

由 9.8∶1 增加为 14.8∶1。仅 1933—1935 年工人就由 10 000 人减少为 7406 人。[①]

设备和技术的改进，使各厂的用工人数普遍减少。全行业情况如下（表 4-33）。

表 4-33　全国华商纱厂每万纱锭和每百台布机雇佣工人数

年份	每万纱锭雇工数		每百台布机雇工数	
	人数/人	指数	人数/人	指数
1911 年左右	650	100.0	280	100.0
1922 年	600	92.3	236	84.3
1925 年	550	84.6	185	66.1
1928 年	400	61.5	—	—
1937 年	170	26.2	165	58.9

资料来源：据朱仙舫：《30 年来中国之纺织工业》中资料编制，转引自刘佛丁：《我国民族企业榨取剩余价值的手段和特点》，载《南开经济研究所年刊》编委会编：《南开经济研究所年刊（1983）》，南开大学出版社 1984 年版。

注：摇纱打包在外。

由上述情况不难看出，从 20 世纪 10 年代开始，在棉纺业中资本代替劳动的现象是比较显著的。但必须说明的是，上述机器设备的更新和技术的改进只是在某些行业中的大厂比较显著，另外一些行业，特别是大量的中小厂家仍以手工生产为主，设备和技术都还很原始。总的说来，资本替代劳动的过程进展是很缓慢的，远远落后于其他工业化国家。其原因主要是中国这一时期资本和劳动相对价格的变动程度远不像西方那样激烈，所以劳动力的价格仍然低廉，机器，尤其是新技术的引进费用较高，这必然会妨碍机器的采用和更新。[②]

上述分析告诉我们，这一时期资本有机构成的提高是资本和劳动相对价格变动的结果。按照经济学的常识，当资本和劳动的比例上升时，利率或利润率将进一步下降，而工资率则会上

① 《永安纺织印染公司》，中华书局 1964 年版，第 208—209 页。

② 关于中国工业资本有机构成提高的问题，可参见刘佛丁：《我国民族资本企业榨取剩余价值的手段和特点》，《南开经济研究所季刊》1983 年第 1 期。

升。也就是说，如果没有日本帝国主义的入侵，资本替代劳动，即中国工业由劳动密集型向资本密集型的转化过程将会加速进行下去。

一般来说，重工业的资本有机构成高于轻工业。本书在第三章讨论重工业和轻工业产品的比价中曾根据章长基编制的中国工业生产指数，以纺织品代表轻工业产品，以金属品代表重工业产品，说明在1912—1937年，重工业生产比轻工业生产以更快的速度增长。从表3-18中可以看到，如以1933年为100，1912年时纺织品的生产指数为8.3，而金属品的生产指数为4.7，到1937年时纺织品的生产指数增加为68.6，而金属品的生产指数却增加为283。[1]

另外，笔者在《论两次世界大战之间中国经济的发展》一文中，在讨论中国工业的部门结构时曾编制表4-34。

表4-34 中国工业部门结构的变化

项目	比重		增长倍数 （1921年=100）	年增长率/%
	1921年	1936年		
消费品	44.1	30.1	2.22	5.46
煤	29.8	23.1	2.53	6.38
黑色金属	7.7	8.5	3.56	8.83
其他矿产品	11.7	8.6	2.36	5.89
电力	5.4	22.1	13.01	18.65

资料来源：Chang J K. *Industrial Development in Pre-Communist China*: *A Quantitative Analysis*. Edinburgh: Edinburgh University Press, 1969: 76-79.

注：因水泥和原油数量甚少，没有列入，故比重项下加和不等于100。

由表4-34可以看出，作为生产资料的后四种生产，这一时期的增长速度高于消费品生产的增长速度。尤其是电力工业，15年间发电量增长为原来的13倍，年增长率达18.65%。其次是黑色金属工业，增加为1921年的3.5倍，年增长率达8.83%。此外，由

---

[1] Chang J K. *Industrial Development in Pre-Communist China*: *A Quantitative Analysis*. Edinburgh: Edinburgh University Press, 1969: 78.

于起点过低而未列入表中的水泥和原油的生产，这一时期也有十分可观的增长。消费品生产在此期间虽然增加了 1.2 倍，但在全部工业生产中的比重却由 44.1% 下降为 30.1%。欧美各国工业化过程中出现的重工业发展快于轻工业的现象中国也同样存在。

在一定的技术水平条件下（这种技术水平应是当时社会的先进水平），资本和劳动的组合有一个最佳的比例。如果认为中国的劳动力便宜就可以无限地增加劳动以替代资本，则最后必然导致边际劳动生产率和平均劳动生产率的下降，以致整个企业经营效益的下降，尤其是在工价不断上涨的情况下更是如此。这一问题笔者曾以开滦煤矿劳动和资本的投入为例作过专门的分析[①]，于此不再赘述。

另外还需说明的是，有些西方学者认为，由于利率的下降，到 20 世纪 30 年代，铁路、工厂、矿山、电站乃至农业方面土地开发等大规模的风险投资都可以从国内资本市场取得资金。银行家把他们的资金逐步由低成本市场转向高成本市场的看法恐怕是夸大了中国金融市场发育的程度。

尽管在中国近代化起步以后，尤其是 20 世纪初年以后，城市用地的价格迅速上涨，但一般来说，城市中的闹市区（商业区）和住宅区（尤其是高级住宅区）的地价上涨最为迅速，而工业区的地价上涨较慢，水平也较低，它是城市用地中价格最接近于四郊农业用地的地段。中国企业家在投资建厂过程中，或购地，或租地，一般来说厂区还是比较宽绰的。据统计，1933 年时 2435 家合乎工厂法的工厂每厂占地 4.6 英亩[②]，厂区用地投资在全部固定资产投资中所占比重有限。所以就城市工业发展来说，土地的供给是有足够弹性的，并不稀缺。

---

① 王玉茹：《开滦煤矿的经营效益分析（1903/1904—1936/1937）》，《中国经济史研究》1993 年第 4 期。

② 刘大钧：《中国工业调查报告》，经济统计研究所 1937 年版。

关于矿区用地的价格问题，在本章第四节中已有说明，这里不再加以讨论。

二、农业传统生产模式的保持和变化

本章第一节对前近代中国农村的生产模式已经做了说明。由于资本的稀缺和人口的增长使其与土地的比例失衡，形成了精耕细作劳动集约型的小生产模式，以图尽量节约土地而养活更多的人口。

一般来说，地价越高土地使用的集约化程度就越高，地价低土地使用集约化程度就低。地价与土地经营的集约化程度，也就是土地的利用效益，或土地的收益成正比。

如本章第三节和第四节所述，20 世纪初年以后，中国农村的土地价格迅速上涨，而农业劳动价格的上涨速度则较土地价格上涨速度为低。江苏武进的调查资料说明，1912—1932 年，土地价格以年率 8.33% 的速度上涨，而农业工人的工资增长在 1908—1932 年的年率只有 1.9%。[1]

卜凯在《中国土地利用》一书中对 21 省 99 县 100 个地方的调查表明，20 世纪 10—30 年代初，农业工人的实际工资增加不多，而土地价格上涨的幅度却远大于农村零售物价上涨的水平。[2]农业中这两种主要生产要素相对价格变动的结果是使中国除新垦区外的大部分农作物区的传统的生产模式得到保持，并在一些地区土地变得更加稀缺，因而其精耕细作和集约化的程度有增无减。

根据边际生产率的理论，当土地数量不变时，投入劳动的增加，使产品递减。由于边际收益递减规律的作用，所以边际劳动产品的曲线是向右下方倾斜的（图 4-3）。

---

[1]　张履鸾：《江苏武进物价之研究》，《金陵学报》1933 年第 3 卷第 1 期。
[2]　Buck J L. *Land Utilization in China*. Shanghai: The Commercial Press, 1937, 表 4-20 和表 4-22。

在图 4-3 中，*dd′* 为劳动的边际产品曲线，*ss′* 表示所用劳动的数量，*E* 为其均衡状态，长方形表示工资总额，三角形表示地租总额。当投入劳动增加，*ss′* 向右移动时，其与 *dd′* 相交于 *E′*。这时地租会相应增加，工资量会相应减少。这就形成地价与劳动力价格不同步上涨的恶性循环。

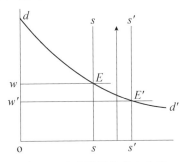

图 4-3 农业边际收益率曲线

台湾学者刘克智（Paul K. C. Liu）和黄国枢（Kuo-shu Hwang）在他们合作撰文讨论 1400 年以来中国的人口变化和经济增长，计算了 1368—1957 年的农业劳动生产率。现将其中与本书讨论有关的部分摘录如下（表 4-35）。

表 4-35 中国农业生产、人均和边际劳动生产率
（1870—1930 年低估值）

年份	农业生产		劳动的平均生产率（1000 卡路里/人）	土地的平均生产率（1000 卡路里/亩）	劳动的边际生产率	土地的边际生产率
	产量（10 亿卡路里）	增长率				
1870	260 316	−2.99	727.14	216.57	290.86	129.94
1880	261 353	0.40	710.20	222.81	284.08	133.68
1890	275 070	5.25	723.87	222.73	289.55	133.64
1900	281 638	2.39	704.10	229.72	281.64	137.83
1910	306 220	8.73	723.92	228.35	289.57	137.01
1920	334 729	9.31	709.17	234.57	283.67	140.74
1930	353 368	5.51	722.63	234.48	289.05	140.69

资料来源：刘克智、黄国枢：《1400 年以来中国的人口变化和经济发展》，载"中央研究院经济研究所"编印《中国近代经济史会议论文集》第 88 页，1977 年（原文为英文发表）。

刘克智与黄国枢所估算的农业产量数字虽然与笔者估算的这一时期的农业生产的增长率不甚一致，但其所反映的中国农业发展的趋势和问题与笔者的意见是相同的，即这一时期农业总产值（或总产量）有一定程度的增加，但由于过度的劳动投入，人均产量和边际劳动生产率不但没有增加，反而略有下降。另外，由于精耕细作和集约化程度进一步提高，单位面积的产量和土地的边际生产率则有所提高，但提高的幅度不大，说明已趋于极限。

上述经营方式对农业生产造成的直接影响是，个体农户纷纷引种高产的粮食作物，如马铃薯，地主也欢迎佃农种植这类作物。因为它使人们能依靠便宜的热量生活，这样可以压低最低生活工资，提高均衡地租，因而地主并不反对人口加剧增长，越多的人对土地的竞争越使之有利于提高地租率。

由于农业劳动生产率的下降，农村劳动力的货币工资不断上升，实际工资不变或略有下降，其对土地所有者经营方式的直接影响是倾向于使用租佃制，而不直接经营。在人口过剩、耕地不足的条件下，地主雇工经营的收益率相对下降，而地主出租土地坐收地租的收益率相对上升，雇佣工人耕种的经营地主有转变为租佃地主的倾向。其结果是对中国农业中的资本主义发展十分不利。

在中国传统的农业区，这一时期一个值得注意的变化是土地经营的资本投入比近代化以前的时期有所增加。由于利率的下降，资本的供应变得充裕，不只是城市的工商业从中受益，农业也享受到某些好处。

在 19 世纪末期以前，中国农业中的资本支出所占比例是很低的，一般均在 10%以下。现以江苏元和县一个租地 10 亩农户的田场收支为例。其全部支出为铜钱 60 000 文，其中属于资本支出的只有 5800 文（肥料 5000 文和农具的损耗 800 文），不足全部投入的 10%，向地主所交地租为 21 000 文，占开支的 33%，其余为工资开支。①

上述状况到了 20 世纪二三十年代有了比较明显的变化。据
1922 年 6 月 23 日江苏《无锡日报》所载的农家收支调查，稻麦田
每亩的支出中资本支出（包括机器灌溉费，种子、肥料、农具消
耗等）约占全部支出的 33%，地租占 29%，其余为工资。②而据
1933 年无锡 3 村 121 家农户生产成本的调查，如不计土地的投
入，劳动占 45%（包括农工、畜工和机器工），资本占 55%（包括
肥料、种子、秧苗、工具维修等）。③

一些经济作物经营的扩大需要较多的资本投入，如烟草种植
的普及要求农民以每亩地 53—80 元的代价建立烘干房。④有些作
物的种植则需要较强的排灌或牵引的能力，而蔬菜和水果的种植
则要求农户要有一定的仓储和运输能力。借贷资本利率的下降为
农民在这些方面的投资创造了条件。根据罗斯基的估计，中国农
业中的固定资本投资总值在 1914/1918—1931/1936 年以 1.4%的速
率增长。⑤

直到 20 世纪 20 年代以前银行与农业还几乎没有什么联系。
第一次世界大战以后，由于金融业的迅速发展，银行开始了对农
村的放款业务。在一些经济比较发达的地区，农民开始被卷入金
融市场。金城银行向农业放款 1917 年时只占其全部放款的
2.47%，到 1936 年时增加到 6.48%（表 4-1）。另据史料记载，
1936 年 1 月至 1937 年 5 月，"中华合作贷款银团"与金城银行先
后提供低息贷款 150 余万元支持河北改进棉产，其利率比当时一

---

① 李文治编：《中国近代农业史资料》第 1 辑，生活·读书·新知三联书店 1957 年版，第 281 页。
② 冯和法编：《中国农村经济论》，黎明书局 1934 年版，第 268—269 页。
③ 韦健雄：《无锡三个农村底农业经营调查》，《中国农村》1935 年第 1 卷第 9 期。
④ Rawski T G. *Economic Growth in Prewar China*. Berkeley: University of California Press, 1989: Chapter 3.
⑤ Rawski T G. *Economic Growth in Prewar China*. Berkeley: University of California Press, 1989: 260.

般农村贷款还低 2/3。[①]

值得注意的是从 20 世纪初年以后，尤其是中华民国成立以后，中国的农业生产中出现一种新的经营模式。这种新的经营模式主要存在于东北移民新开垦的地区。如前节所述，由于那里的土地资源丰富，地价十分低廉，而劳动力缺乏，工价昂贵，所以广泛采用粗放的经营方式。即与关内的耕作区不同，用比较少的劳动力耕作比较多的土地。虽然其单位面积产量不高，但人均产值却远远高于传统的农业耕作区域。这样的耕作方式需要较多的畜力和大农具，相应地田场仓储设备的投资也比内地为多。所以一般来说，在其各种生产要素的投入中，资本所占的比例要高于关内，而土地和劳动的投入则低于中国传统的农作地区。本章在第三节中已经指出，移入东北的不仅是劳动力，更值得注意的是相应的资本的流入。资本和劳动流入有较高收益的地区是经济规律所使然。

但是关内移民多数是贫苦的农民，他们的资金毕竟有限。在他们移民东北的初期大多无力单独开垦，往往在一段时间内受雇于当地比较富裕的农户，所以与关内比较起来，东北的农业中使用雇佣劳动的资本主义经营要发达得多，平均田场规模也大得多。尽管有些关内移民需要在充当一段时间的雇工，积累起一定数量的资本后才购置土地变成个体农户，但中华人民共和国成立后土地改革时的大量统计资料说明，东北地区雇佣劳动的使用在全国所占比例最高，田场规模也最大。

三、国民收入分配格局的变化和资源的流向

生产要素价格的相对变动，实际上反映的是国民收入在劳

---

① 《天津通志·金融志》，天津社会科学院出版社 1995 年版，第 321 页。

动、资本和土地之间分配比例关系的变动，而它们在国民经济各部门间收益率的变化，又决定了这些资源的流动方向。这一问题在中国近代经济发展过程中呈现十分错综复杂的现象，人们从不同角度观察它，提出各种互相矛盾的看法。本书最后留下的任务就是试图对此做出分析。

我们的分析将从巫宝三在《中国国民所得（一九三三年）》（上册）中所编制的 1933 年中国国民收入分配状况（表 4-36）入手。

表 4-36　中国国民收入分配状况（1933 年）

项目	工资薪金所得		其他所得		总数/百万元
	实数/百万元	占比/%	实数/百万元	占比/%	
农业	4 719	38.5	7 552	61.5	12 271
矿冶业	138	58.0	1	42.0	238
制造业	1 434	78.0	404	22.0	1 838
营造业	221	1.0	—		221
运输交通业	700	75.9	222	24.1	922
商业	1 757	69.1	784	30.9	2 541
金融业	67	33.5	133	66.5	200
住宅	—		934	1.0	934
自由职业	312	1.0	—		312
公共行政	642	1.0	—		642
总计	9 990	49.7	10 129	50.3	20 119

资料来源：巫宝三主编：《中国国民所得（一九三三年）》（上册），中华书局 1947 年版，第 14 页。

表 4-36 中的其他所得主要包括地租、利息和利润。由于资料的限制，笔者无法作进一步区分，但可以断定的是，农业中的其他所得（房地产业也同）主要为地租和利息，而工矿交通和商业、金融业中主要是利润和利息。

20 世纪 30 年代国民收入分配的情况告诉我们，越是近代化的国民经济部门其他所得所占比例越低，而工资薪金所得所占比例越高，如制造业中利润和利息所得仅占 22%，交通运输业占 24.1%，工资薪金所得则分别占 78% 和 75.9%。这无疑是本章前述各节所讨论的 19 世纪末，尤其是 20 世纪初年以来资本利率下降和近代生产部门名义工资和实际工资上涨的结果。

经济学原理告诉我们，各个生产要素在国民收入中所占份额取决于它们各自的均衡价格。工资是劳动的需求和供给均衡时的价格。在近代生产部门中由于劳动供给不充分而需求较多，所以工资部分所占比例大，而农业中由于需求不多、劳动力的供给过剩，所以其工薪部分自然就低。

迄今为止，我们对资本价格的讨论还一直停留在借贷资本的利率范围以内，这里需对资本的利润率（主要是工业资本的利润率）略作说明。按照马克思主义的政治经济学原理，随着资本有机构成的提高，平均利润率将呈下降的趋势。新古典综合派建立在边际生产力理论基础上的经济增长理论也认为，在技术不变的条件下，随着投资的增长，资本的边际生产力递减，从而利润率将逐渐下降。但对这一论断多年来世界各国的经济学家存在着各种不同的看法，多数人统计分析后认为其在上下波动中没有明显的长期趋势。中国自第一次世界大战以后，在 20 世纪二三十年代的设备更新和重化工业发展所引起的资本有机构成的提高是否造成工业利润率的下降，我们没有全国性的资料作充分的依据，但一些厂矿的系列数据仍然证明了这种趋势的存在（表 4-37）。

表 4-37　开滦煤矿的销煤利润和矿区工人工资（1904—1936 年）

年份	年利润总额/元	年工资总额/元	利润为工资的倍数/倍
1904—1905	2 226 882	859 601	2.59
1913—1914	4 730 086	1 142 343	4.14
1919—1920	11 529 980	2 228 608	5.17
1920—1921	11 036 300	2 670 323	4.13
1921—1922	6 614 441	2 871 681	2.30
1922—1923	4 343 847	3 184 146	1.36
1923—1924	8 831 402	4 106 789	2.15
1924—1925	11 833 059	4 135 938	2.86
1925—1926	7 915 592	3 307 300	2.39
1926—1927	9 760 742	3 946 728	2.47
1927—1928	15 569 275	4 729 749	3.29

续表

年份	年利润总额/元	年工资总额/元	利润为工资的倍数/倍
1928—1929	10 065 269	4 407 373	2.28
1929—1930	10 299 216	5 456 934	1.89
1930—1931	13 688 250	5 916 629	2.31
1931—1932	10 419 375	6 985 402	1.49
1932—1933	7 653 028	7 580 482	1.01
1933—1934	4 560 864	5 574 678	0.82
1934—1935	4 605 020	7 200 523	0.64
1935—1936	4 482 700	5 772 571	0.78

资料来源：南开大学经济研究所经济史研究室编：《旧中国开滦煤矿的工资制度和包工制度》，天津人民出版社 1983 年版，第 144—145 页。

从表 4-37 不难看出，工资在煤炭净产值中的比重在 1904—1920 年呈下降的趋势，以后基本上是一种上升的趋势。到 1935—1936 年时，工资在煤炭产值中的比例已上升到 56%以上。开滦煤矿工资收入尽管所占比例上升，但到 20 世纪 30 年代还略低于巫宝三表中矿业工人工薪所得所占的比例。那是因为统计口径不同，前者没有包括管理人员的工资，后者则相反。

西方国家财产收入在国民收入中的比重，19 世纪中期为 20%—40%。在一个长时期内稳定和轻度增加后，有些国家从第一次世界大战后开始下降，另一些国家从第二次世界大战开始下降，现只占国民收入的 20%或 20%以下，劳动收入在国民收入中所占的份额则作相反方向的变动。但中国 20 世纪初年的经济发展水平远不能与西方工业化国家相比。

工资成本上升和利润水平的低下无疑对中国近代工业发展是不利的。它使中国工业长期不能具备自身发展的能力。根据刘佛丁先生的估算，1919—1931 年，中国私人资本企业新增加的投资中只有 26%是工业利润转化而来的，其余 74%均系业外投资，带有资本原始积累的性质。[①]这说明中国工业经过五六十年的发展，

[①] 刘佛丁：《试论我国民族资本企业的资本积累问题》，《南开学报（哲学社会科学版）》1982 年第 2 期。

尚未具备自身积累的能力。因此，尽管中国近代工业在 20 世纪初年以后资本集成和产值的增长速度较快，但这种以业外投资为主的发展状况，说明其内在运行机制并未进入良性循环。

与中国情况完全相反，日本制造业工人的工资在产值中的比例 1938 年时只有 22%。同时需要指出的是，日本制造业工人的工资在本书所讨论的期间内是一种在波动中下降的趋势，1886 年时这一比例为 34.9%，1898 年为 22.2%，1905 年为 32%，1919 年为 25%，1931 年为 27.8%。[①]处在工业化的初级阶段，日本的工资和利润在国民经济净产值中的比例显然于经济增长是有利的。所以它大约从 1905 年开始工业就进入了自身发展阶段，其工业利润的积累不但足以供给本企业和行业扩大再生产的需要，还有力量投资于高成本的重化工业。

与近代化部门相反，表 4-36 告诉我们，在 20 世纪 30 年代的中国，农业净所得中非工资薪金所得（地租和利息）所占比重高达 61.5%，而工资薪金所得仅占 38.5%。这无疑是本章在第三节和第四节中所阐述的土地收益率上涨，而农业劳动者的实际工资水平处于停滞状态，甚至下降的结果。

一般来说，土地价格与土地收益率是同步上升的，土地价格的上升是土地收益率上升的结果。本章第四节主要是说明了地价的上涨趋势，对土地收益率问题则几乎没有涉及，因此，这里需要略作分析。我们知道，影响土地收益率的因素是多方面的，首先是地租率的变动情况。关于这一问题，因为没有全国性的综合资料，而各种著述中说法又不一致，本书假定其在 19 世纪末到 20 世纪初年基本上保持不动，那么除了这一因素外，影响土地收益率的因素还有农业劳动生产率。这一问题本书在前文已有说明，

---

① Klein L, Ohkawa K. *Economic Growth*: *The Japanese Experience since the Meiji Era*. Homewood: Richard D. Irwin Inc., 1968: 18.

即这一时期的单位面积产量是略有增加，其对土地收益率的增加影响也很有限。因此造成这一时期土地收益率增长的主要因素应当是农民出售的产品比农民所要购买的产品的价格以较快的速度上涨。

从表 4-38 中可以看到，1906—1933 年，农民出售产品的价格指数增长较快，而农民所需生活资料的价格则上涨较慢，以役畜为代表的农民所需生产资料价格则与农民出售产品所得价格上涨的幅度相似。

表 4-38 中国农民所得与所付价格的变化（1906—1933 年）

1926 年=100

年份	农民出售产品所得价格指数	农民所需商品零售价格指数	农业所用役畜价格指数	年份	农民出售产品所得价格指数	农民所需商品零售价格指数	农业所用役畜价格指数
1906	39	71	53	1920	80	85	80
1907	46	58	52	1921	90	88	87
1908	49	57	54	1922	92	91	89
1909	50	54	56	1923	98	95	91
1910	53	57	57	1924	97	101	95
1911	56	61	58	1925	102	101	96
1912	55	65	63	1926	100	100	100
1913	58	65	66	1927	95	103	105
1914	59	64	67	1928	106	109	108
1915	61	68	71	1929	127	118	117
1916	65	71	75	1930	125	126	122
1917	69	76	78	1931	116	135	125
1918	69	79	80	1932	103	127	124
1919	69	82	80	1933	71	104	118

资料来源：Buck J L. *Land Utilization in China*. Shanghai: The Commercial Press, 1937: 319.

有一种观点认为，整个 19 世纪中国农村中的土地收益率不断下降，所以资本大量由农业流入当时收益率高的商业，到 19 世纪 70 年代以后土地收益率由 18 世纪末的 10%下降到低于 2%，这就造成资本大量从农业转入工商业。①笔者认为这种说法是缺乏根据的，如果是，则 20 世纪初年以后中国农村的土地价格就不会有大幅度的上涨，中国工业化的进展将会大大加速。

从表 4-36 中可以看到，直到 20 世纪 30 年代中国国民所得中非工资薪金所得仍然大于工资薪金所得，前者为 51%，后者为 49%。由前述分析可知，这一时期中国非工资薪金所得之所以在全部国民收入中占有较高的比重，不是由于近代工业部门中利润所占的比例大，而是由于农业部门的净收入中地租所占比例大，而农业生产又是中国国民生产的主要部门。1933 年时中国全部的非工资薪金所得共计为 1 012 900 万元，而农业的非工资薪金所得为 755 200 万元，占 75%。据卜凯的调查，农业投资中土地占 73.3%，其他仅占 26.7%。②由于农业中纯粹的资本主义经营十分有限，所以可以认为其非工资薪金所得全部为地租和利息，而将利润略去。如果我们假定土地投资的报酬率与其他农业投资的收益率相等，则农业的其他所得中 73%（约 551 300 万元）属于地租所得，27% 属于利息所得，也即地租所得占全部农业所得的 45%，其中一半以上为占农业人口 10% 的地主及富农所占有。

从表 4-36 中还可以看出，中国的其他所得中租金所占比例极大，合计农业地租、住宅租金及各业中营业房屋租金至少约占其他所得的 70%。③

到了 20 世纪 30 年代，地租所得仍在农业所得中占着很大比重，而各种租金所得在全部国民收入的非工资薪金所得中占了绝大的比例。这一事实反映了中国经济近代化步履的缓慢。从世界各国经济发展史上可以看到，地租在国民生产总值和国民生产净

---

① Hao Y P. *The Commercial Revolution in Nineteenth-Century China: The Rise of Sino-Western Mercantile Capitalism*. Berkeley: University of California Press, 1986: 300-301.

② 〔美〕卜凯：《中国农家经济》，张履鸾译，商务印书馆 1936 年版，第 63 页。

③ 巫宝三主编：《中国国民所得（一九三三年）》（上册），中华书局 1947 年版，第 14—15 页。

值中的比例持续下降。据美国经济史学家的研究，到第一次世界大战前其在国民收入分配中的比例只有 9%，已远远低于中国 20 世纪 30 年代的水平。

尽管从本章第四节对中国农村生产要素组合的理论分析可以得出地租率上涨的结论，但由于缺乏充分的资料，本节前述仍持谨慎的态度，设定在中国近代化起步以后其水平没有明显的变化。但由于在近代以前中国的地租率已经达到了很高的水平，所以在 19 世纪末年和 20 世纪初年即便没有增长，也仍然维持在旧有的高水平之上。较高的地租率和土地收益率，以及这种收入较之工业投资的相对稳定性，促使中国的资源配置向传统农业倾斜的状况极难改变，其向近代产业转移的速度是缓慢的。这就造成中国近代产业结构虽有变化，但其优化的速度大大落后于西方工业化国家（表 4-39）。

表 4-39　中国和日本产业结构变化的比较
（1887 年、1936 年）　　　　单位：%

国别	国民收入				就业人口			
	农业		工业服务业		农业		工业服务业	
	1887 年	1936 年	1887 年	1936 年	1887 年	1936 年	1887 年	1936 年
中国	69.63	64.50	30.37	35.50	80.00	75.52	20.00	24.48
日本	52.65	19.52	47.35	80.48	77.95	47.21	22.05	52.79

资料来源：①中国：农业国民收入和就业人口系采用刘佛丁、王玉茹、于建玮《近代中国的经济发展》（山东人民出版社 1997 年版）中所计算的数据。②日本：Ohkawa K. *The Growth Rate of the Japanese Economy Since 1878.* Tokyo: Kinokuniya Bookstore Co., 1957: 245-247.

从表 4-39 可以清楚地看到，日本在工业化起步时手工业就远较中国发达。其在国民收入中的比重，与服务业合并计算，已达 47.35%，高出中国近 17 个百分点。经过 50 年的变迁，由于第二产业和第三产业以相对较高的速度发展，其在国民收入中的比重到 1936 年时已达 80.48%，农业在国民收入中的比重则由 1887 年

的 52.65%下降为 1936 年的 19.52%。可以说，日本在 19 世纪 80
年代至 20 世纪 30 年代已经实现了由农业国向工业国的转变，实
现了国家的工业化。与之相伴随，就业人口也相应从农业转移到
工业和服务业，农业人口在全部就业人口中的比重由 77.95%下降
为 47.21%，工业和服务业就业人口的比重则由 22.05%上升为
52.79%。从表 4-39 还可以看到，在 19 世纪 80 年代至 20 世纪 30
年代，中国的产业结构变动不大。50 年间工业和服务业在国民收
入中的比重只由 30.37%上升为 35.5%，只增加了近 5 个百分点；
工业和服务业的就业人口在全部就业人口中的比重则由 20%上升
为 24.48%，也上升了近 5 个百分点；农业在国民收入中的比重和
农村就业人口在全部就业人口中的比重则分别由 69.63%和 80%
下降为 64.5%和 75.52%。到 1936 年时，无论从产业结构还是就
业结构看，中国仍然是一个落后的农业国，远未实现国家的工
业化。

　　一般来说，在一个国家的近代化过程中，首先是第二产业——
工业部门的发展加速，其在全部国民总生产中的比重不断加大，
而第一产业——传统的农业生产发展的速度相对较慢，所以其产
值在国民生产中的比重相应下降。在这一时期第三产业虽然也有
较快发展，但其在国民总生产中的比重则变化不大，保持着相对
的稳定性。根据这一规律不难判断，中国在 19 世纪 80 年代至 20
世纪 30 年代产业结构变动得缓慢，首先要归因于庞大的农业部门
在近代化过程中转变的困难。近代工业和传统工业虽有发展，尤
其是经济增长的第二个周期（1914—1936 年）近代工业还有较快
的发展，但对整个国民经济结构变动的作用仍然有限。

　　最后，关于生产要素相对价格变动对中国近代化过程中第三
产业发展的影响问题，略作一点交代。正如其他国家近代化过程
的规律一样，中国在这期间第三产业在国民总生产中的比重变化

不大，大体保持在 20%，但其内容却有需要说明之处。清王朝覆
灭前绅士的劳务在第三产业的产值中占有很大的比重，但这种劳
务在清王朝灭亡后，不只价格下降，而且几乎全部消失。另外，
商业和金融业由于利润丰厚劳务价格上涨，所以有较多的货币和
人力资本流入，其产值也有较快的增长。

结　论

本书在所研究的领域内提出的新看法和与传统观点不同或不尽相同的意见，主要有以下诸方面。

（1）从 19 世纪 80 年代中国近代化起步以后，物价总水平上涨的速度加快，到 20 世纪 30 年代上涨约 3 倍。造成物价上涨的原因主要是白银流入和货币贬值。

（2）中国物价总水平的上涨并不是直线的运动，而是在曲折的波动中上升，波动的周期大约为 25 年，本书将其定名为"中长周期波动"。不仅物价总水平的变动存在中长周期，工农业产品价格、进出口商品价格，乃至各种生产要素价格的变化都存在大体同步的周期性升降。物价的波动周期与中国近代经济增长的周期是基本一致的。

（3）中国物价水平的变动起码经历了两个完整的周期。第一个周期的上升期从 19 世纪 80 年代中期开始，到 20 世纪初升到高点，其后开始下降，到第一次世界大战前降至低点。第二个周期从第一次世界大战开始，上升期至 1931 年为止，其后为下降期，至 1935 年降至低点。1937—1949 年中国处于战乱时期，由于外生因素的巨大影响，正常的经济运行及其内在规律受到严重的干扰和破坏，因此从 1936 年开始的第三个经济周期被打断。19 世纪

60 年代末期至 80 年代中期，在世界市场的影响下，中国物价的变动已呈现某些近代商业周期的征兆，但由于资料不全我们无法对其做出准确的判断。

（4）中国近代批发物价变动过程的两个中长周期的上升期均非直线上升，而是在一段时间的增长加速后出现增长率的一段下降期，然后又趋向上升。两个周期上升期中所出现的振幅较小的波动，分别出现在 19 世纪 80 年代末期 90 年代前期、20 世纪 10 年代后期和 20 年代前期。以此种观察为依据，认为中国近代经济增长过程中还存在着 10—12 年的中期波动，也是符合经济运行实际的。

（5）中国近代物价水平的周期性波动是由于中国经济逐步纳入世界市场，受世界主要资本主义国家经济的周期波动影响的结果。

（6）19 世纪 60 年代至 20 世纪 30 年代，中国物价水平波动的幅度和涨落的速率低于西方工业化国家，尤其是在 20 世纪 20 年代更是如此，国外物价变动的离中趋势高于中国物价变动的离中趋势。换言之，也即中国物价总水平是比较稳定的，于国家的工业化有利，较之西方国家，它受经济危机的打击较小，而在周期的繁荣期，慢性的通货膨胀则起到刺激经济增长的作用。

中国在纳入世界市场后，之所以在一定程度上减少了世界经济波动对中国物价和经济的冲击是因为：一方面，这一时期中国自然经济仍占统治地位，全国性统一市场尚在发育过程之中；另一方面，也即更主要的是中国在众多国家自 19 世纪后期相继改用金本位后，仍然继续采用银本位的结果。

（7）直至 20 世纪 30 年代，中国一直实行银本位。由于从 19 世纪 70 年代初至 20 世纪 30 年代世界市场上的银价总的趋势是下降的，所以中国的外汇率也同步下降。这种货币之间相对价格的变动对中国经济造成的影响有利也有弊。但从世界经济发展的潮流看，废弃银本位是大势所趋，是中国经济发展和进一步融入世界资本主义经济体系所不可避免的。

（8）中国近代物价变动的传导机制为：世界市场上的银价变动→中国汇价变动→中国进出口物价变动→中国批发物价总水平变动。在传导过程中，物价波动的离中趋势逐渐减弱。

（9）无论是进口物价指数还是出口物价指数都存在明显的周期波动，但如果与中国批发物价总水平比较起来，则进口物价指数的周期波动曲线与之较为相似，而出口物价指数的周期波动曲线则与之相去较远。这无疑说明中国近代物价的变动更多地受到进口商品价格，也即世界市场的影响。

（10）1867—1930 年，多数年份出口物价上涨快于进口物价上涨。如果我们用环比指数计算方法，计算 1867—1930 年的增长率，得出的结果为进口物价每年递增 2.4%，而出口物价却递增 2.7%，也即出口物价的增长速度快于进口物价。

从理论上说，进口商品主要是外国的工业制造品，而中国出口的商品主要是农产品和矿产品。在 19 世纪末到 20 世纪初的 70 年间，前者的劳动生产率无疑比后者有较快的增长。如果不存在完全垄断的话，进口工业制成品的价格上涨快于出口矿产品和农产品价格的上涨是不太可能的。

（11）在机械和动力引入生产之前的古代社会，农业和手工业的劳动生产率的进步都是非常缓慢的，这就决定了手工业品和农产品比价在一个很长的历史时期内不会由于劳动生产率的变动而发生重大的变化。换言之，农产品和手工业品的比价是长期稳定的。

（12）在 19 世纪 70 年代至 20 世纪 30 年代中国近代化过程中，农产品的价格增长快于工业品价格的增长，中国近代工业品与农产品相对价格的变动趋势和进口商品与出口商品相对价格的变动趋势是一致的。这是由于进口商品价格变动趋势对中国国内市场上工业品的批发价格具有决定性的作用，而国内市场上农产品价格又对出口商品的价格具有重要影响。

（13）我们将农产品的价格指数周期波动曲线与工业品价格指数曲线加以比较，发现前者的波动幅度大于后者，证实加速原理的普遍适用性。

（14）中国近代社会造成农产品价格上涨的速度快于工业品价格的主要原因是农业劳动生产率的增长落后于工业劳动生产率的增长。由于农业劳动生产率增长缓慢，当第二、第三产业和城市化程度稍有发展，就造成农产品价格与工业品价格相比以较大幅度上涨。

（15）20世纪二三十年代，原材料价格上涨快于制造品价格。在制造品中，生产品价格的上涨快于消费品价格，重工业品价格的上涨幅度大于轻工业品价格。这种价格的相对变动对中国近代工业发展中产品结构的优化是有利的。

（16）1913—1936年，在各类农产品中，油料、棉花的价格上涨的速度快于粮食价格，粮食作物中小麦、杂粮价格上涨的幅度大于稻米价格。各类农产品价格的相对变动对种植结构具有导向的作用，其种植面积和产量的增减与价格变动方向完全一致。

（17）由于交通和通信事业的发展，中国近代商品的地区差价有所缩小，但直到抗日战争前仍然比较显著，说明市场发育不充分。商品的季节差价情况与地区差价相同，而批零差价则为扩大的趋势。

（18）中国封建社会后期由于商品经济的发展，国家对经济的控制能力减弱，市场在资源配置方面的作用越来越重要。但经过鸦片战争后100年的发展，中国的生产要素市场虽然在经济发达的地区初步形成，但仍然发育得很不完善，而且从全国范围看，呈现出明显的不平衡性和不统一性。

（19）在中国传统社会中，资本是最稀缺的资源，其次是土地，它随着人口的增长变得越来越稀缺，因而其价格也不断上涨。而劳动相对来说到明清时代变成最不稀缺的资源，因此价格变得便宜起来。这种相对价格变动形成的中国封建农业的经营模式，是用尽可能少的资本和土地与尽可能多的劳动相结合，也即劳动集约，精耕细作，用尽量少的土地养活尽量多的人口。

（20）中国近代化起步后，中国借贷资本的利率呈下降的趋势，但到抗日战争前，长期放款年息仍在10%左右，明显高于西方工业发达国家的水平，而农业和偏远地区的借贷利率更高。这一时期资本价格下降的原因主要是金融市场的发育、货币供应量的增加和外国资本的流入。

（21）在19世纪末到20世纪初中国近代化起步后的50年间，城乡劳动者的名义工资都在周期性的波动中程度不同地有所提高，其中近代生产部门工人的名义工资增长幅度较大，而传统生产部门工人的名义工资增加较少。在用生活费指数加以折算后，所得到的结果是产业工人的实际工资有所增长，而手工业和农业工人的实际工资则增长不多或有所下降。

（22）中国农村虽然存在大量的剩余劳动力，但却未能发挥二元结构的优势。近代工业部门工人的工资水平与农业部门工资水平的差距在近代化过程中迅速扩大，到20世纪30年代其差距已远大于日本。

（23）20世纪初年以后，中国农地价格迅速上涨，且上涨的速度高于农村零售物价上涨的速度。

（24）19世纪末期，尤其是第一次世界大战以后，由于利率下降，中国近代方向的资本集成的速度加快。由于众多的手工业部门向机器工业过渡、重化工业的发展和轻纺部门的设备更新，资本有机构成有所提高。这一进程与资本和劳动相对价格变动有密切的关系。如果没有日本帝国主义的入侵，那么资本替代劳动，也即中国工业由劳动密集型向资本密集型的转化过程将会加速进行下去。

（25）20世纪初年以后，中国农村土地价格较劳动力价格以更快的速度上涨。这种相对价格的变动使除新垦区以外的大部分农作区的传统的生产模式得以保持。一些地区由于土地变得更加稀缺，因而其精耕细作和集约化程度有增无减，这导致人均产量和劳动的边际收益递减。这种生产模式对种植结构的影响是个体农户纷纷引种高产的粮食作物，而对土地所有者经营方式的影响则是采用租佃制。

（26）20世纪初年以后，在东北移民新垦区出现了一种新的农业经营模式。由于那里地价低、工价高，所以采用粗放的经营方式，以较少的劳动与较多的耕地结合，资本的投入也高于关内（这一时期关内农业中资本投入比19世纪后期也有增长）。这一地区的农产品商品化程度较高，以雇工为基础的资本主义经营发达，田场规模较大，人均劳动生产率高于传统农业区。

（27）生产要素相对价格的变动，造成了国民收入在劳动、资本和土地之间分配比例关系的变化。20世纪30年代中国国民收入分配的情况告诉我们，越是近代化的部门其非工资薪金所得（主要为利润和利息）所占的比例越低，而工资薪金所得所占的比例越高。这是19世纪末期，尤其是20世纪初期以来利率和利润率下降，以及近代生产部门名义工资和实际工资上涨的结果。这对处于近代化初期阶段的中国工业发展是不利的，使其长期不能具备自身发展的能力。

与近代化部门相反，到20世纪30年代，农业净所得中非工资薪金（非劳动收入）所得（主要为地租和利息）所占比重超过

60%。这是经营土地的收益上升和农业劳动者的实际收入处于停滞，甚至下降的结果。到 20 世纪 30 年代，农业中的非工资薪金所得仍占绝大的比重，说明中国近代化的步履艰难。较高的地租率和土地收益率，以及这种收入较之工业投资的相对稳定性，使中国资源配置向传统农业倾斜的状况极难改变。它使中国近代产业结构优化的速度落后于西方工业化国家。

参 考 文 献

《金城银行创立二十年纪念刊》，1937年。

《天津通志·金融志》，天津社会科学院出版社1995年版。

《永安纺织印染公司》，中华书局1964年版。

《中外财政金融消息汇报：外国：华侨现状及其汇款》，《财政评论》1945年第13卷第4期。

陈其广：《百年工农产品比价与农村经济》，社会科学文献出版社2003年版。

陈映芳：《旧中国移民流及其与劳动市场之关系》，《社会科学》1990年第2期。

陈真编：《中国近代工业史资料》第4辑《中国工业的特点、资本、结构和工业中各行业概况》，生活·读书·新知三联书店1957年版。

陈振汉：《我国历史上国民经济的发达和落后及其原因》，载孙健编：《中国经济史论文集》，中国人民大学出版社1987年版。

丁长清、阎光华、刘佛丁：《旧中国工人阶级贫困化问题管见——开滦煤矿工人的工资水平及其变动趋势》，《南开经济研究所季刊》1984年第4期。

冯和法编：《中国农村经济论》，黎明书局1934年版。

冯华年：《中国之指数》，《经济统计季刊》1932 年第 1 卷第 4 期。

谷春帆：《银价变迁与中国》，商务印书馆 1935 年版。

何廉：《二十余年来我国已编之物价指数》，《银行月刊》1927 年第 7 卷第 2 期。

何廉：《中国进出口中物量指数物价指数及物物交易率指数编制之说明》，《经济统计季刊》1932 年第 1 卷第 1 期。

何廉主编：《中国六十年进出口物量指数物价指数及物物交易指数》，南开大学社会经济研究委员会 1930 年版。

黄国枢、王业键：《清代粮价的长期变动（1763—1910）》，《经济论文》1981 年第 9 卷第 1 期。

贾秀岩主编：《价格学原理》，南开大学出版社 1984 年版。

贾秀岩主编：《物价大辞典》，河北人民出版社 1988 年版。

贾秀岩、陆满平：《民国价格史》，中国物价出版社 1992 年版。

孔敏主编：《南开经济指数资料汇编》，中国社会科学出版社 1988 年版。

李惠村：《南开大学外贸指数研究》，《南开经济研究》1991 年第 6 期。

李文治编：《中国近代农业史资料》第 1 辑，生活·读书·新知三联书店 1957 年版。

刘大钧：《中国工业调查报告》，经济统计研究所 1937 年版。

刘佛丁：《试论我国民族资本企业的资本积累问题》，《南开学报（哲学社会科学版）》1982 年第 2 期。

刘佛丁：《我国民族资本企业榨取剩余价值的手段和特点》，《南开经济研究所季刊》1983 年第 1 期。

刘佛丁：《我国民族资本企业资本集中问题初探》，《南开经济研究所季刊》1983 年第 4 期。

刘佛丁：《有关清代农业生产力发展水平的几个问题》，《南开经济研究所季刊》1984 年第 3 期。

刘佛丁：《傅筑夫先生对中国近代经济史研究和人材培养的贡献》，《南开经济研究所季刊》1985 年第 1 期。

刘佛丁：《关于善后借款用项和偿付金额的考订》，《南开经济研究所季刊》1988 年第 3 期。

刘佛丁、王玉茹、于建玮：《近代中国的经济发展》，山东人民出版社 1997 年版。

刘克祥：《甲午战后的中国农业封建性雇佣劳动》，《中国经济史研究》1992 年第 1 期。

刘克智、黄国枢：《1400 年以来中国的人口变化和经济发展》，载"中央研究院经济研究所"编印《中国近代经济史会议论文集》第 88 页，1977 年（原文为英文发表）。

刘瑞中：《十八世纪中国人均国民收入估计及其与英国的比较》，《中国经济史研究》1987 年第 3 期。

卢中原：《中国市场发育研究》，浙江人民出版社 1991 年版。

南开大学经济研究所编：《1913 年—1952 年南开指数资料汇编》，统计出版社 1958 年版。

南开大学经济研究所经济史研究室编：《旧中国开滦煤矿的工资制度和包工制度》，天津人民出版社 1983 年版。

彭信威：《中国货币史》（第 2 版），上海人民出版社 1965 年版。

彭泽益编：《中国近代手工业史资料（1840—1949）》第 2 卷，生活·读书·新知三联书店 1957 年版。

乔荣章、欧阳胜、陈德尊主编：《价格知识大辞典》，中国经济出版社 1991 年版。

全汉昇：《美洲白银与 18 世纪物价革命的关系》，载《中国经济史论丛》第 2 册，新亚出版社 1972 年版。

商业部物价局：《抗战前价格参考资料》第 3 辑（华东区物价）、第 5 辑（西南区物价）、第 6 辑（西北区、新疆、内蒙古自治区物价），1955 年油印本。

上海社会科学院经济研究所经济史组编：《荣家企业史料》，上海人民出版社 1962 年版。

上海市粮食局、上海市工商行政管理局、上海社会科学院经济研究所经济史研究室编：《中国近代面粉工业史》，中华书局 1987 年版。

石毓符：《中国货币金融史略》，天津人民出版社 1984 年版。

孙毓棠：《明清时代的白银内流与封建社会》，《进步日报》1951 年 1 月 26 日。

唐传泗、欧阳侃：《中国近代米谷贸易价格资料（续）》，《价格理论与实践》1982 年第 2 期。

王清彬、王树勋、林颂河，等编：《第一次中国劳动年鉴》，北平社会调查部 1928 年版。

王玉茹：《论两次世界大战之间中国经济的发展》，《中国经济史研究》1987 年第 2 期。

王玉茹：《开滦煤矿的经营效益分析（1903/1904—1936/1937）》，《中国经济史研究》1993 年第 4 期。

韦健雄：《无锡三个农村底农业经营调查》，《中国农村》1935 年第 1 卷第 9 期。

窝漆德：《中国工业化发展迟缓之分析》，刘毓璜译，《大公报》1936 年 5 月 13 日，见南开大学经济研究所编：《经济周刊》第 165 期。

巫宝三主编：《中国国民所得（一九三三年）》（上、下册），中华书局 1947 年版。

吴柏均：《无锡区域农村经济结构的实证分析（1920—

1949)》,《中国经济史研究》1991 年第 3 期。

吴承明:《中国资本主义与国内市场》,中国社会科学出版社 1985 年版。

吴承明:《中国近代资本集成和工农业及交通运输业产值的估计》,《中国经济史研究》1991 年第 4 期。

吴大业:《百年来金银价变动之原因及其影响》,《经济统计季刊》1932 年第 1 卷第 1 期。

谢杭生:《鸦片战争前银钱比价的波动及其原因》,《中国经济史研究》1993 年第 2 期。

邢必信、吴铎、林颂河,等编:《第二次中国劳动年鉴》,北平社会调查所 1932 年版。

许道夫编:《中国近代农业生产及贸易统计资料》,上海人民出版社 1983 年版。

严中平:《中国棉纺织史稿》,科学出版社 1955 年版。

严中平等编:《中国近代经济史统计资料选辑》,科学出版社 1955 年版。

杨端六、侯厚培等编:《六十五年来中国国际贸易统计》,国立中央研究院社会科学研究所 1931 年版。

叶世昌:《鸦片战争前后我国的货币学说》,上海人民出版社 1963 年版。

张继凤:《略论百年来我国利率的变迁》,《金融研究》1982 年第 4 期。

张履鸾:《江苏武进物价之研究》,《金陵学报》1933 年第 3 卷第 1 期。

张培刚:《农业与工业化》,华中工学院出版社 1984 年版。

张忠民:《前近代中国社会的土地买卖与社会再生产》,《中国经济史研究》1989 年第 2 期。

章有义：《近代中国人口和耕地的再估计》，《中国经济史研究》1991 年第 1 期。

章有义编：《中国近代农业史资料》第 3 辑，生活·读书·新知三联书店 1957 年版。

赵冈、陈钟毅：《中国经济制度史》，中国经济出版社 1991 年版。

赵津：《中国城市房地产业史论（1840—1949）》，南开大学出版社 1994 年版。

郑友揆：《中国的对外贸易和工业发展（1840—1948 年）——史实的综合分析》，程麟荪译，蒋学桢、汪熙校，上海社会科学院出版社 1984 年版。

郑友揆：《十九世纪后期银价、钱价的变动与我国物价及对外贸易的关系》，《中国经济史研究》1986 年第 2 期。

中国科学院经济研究所世界经济研究室编：《主要资本主义国家经济统计集（1848—1960 年）》，世界知识出版社 1962 年版。

中国科学院上海经济研究所、上海社会科学院经济研究所编：《上海解放前后物价资料汇编（1921 年—1957 年）》，上海人民出版社 1958 年版。

中国人民银行上海市分行金融研究所编：《上海商业储蓄银行史料》，上海人民出版社 1990 年版。

钟悌之：《东北移民问题》，日本研究社 1931 年版。

周广远：《1870 年—1894 年中国对外贸易平衡和金银进出口的估计》，《中国经济史研究》1986 年第 4 期。

朱斯煌主编：《民国经济史：银行周报三十周纪念刊》，银行学会 1948 年版。

朱偰：《满洲移民的历史和现状》，《东方杂志》1928 年第 25 卷第 12 期。

〔美〕卜凯：《中国农家经济》，张履鸾译，商务印书馆 1936

年版。

〔美〕道格拉斯·C.诺思：《经济史中的结构与变迁》，陈郁、罗华平等译，上海三联书店 1991 年版。

〔日〕岸本美绪：《清代物价史研究的现状》，载《民国以来国史研究的回顾与展望研讨会论文集》，台湾大学 1992 年版。

〔日〕安藤良雄编：《近代日本经济史要览》（第 2 版），东京大学出版会 1979 年版。

〔苏联〕尼·康德拉季耶夫：《经济生活中的长期波动》，载外国经济学说研究会编：《现代国外经济学论文选》第 10 辑，商务印书馆 1986 年版。

Buck J L. *Land Utilization in China*. Shanghai: The Commercial Press, 1937.

Chang J K. *Industrial Development in Pre-Communist China: A Quantitative Analysis*. Edinburgh: Edinburgh University Press, 1969.

Dernberger R F. The role of the foreigner in China's economic developmert. *In* Perkins D H. ed. *China's Modern Economy in Historical Perspective*. Stanford: Stanford University Press, 1975.

Fei J C H. The Chinese market system in a historical perspective. The Second Conference on Modern Chinese Economic History .Taipei: "The Institute of Economics, Academia Sinica", 1989.

Hao Y P. *The Commercial Revolution in Nineteenth-Century China: The Rise of Sino-Western Mercantile Capitalism*. Berkeley: University of California Press, 1986.

Hicks J. *A Theory of Economic History*. New York: Oxford University Press, 1969.

Hou C M. *Foreign Investment and Economic Development in China, 1840-1937*. Cambridge: Harvard University Press, 1965.

Huenemann R W. *The Dragon and the Iron Horse: The Economics of Railroads in China 1876-1937*. Cambrigde: Harvard University Press, 1984.

Kirk J H. *Agriculture and Trade Cycle: Their Mutual Relations, with Special Reference to the Period 1926-1931*. London: P. S. King, 1933.

Klein L, Ohkawa K. *Economic Growth: The Japanese Experience since the Meiji Era*. Homewood: Richard D. Irwin. Inc., 1968.

Kuznets S. *Secular Movements in Production and Prices: Their Nature and Their Bearing upon Cyclical Fluctuations*. Boston: Houghton Mifflin Company, 1930.

Kuznets S. *Modern Economic Growth: Rate, Structure, and Spread*. New Haven: Yale University Press, 1966.

Mitchell B R. *European Historical Statistics 1750-1975*. 2nd ed. London: The Macmillan Pressed Ltd, 1980.

Perkins D H. *China's Modern Economy in Historical Perspective*. Stanford: Stanford University Press, 1975.

Rawski T G. *Economic Growth in Prewar China*. Berkeley: University of California Press, 1989.

Rawski T G, Li L M. *Chinese History in Economic Perspective*. Berkeley: University of California Press, 1992.

Riskin C. Surplus and Stagnation in Modern China. *In* Perkins D H. ed. *China's Modern Economy in Historical Perspective*. Stanford: Stanford University Press, 1975.

United States. Bureau of the Census. *Historical Statistics of the United States, Colonial Times to 1970, Bicentennial Edition, Part1*. Washington: U. S. Government Printing Office, 1975.

Wang Y C. Secular trends of rice prices in the Yangtze Delta 1638-1935. *In* Rawski T G, Li L M. ed. *Chinese History in Economic Perspective*. Berkeley: University of Colifornia Press, 1992.

Wei W P. *The Currency Problem in China*. New York: Columbia University Press, 1914.

Wright T. *Coal Mining in China's Economy and Society 1895-1937*. Cambridge: Cambridge University Press, 1984.

Young A N. *China's Nation-Building Effort, 1927-1937: The Financial and Economic Record*. Stanford: Hoover Institution Press, Stanford University, 1971.

附录一
王玉茹近代中国物价和市场拓展研究主要成果目录

（一）近代中国物价和市场的拓展研究专著

（1）《中国近代的市场发育与经济增长》（第二作者，与刘佛丁合著），高等教育出版社 1996 年版。

（2）《世界市场价格变动与近代中国产业结构模式研究》（第一作者，与燕红忠合著），人民出版社 2007 年版。

（3）《近代中国物价、工资和生活水平研究》，上海财经大学出版社 2007 年版。

（4）"战前期的物价"，载尾高煌之助、齐藤修、深尾京司监修，南亮进、牧野文夫编著：《亚洲长期经济统计》第三卷《中国》，第六章"物价"，东洋经济新报社 2014 年版。

（二）近代中国物价和市场的拓展研究论文

（1）《中国近代的经济增长和中长周期波动》，《经济学（季刊）》2005 年第 4 卷第 2 期。

（2）《城市批发物价变动与近代中国经济增长》，《山西大学学报（哲学社会科学版）》2006 年第 29 卷第 5 期；『近代中国の都市

における卸壳物価变動と经济成長』,『地域総合研究』2004 年第
31 卷第 2 号；*Urban Wholesale Price Change and Economic Growth in Modern China*，提交第十五届世界经济史学会年会论文，2009
年 8 月 3—7 日，荷兰・乌特勒之。

（3）《近代中国农村物价指数变动趋势分析》,《广东外语外贸
大学学报》2008 年第 19 卷第 3 期。

附录二
中国近代的经济增长和中长周期波动*

从鸦片战争到中华人民共和国成立的历史时期，中国经济发展总体状况如何？一百余年间，中国经济增长的速度是快还是慢？这一百余年的经济史如何划分阶段？本文利用可以找到的中国近代经济统计资料，运用数理分析方法对中国经济近代化的程度、发展状况进行度量和分析，以回答上述问题。

一、中国近代的经济增长

经济学家通常认为，经济发展是这样一个过程：在这一过程中一个国家的人均实际收入在一个长时期内不断地增长，但是处于绝对贫困线以下的居民人数并不增加，而且收入分配不会变得更加不平等。一般来说，经济发展较之经济增长是一个内含更为宽泛的概

---

* 感谢笔者的好朋友于建玮先生，他是进行中国近代经济周期研究的第一人，1988 年他以《试论中国近代经济发展中的中长期波动》在四川大学获得经济学硕士学位，本文的研究受到他的启发。笔者对中国近代宏观经济增长的研究是在刘佛丁教授的指导下开始的，先生在世时与笔者愉快地合作了 15 年，在共同研究的过程中，从他那里获益良多。尤其是对本文中涉及的几个时段的国民收入的估算，他在资料和方法上给了笔者许多具体的指导和建议。笔者的博士研究生陈纪平在本文的写作过程中协助进行了数据整理和计算工作，在此对他们的帮助表示衷心的感谢。本文原载于《经济学》（季刊）2005 年第 4 卷第 2 期，收入本书，有订正。

念，它除了包括一个国家人均生产的物质财富和提供劳务的增长以外，起码还应包括国民经济结构的不断优化和国民收入的合理分配等方面的内容。但在对经济作历史的定量考察时，人均国民收入或国民生产总值，即用货币来计算的人均生产物和提供的劳务的增长，目前仍然被公认为是用来衡量发展状况的最基本指标。

19 世纪 40 年代初期的鸦片战争，以英国为首的列强虽然用武力打开了中国的大门，但其侵略方式仍然停留在以暴力掠夺为主的阶段。中国传统社会的经济结构和生产方式，起码是到了 19 世纪 70 年代才开始发生变化。这是由于 1840 年后的近 30 年时间里，外来的机制品并未能真正打开中国市场。只是随着英国国内劳动生产率的进一步显著提高，苏伊士运河开凿后商路大为缩短，海底电缆的修通加速了信息的传递，以及从中国取得了更多的特权和便利，大大增强了英国工业品的竞争能力，才使中国传统经济的基础——农业和家庭手工业相结合的自然经济开始分解，并以此为条件，中国的近代工业——先是官办的，而后是民办的——开始产生。因而严格说来，中国近代经济的发展应当是从 19 世纪 80 年代开始。本文的计量分析以 19 世纪 80 年代中期作为起点，既是考虑数据取得的可能，也是从上述的基本观点出发。1937 年以后中国先后陷于 8 年全面抗日战争和 5 年解放战争状态，经济处于非正常时期，无法进行计量研究，因此本文的研究截止于全面抗日战争爆发前的 1936 年。但是为了从宏观上把握本文所考察时期的经济增长状况，便于前后各个时期进行比较，笔者还是运用了可以找到的资料对之前的 1850 年和其后的 1949 年的经济进行了考察。

（一）人口的变动

关于中国近代经济增长的讨论首先从人口的变动趋势开始，

这不仅因为我们选定人均国民收入作为度量经济增长的主要指标，而且由于从更根本的方面看，财富和劳务既为人所创造又为人所消费，人口的变动趋势和经济发展的状况是互为因果的。人口的增长既是经济发展的动因，又受到经济发展水平的制约，反之亦然。

根据西蒙·库兹涅茨的研究，人口增长的加速是近代经济增长的基本特征之一。从世界范围看，这一阶段是从 1750 年开始的。据他的推算，公元 1000 年时世界人口约为 2.7 亿人，到 1750 年时增加为 7.2 亿人。七个半世纪世纪增加了不到 1.7 倍，年增长率为 1.3‰。而 1750 年至 1950 年的两个世纪人口就增加了 2.4 倍，达到 25.09 亿人，年增长率为 6.2‰。1960 年更增至 30.10 亿人。在 1750—1960 年的两个多世纪，世界各地区之间人口增长是不平衡的，欧美和大洋洲这些发达国家所在的地区，人口增长率为每十年增加 9.5%，而亚非等不发达国家所在地区每十年只增加 6%。[①]

为了说明人口的变动趋势，首先需要编制的是全国人口的连续数列。中国用人口统计学方法在全国范围内进行人口调查是从 1953 年才开始的，对中国近世的人口数据虽然已有不少中外学者进行过考证和估算，但迄今尚未编制出一个长期连续的数列。

中国是世界上有人口统计数据最早的国家之一，但历代君主都是以按人丁征税、摊派劳役和征兵的需要为目的，因此中国历史上的人口统计的对象是户和丁。从 1741 年开始清政府的人口统计范围才由丁口数扩大为全部人口数。直至 1898 年，这种统计持续了 158 年。其中前 111 年，即 1741—1851 年统计省份较为完全，但一些年份人口数存在着不合理的大起大落。自 1852 年以后每年都缺数省的册报。这些人口数据的记录载于《清实录》、《东

---

① Kuznets S. *Modern Economic Growth: Rate, Structure, and Spread*. New Haven: Yale University Press, 1966: 34-40.

华续录》和户部《清册》等官方文书档案。近年来一些学者运用各种方法，对上述官方档案中一些年份不合理的数字加以修正，获得了相当的成绩，但仍有一些问题未能解决。从 1899 年起清政府官书中的人口数据记录消失。20 世纪前半期已属近代，本来人口统计应较以前一个半世纪有所进步。但这 50 年反而成为中国人口统计中数据最为矛盾和混乱的时期，迄今尚无人估算出一个为学术界普遍接受的全国范围的连续人口系列数据。从清朝末年开始，以迄至今，关于 20 世纪前半期各个不同年份中国人口数的调查和估算，据说达百种之多。这些人口数据的来源主要有以下三种：① 政府职能部门主持户口调查所发表的数据，有 1909 年、1928 年和 1947 年三次，但调查范围都不全；② 海关、邮局和基督教会等调查统计的数据；③ 国内外人口统计学家、经济学家和历史学家估算的数据。

据笔者粗略地统计，这 50 年中，对有的年份人口调查和估算多达 7 种，同时却有 7 个年份一种估算也没有。对同一年人口数不同的估算相差 1 亿多，甚至接近 2 亿，前后相连年份的差距也存在着同样的情况。笔者对人口问题没有专门的研究，只能在本文研究所需的范围内，权衡各种记载和研究的相对可靠性，加以取舍。

由于社会安定和传统经济的繁荣，从 18 世纪 30 年代开始，中国人口以较快的速度增长，到 19 世纪中叶，中国人口已经突破 4 亿人，据《清文宗实录》卷 24 记载，1850 年为 414 689 899 人，而该年世界的全部人口据估计约为 11.71 亿人。中国人口占世界人口的比重超过 35%。庞大的人口基数及其对土地造成的压力，亦人口和耕地比例问题的尖锐性，成为中国近代社会的一个基本特征。

中国在前近代化时期，人口以相对较快的速度增长，是与其传统经济以较快速度发展并达到空前的水平相一致的。中国在这期间经济上出现了很多西方国家资产阶级革命后的特征，因此在人口增长速度上也与西方国家工业化以后人口增长的加速有某些类似之处，这就难怪有人把这一时期的中国经济和社会说成是"前期资本主义"。它是亦此亦彼，但又非此非彼。它不是一个中间体和过渡时期，而是一种特殊的形态。

1850—1949 年，中国人口的增长速度不仅远远低于欧美和日本等发达国家，也低于清中期 1750—1850 年的增长速度（6‰）。因此，如果按照发展经济学的观点来衡量，19 世纪中叶以后，中国虽然开始了其工业化的过程，但从人口增长的因素看，并未进入近代的经济增长时期。倒是在中华人民共和国成立后的 40 年间，中国的人口翻了一番，年增长率达 18‰，从人口增长速度的情况看，与西方国家和其他很多发展中国家经济起飞时的状况相似。

一般来说，在居民的大多数仍以温饱作为生产的主要目的的漫长历史上，人口的增长速度与经济增长速度是相一致的。所以在缺乏系统的国民收入统计的情况下，一些经济史学家认为可以用人口增长的速度来衡量各个国家的经济发展状况，进行国家之间的比较研究。比如陈振汉先生就曾根据这一指标判断，在 18 世纪末期以前中国的经济发展并不落后于西欧国家。[①]如果这种观点不误，那么起码从人口增长方面看，1850—1949 年这 100 年间，中国经济的发展是相当缓慢的，其经济的近代化并不成功。

上述 1850 年和 1949 年的中国人口数据由于在其前或其后都有连续的人口统计数据，所以笔者认为是较为可靠的。就是有误差也不会很大。[②]而在这 100 年之间按照本文的研究对象理应首先

---

① 陈振汉：《我国历史上国民经济的发达和落后及其原因》，载孙健编：《中国经济史论文集》，中国人民大学出版社 1987 年版，第 69—88 页。

② 1850 年的数据最大误差为 2000 万，1949 年数据的最大误差为 1000 万。

编制连续的人口数据，但如前所述由于资料的缺乏和数据过于歧异，虽有众多的学者做过种种估算，但迄今尚未有公认的成果。

近代人口增长的加速不是出生率增长的结果，而是死亡率下降的结果，这是与经济的发展直接相联系的。中国近代人口增长的缓慢显然不是为西方发达国家 20 世纪初以后人口变动规律所支配，也就是说不是出生率下降幅度大于死亡率下降幅度的结果。[①]

因为没有中国国民收入的连续统计和估计数据，下述的研究只能选取几个有代表性年份对中国近代各时期的经济增长速度做出说明。这里，笔者选择几个相应时点上的人口数字制成附表 2-1。

附表 2-1　中国人口增长（1850—1949 年）　单位：万人

年份	人口
1850	41 469.0
1887	37 763.6
1914	45 524.3
1936	50 078.9
1949	54 167.0

资料来源：①1850 年据《清文宗实录》卷 24。②1887 年据《光绪会典》卷 17。③1914 年和 1936 年据章有义：《近代中国人口和耕地的再估计》，《中国经济史研究》1991 年第 1 期（其中 1914 年的数据是章先生估计的 1912 年的数据）。④1949 年数据来自《中国经济年鉴》（经济管理杂志社 1983 年版）第 5 页。

（二）国民收入和人均国民收入的增长

第一次世界大战前后，英国、美国、德国、法国和意大利等西方国家开始有了国民生产和国民收入的统计，其后又有学者运用历史资料进行推算，估计这些国家 19 世纪的国民生产。对于中国国民收入的估算，迟至 20 世纪 30 年代方才起步。其中最有影响的一是巫宝三等对 1933 年中国国民所得的调查[②]，二是刘大中

---

① 参见刘克智、黄国枢：《1400 年以来中国的人口变化和经济发展》，载"中央研究院经济研究所"编印《中国近代经济史会议论文集》第 88 页，1977 年（原文为英文发表）。

② 巫宝三主编：《中国国民所得（一九三三年）》（上、下册），中华书局 1947 年版。

对 20 世纪 20 年代末至全面抗日战争前中国国民收入的估算。[1] 20 世纪 40 年代巫宝三先生继续他的研究，1947 年在《社会科学杂志》上发表文章对他以前的估计做了修正，并对 1946 年的中国国民收入做出估计。[2]刘大中也继续他的研究，与叶孔嘉合作撰写了《中国大陆经济：国民收入和经济发展，1933—1959》于 1965 年出版。[3]近年来西方研究中国经济史的学者大多使用刘大中和叶孔嘉书中的数据，而巫宝三的调查数据则在中国学者的著作中较为流行。由于巫宝三、刘大中二人依据的资料和所采取的估算方法不同，所以其结果的差距较大，以 1933 年的国民收入为例，巫宝三的估算数据为 203.19 亿元，而刘大中的估计则高达 298.8 亿元。[4]除巫宝三、刘大中两种估计外，对这一时期中国国民收入进行研究国外还有克拉克（Clark）[5]、邢慕寰[6]、埃克斯坦（Eckstein）[7]等的论著，国内则有刘大钧、汪敬虞等的调查和估算[8]，但较少被人引用。

依据历史资料，参照 20 世纪 30 年代调查的参数，将中国的国民收入向前推算的工作，首推张仲礼先生的《十九世纪八十年代中国国民生产总值的粗略估计》。此外，在国外叶孔嘉、珀金斯、费维恺、罗斯基等在他们的著作中也曾对 19 世纪末期、20 世

① 刘大中：《浅论国民收入和战后中国的工业化》，《大公报》1944 年 5 月 21 日；Liu T C. *China's National Income, 1931-1936. An Exploratory Study*. Washington: Brookings Institution, 1946.

② 巫宝三：《〈中国国民所得，1933〉修正》及《中国国民所得，1933、1936 及 1946》载国立中央研究院社会科学研究所：《社会科学杂志》1947 年第 9 卷第 2 期；Ou P S. *Capital Formation and Consumer's Outlay in China*. Harvard: Harvard University, 1949.

③ Liu T C, Yeh K C. *The Economy of the Chinese Mainland*: *National Income and Economic Development, 1933-1959*. Princeton: Princeton University Press, 1965.

④ Liu T C, Yeh K C. *The Economy of the Chinese Mainland: National Income and Economic Development, 1933-1959*. Princeton: Princeton University Press, 1965: 66, Table 8.

⑤ Clark C. *The Conditions of Economic Progress*. London: Macmillan, 1940: 83.

⑥ 邢慕寰：《我国国民所得数字的商榷》，《资本市场》1948 年第 1 卷第 5 期。

⑦ Eckstein A. *China's Economic Development*. Ann Arber: University of Michigan Press, 1975.

⑧ 刘大钧：《中国战前国民收入初步估计》，国民政府经济委员会发行的油印本，未出版；Wang F S. *China's Industrial Production, 1931-1946, Social Sciences Study Papers*. Nanking: Institute of Social Sciences, Academia Sinica, 1948.

纪早期某些年份的中国国民生产做过估算。[①]国内则有唐传泗、丁世洵推算 1920 年、1936 年、1949 年中国国民生产的数据。[②]

由于旧中国的统计资料十分缺乏，笔者至今未能找到一种可靠的途径，能像西方国家和日本那样编制出中国国民收入连续的序列数据，现在呈献给读者的只是对某些有代表性年份的国民生产的估算。由于张仲礼、唐传泗、丁世洵等先生的估算均渊源于巫宝三等的调查，系在其基础上向前后两个方向延伸，从可比性的角度出发，本文主要采用这一体系的数据，避免两种体系的数据交错使用所形成的误差。选择的代表性年份为 1850 年、1887 年、1914 年、1936 年、1949 年。现将计算结果制成附表 2-2 和附表 2-3。

附表2-2 中国国民收入（1850—1949 年）
1936 年币值

年份	1850	1887	1914	1936	1949
农业/亿元	—	99.87	128.01	166.41	98.00
工矿交通/亿元	—	14.49	24.91	40.06	23.20
服务业/亿元	—	29.07	34.72	51.51	68.28
总计/亿元	181.64	143.43	187.64	257.98	189.48
年份	1850—1887		1887—1914	1914—1936	1936—1949
年均增长率/%	−0.64		1.00	1.45	−2.40

资料来源：①1850 年、1887 年、1914 年的数据估算方法参见刘佛丁、王玉茹、于建玮：《近代中国的经济发展》，山东人民出版社 1997 年版，第五章附录二、三、四。②1936 年数据根据巫宝三《〈中国国民所得，1933〉修正》，《社会科学杂志》1947 年第 9 卷第 2 期。③1949 年农业、工矿交通业数据根据 1984 年《中国统计年鉴（1984）》（中国统计出版社 1984 年版）第 20 页。按照巫宝三主编《中国国民所得（一九三三年）》（中华书局 1947 年版）及《〈中国国民所得（一九三三年）〉修正》中有关各业总产值和净产值的比例，将总产值折算为净产值，然后按 2.5∶1 换算为 1936 年币值。④服务业收入根据珀金斯《中国近代经济的历史透视》一书中 1952 年的数据折算为 1936 年币值，所以偏高。

[①] Yeh K C. *China's National Income, 1931-1936*，《中国近代经济史会议论文集》，台北：台湾"中央研究院"经济研究所，1977 年；Perkins D H. *China's Modern Economy in Historical Perspective*. Stanford: Stanford University Press, 1975; Feuerwerker A. *Economic Trends in the Republic of China, 1912-1949*. Ann Arbor: Michigan University, 1977; Rawski T G. *Economic Growth in Prewar China*. Berkely: University of California Press, 1989.

[②] 唐传泗的估算，见吴承明《中国资本主义的发展述略》（载《中国资本主义与国内市场》，中国社会科学出版社 1985 年版）；丁世洵的估算，见《关于中国资本主义发展水平的几个问题》，《南开学报（哲学社会科学版）》1979 年第 4 期。

附表 2-3　中国人均国民收入（1850—1949 年）

1936 年币值

年份	1850	1887	1914	1936	1949
国民收入/亿元	181.64	143.43	187.64	257.98	189.48
人口数/千人	414 699	377 636 400 000*	455 243	510 789	541 670
人均收入/元	43.8	38.0 35.9*	41.22	50.51	34.98
年份	1850—1887		1887—1914	1914—1936	1936—1949
年均增长率/%	−0.38 −0.54*		0.30 0.51*	0.92	−2.87

资料来源：①国民收入数据来自附表 2-2。②人口数来自附表 2-1。③1887 年相关项标*号的数据是笔者根据较为理想的人口数据推算出来的人均收入和年均增长率。

（三）产业结构的变动

在系列数据的基础上勾勒出国民收入和人均国民收入的增长以后，要考察一个国家经济的现代化程度，还需要对国民经济结构的变动进行研究。由于没有中国近代分行业、部门的统计资料，因此本文只能运用可以找到的资料，把中国近代国民收入、就业人口，以及近代生产和传统生产的结构变动制成附表 2-4 和附表 2-5，对中国近代国民经济结构优化的程度进行考察。

附表 2-4　中国近代产业结构的变动（1887 年、1936 年）单位：%

项目	国民收入		就业人口	
	1887 年	1936 年	1887 年	1936 年
农业占比	69.62	64.50	80.00	75.52
工业和服务业占比	30.38	35.50	20.00	24.48

资料来源：①国民收入来自附表 2。②就业人口是农村人口与城市人口的比例数，1887 年根据张仲礼：《中国绅士的收入》（费成康、王寅通译，上海社会科学院出版社 2001 年版）附录中的数据；1936 年根据巫宝三主编《中国国民所得（一九三三年）》（中华书局 1947 年版）及《〈中国国民所得，1933〉修正》中的数据推算。

附表 2-5　中国近代生产与传统生产的增长及比重变化（1887—1936 年）

1936 年币值

项目		近代生产	传统生产	合计
1887 年	产值/亿元	0	114.34	114.34
	比重/%	0	100.00	100.00
1914 年	产值/亿元	2.90	149.91	152.81
	比重/%	1.89	98.11	100.00
1936 年	产值/亿元	13.12	193.35	206.47
	比重/%	6.35	93.65	100.00
1914—1936 年年均增长率/%		7.10	1.16	

资料来源：①1887 年和 1914 年：根据《近代中国经济发展》第一编附录三和附录四计算。②1936 年根据巫宝三主编《中国国民所得（一九三三年）》（中华书局 1947 年版）及《〈中国国民所得，1933〉修正》中的数据推算。

1887—1914 年，正是中国近代工业产生后，经历其初步发展的时期，帝国主义在旧中国大量投资也恰在这一阶段当中。按照西方国家工业化的一般规律，这应当是一个经济增长较快的时期。这一时期中国经济走出了低谷，扭转了前一阶段负增长的局面，但无论是国民收入，还是人均国民收入增长都十分有限，前者由 143.43 亿元，增加为 187.64 亿元，增加了 30%，年增长率仅为 1.0%；而人均国民收入只由 38 元增加为 41.22 元，增长 8%，年增长率只有 0.3%。[①] 国民经济结构虽开始变化，但变动很有限，可以说中国虽然从许多方面看工业化已经起步，但并没有实现近代的经济增长。

1914—1936 年，虽然经历了第一次世界大战以后的经济萧条和 1931—1935 年的市场危机，但是从总体上看，中国经济确有较大发展。国民收入年均增长速度达到 1.45%，人均国民收入年均增长 1%，近代生产的年均增长速度达到 7%。国民收入和就业结构的优化有所发展，工业和服务业在国民收入及就业人口中的比重提高了 5% 左右。但是由于近代生产在国民经济中的比重较低（仅为 6%），从国民经济的整体发展来看，中国的经济还处于由传统经济向近代经济转变的过程中。

二、中国近代经济发展的中长周期波动

（一）理论前提

关于中国近代经济增长的各种问题，如果不置于周期性的波

---

① 这里需要做出一点说明的是，本文在讨论人口增长的问题时就已经指出：1887 年中国的人口数据 37 763.6 万人统计不实，笔者估计这时中国人口数据当在 4 亿人左右。如果改用笔者估计的人口数据来计算该年的人均收入，约为 35.9 元。这样 1887—1914 年中国人均收入的增长率为 0.51%，似乎较为合理。

动中加以研究和分析，无疑都是缺乏科学性的，更无法深入到经济运行的内在机制。因为无论从经济学还是从统计学的原理出发，要讨论某一时期经济增长的速度，或者比较几个时期的经济增长状况，不能从反映国民经济发展的数据序列（如工农业总产值、国民收入、各种工农业产品的产量、产值等）上任意选点，而必须以经济运行的周期性波动为依据。譬如，当我们说某一时期某国国民经济增长速度较快时，必须避免将这一时期的上限和下限选择为该国经济发展过程中一个周期链条上的衰退时期作为起点，应选择该周期或次一个周期的繁荣时期作为终点进行计算；反之亦然。正确的做法应当是在划分其经济周期后，选择相邻周期的波峰或谷底之间的数列加以计算。

周期问题研究的价值，当然远不限于说明经济增长状况的需要，更根本的问题在于：对某一国家增长内在机制和特点的深入认识，必须建立在对该国投资、利润、就业、工资、价格等因素的周期性变动及其相互关系进行研究的基础之上。如果不能对这些因素做出计量的分析，那只能说明我们的认识还停留在事物的表层，还有待深入。由于资料的缺乏，笔者虽然对上述原则十分明确，但写作中只能在个别领域给读者一些说明，而缺乏的部分则是大量的。这种缺陷在今后一段时间里，恐怕是任何研究中国近代经济史的论著都无法避免的，而克服这一缺陷，编制出上述各种长期序列数据，还需要时间和艰苦的努力。

对中国经济周期问题的研究，在经济学界尚属薄弱环节。20世纪80年代后期方才起步的对中华人民共和国成立以来经济波动的研究，主要限于短周期（一般是3—5年的周期）的研究；而短周期的研究虽然有助于我们进一步观察经济生活的运动轨迹，但它易受季节性、偶然性和外生因素的影响。因而难于在更深的层次上帮助我们去认识和把握经济运行的规律性，作为历史的研究则更是如此。

　　长时期以来，经济周期的研究一直是经济学家关注的重要领域。西方国家对这一问题的研究已有 100 多年的历史，并形成了众多内容各异的周期理论。其中最具代表性的有克里门特·朱格拉（Clèment Juglat），他在 1860 年出版的《论法国、英国和美国的商业危机以及发生周期》一书中，第一次将经济活动中扩张与收缩的交替特征汇集起来加以研究。①在朱格拉以后的研究中，经济学家开始运用多种数理统计方法，对经济生活中的实际运动进行了大量分析观察，并做了许多理论假设和有意义的结论，有力地推动了周期理论的发展。经济学界对近百年来世界经济发展所做出了观察和分析。世界上大多数的经济学家都认为，经济的周期性波动至少是最近一个半世纪以来各工业国家的特征之一，即从复杂的相互依赖的货币经济开始取代相对自给自足的、商业不发达的社会以来，都是如此。而且他们也大多达成共识，周期的原因是内生和外生因素共同作用的结果。②内生因素，例如技术创新、固定资产更新、价格或利润的变动及消费习惯、产业结构的变化等。外生因素，如自然灾害、战争、政策或制度上的变化，只能在一定程度上减缓或加强周期波动的振幅，或周期持续时间的长短。因此，经济周期的研究不仅有助于我们认识经济发展中的某些规律性，而且可以使我们了解外生因素的影响程度。

　　正如经济学家伯恩斯所指出的那样："一个多世纪以来，经济周期在无休止地循环着。虽然经济和政治发生了巨大的变化，但经济周期仍然继续着；在工业、农业、银行业、工业关系和公共政策方面，它们经历了无数次试验；经济周期无数次地挫败了预

---

① Schumpeter J A. *History of Economic Analysis*. New York: Oxford University Press, 1954: 1123-1124.

② 〔美〕萨缪尔逊：《经济学——初步分析》上册，高鸿业译，商务印书馆 1964 年版，第 351 页。

言家，多次使得'繁荣的新时期'的预言落空，它又多次比预言的'慢性萧条'更加长久。"① 经济周期波动是经济生活中一种动态过程，它具有更加贴近实际经济运动的特点。许多经济学家认为，经济周期波动，尤其是中长周期波动，具有客观的规律性。越来越多的人确信，经济发展过程不是直线的运动，而是曲折的运动，这种周期性的波动是十分复杂的，呈现出不同的类型。按照经济周期的性质，可以把其区分为两种不同的类型。一种类型是古典周期，其特点是生产水平的绝对上升和下降。这种周期一般发生在前工业化社会的经济发展之中。另一种类型是增长型的周期波动，这种周期的经济扩张或收缩是指经济增长率的变化，而不是经济增长的逆转。这种周期的扩张期，经济增长率呈上升趋势；而在收缩期，经济增长率呈下降趋势，但国民生产的绝对值没有下降，仍然在增长。这种周期一般发生在工业化以后的经济发展过程中。关于周期的划分方法主要有三种，即短周期、中周期、长周期三种经济周期。

西方关于经济周期的研究，经过长期的努力和发展，对经济学理论做出了重要的贡献，更重要的是对现实经济政策产生重大的积极的影响。同时我们也看到，周期的研究是以经济史研究已取得的成果为基础的。可以说，离开了经济史的研究，周期研究就难以实现；而周期的研究无疑又深化了经济史的研究，尤其是在理论和方法上为经济史研究开辟了新的天地。我们面临的任务是将这种理论和方法用来研究中国的历史实际，搞清中国经济发展过程中周期波动的状况和特点。

---

① 〔美〕伯恩斯：《走向未来的基石》，转引自〔美〕爱德华·夏皮罗：《宏观经济分析》，杨德明、王文钧、闵庆全，等译，中国社会科学出版社 1985 年版，第 518 页。

（二）资料的选择和采用的方法

1．度量周期各种指标的选择

在资料的收集和整理过程中，笔者发现，目前对我国近代经济作宏观的统计分析，条件还不成熟。我国的近代经济统计中不仅没有国民生产总值的连续数字，而且各部门和行业的产值、产量等指标也是不完整的。例如，农业和手工业在我国近代经济中仍占有很大的比重，但资料十分分散，无法用来研究周期运动，这不能不影响我们对整体经济活动的认识；有些指标虽然有较长时间的连续数据，但在计算和估计方法上仍有各种各样的问题，资料的可信度较差。

虽然如此，我们并不认为，对中国近代经济发展完全不能进行计量的分析。实际上，20 世纪 60 年代以来，西方学者在这方面已经做出一些努力和尝试，并取得了相当的成绩。本文研究的是经济周期波动的基本趋势，尤其是现代经济（主要是工业经济和与其相关的商品经济）的发展轨迹。因此，即便是经济数列的某些年份的数据有一定的误差，但若干数列反映出来的大致同步性波动是可信的。实际上，国外许多学者研究周期性波动，尤其是中长周期波动，在资料问题上，也存在着与本文面临的缺乏宏观经济数列，以及资料不准确性等类似情况。他们采取的手段是运用尽可能多的经济数列，从他们的波动同步性上判断周期的轨迹。康德拉季耶夫、库兹涅茨以及许多西方学者在研究周期时，都使用了十几个或几十个指标作为分析的基础，本文的研究也参考了这种思路。

从理论上讲，不同部门的单项指标，其本身所包含的经济内容是很丰富的，它不仅反映了该部门自身的变动状况，也在某种程度上反映了相关部门的发展状况，有些指标本身就是综合性质的，如价格指标、进出口贸易指标等即属此类。本文考察的是 19 世纪 60 年代至 20 世纪 30 年代约 70 年的经济波动。

这里需要说明的是，各个经济数列虽然存在着程度不同的相关性，但其所反映的经济含义不完全相同。因此，在周期波动上自然会出现差异，有超前或滞后的现象，如价格与产量的波动就有一定的差异。根据中国近代经济统计的实际状况，本文选择用来度量中长周期波动的指标主要有三类：第一类是价格指标；第二类是进出口贸易指标；第三类指标是反映生产的指标。前两类的 8 个指标都是 19 世纪 60 年代开始的，70 年左右的长序列，第三类指标除了纱锭数是开始于 19 世纪 90 年代，有四十余年的数列外，其他数列均只有 20—30 年。因此，严格地说第三类指标不能够用来计算中长周期波动，所以本文在处理的过程中采取了不同的方法（附表 2-6、附表 2-7）。

附表 2-6　近代中国物价和对外贸易变动状况
（19 世纪 60 年代至 20 世纪 30 年代）　单位：万关两

年份	批发物价总指数	工业品批发物价指数	农产品批发物价指数	对外贸易总指数	出口贸易净值	进口贸易净值	进口物量指数	出口物量指数
1864	—	—	—	9.7	4 860	4 620	—	—
1865	—	—	—	11.3	5 410	5 570	—	—
1866	—	—	—	12.1	5 060	6 220	—	—
1867	82.0	108.0	59.60	11.8	5 220	6 250	24.7	3.19
1868	84.0	118.8	57.2	12.9	6 180	6 330	25.4	33.7
1869	85.0	124.0	54.1	13.1	6 010	6 710	26.4	35.4
1870	84.0	116.4	57.9	12.2	5 530	6 370	25.9	33.3
1871	82.0	113.6	56.6	14.1	6 690	7 010	28.1	39.4
1872	84.0	110.6	57.6	14.6	7 530	6 730	27.9	43.3
1873	80.0	114.1	46.9	14.0	6 950	6 660	27.3	39.1
1874	67.0	87.8	47.6	13.5	6 670	6 440	31.5	40.1
1875	60.0	74.9	40.1	12.4	6 890	6 780	33.8	42.2
1876	64.0	85.2	43.1	15.5	8 090	7 030	36.3	42.8
1877	62.0	79.8	44.9	14.5	6 740	7 320	36.1	40.8
1878	69.0	82.7	51.4	14.2	6 720	7 080	34.9	41.4
1879	64.0	83.0	45.6	15.9	7 230	8 220	40.8	43.2
1880	65.0	83.8	46.1	16.1	7 790	7 930	36.2	47.2

续表

年份	批发物价总指数	工业品批发物价指数	农产品批发物价指数	对外贸易总指数	出口贸易净值	进口贸易净值	进口物量指数	出口物量指数
1881	64.0	84.3	43.4	16.8	7 150	9 190	40.8	43.5
1882	64.0	86.8	42.7	14.9	6 730	7 770	36.4	45.9
1883	61.0	78.8	44.2	14.8	7 020	7 360	35.0	47.2
1884	62.0	80.1	45.3	14.4	6 710	7 280	34.5	50.6
1885	63.0	77.7	48.0	15.7	6 500	8 820	40.5	47.6
1886	66.0	79.8	52.2	16.9	7 720	8 750	35.3	54.2
1887	69.0	93.2	45.5	19.3	8 590	10 230	41.6	41.2
1888	70.0	94.8	46.1	22.3	9 240	12 480	50.3	43.6
1889	71.0	95.0	48.9	21.3	9 690	11 090	44.0	45.2
1890	75.0	102.1	84.4	22.0	8 710	12 710	54.8	42.0
1891	71.0	97.3	46.7	24.1	10 090	13 400	60.8	47.9
1892	66.0	81.7	50.6	24.4	10 260	13 510	59.9	49.8
1893	71.0	95.7	47.9	27.5	11 660	15 140	59.4	57.2
1894	74.0	96.5	52.2	29.8	12 810	16 210	45.3	60.1
1895	71.0	92.0	51.3	32.4	14 330	17 170	45.8	66.3
1896	72.0	88.6	66.3	34.3	13 110	20 260	53.2	56.4
1897	79.0	97.4	61.1	37.6	16 350	20 280	49.7	61.6
1898	84.0	103.0	66.1	37.9	15 900	20 960	51.3	63.4
1899	93.0	114.9	71.1	47.3	19 580	26 470	69.2	62.5
1900	87.0	112.2	62.6	38.0	15 900	21 110	49.5	54.9
1901	81.0	104.2	58.5	45.0	16 970	36 830	62.5	59.8
1902	97.0	121.1	73.1	54.4	21 420	31 540	70.9	65.1
1903	103.0	126.7	80.1	55.6	21 440	32 670	65.1	59.8
1904	99.0	124.6	73.5	59.9	23 950	34 410	49.2	64.0
1905	111.0	122.3	100.0	69.3	22 790	44 710	96.6	62.5
1906	100.0	123.1	77.5	66.4	23 650	41 030	95.3	64.6
1907	104.0	126.5	82.0	69.9	26 440	41 640	88.7	67.1
1908	110.0	119.6	101.6	68.9	27 670	39 450	72.7	73.0
1909	110.0	111.6	111.2	77.8	33 900	41 820	77.1	92.9
1910	102.0	105.6	99.3	86.7	38 080	46 300	79.2	102.9
1911	106.0	105.5	104.1	87.2	37 730	47 150	80.9	102.1
1912	106.0	96.8	114.0	86.7	37 050	47 310	82.8	103.8
1913	100.0	100.0	100.0	100.0	40 330	57 020	100.0	100.0
1914	106.0	98.2	94.5	95.1	35 620	56 920	91.6	83.8
1915	118.0	101.8	94.2	89.7	41 890	45 450	70.3	96.5
1916	118.0	106.3	99.4	102.5	48 180	51 640	73.7	102.3
1917	122.0	112.4	115.1	104.0	46 290	54 950	73.4	108.3
1918	123.0	121.2	104.7	106.9	48 590	55 490	66.1	105.5
1919	121.0	131.6	96.8	131.3	63 030	64 700	75.4	140.0
1920	131.0	137.6	126.4	133.9	54 160	76 230	75.8	119.3
1921	132.0	136.5	127.0	154.8	60 130	90 610	94.7	126.9
1922	130.0	134.6	122.5	169.4	65 490	94 510	112.6	130.5

续表

年份	批发物价总指数	工业品批发物价指数	农产品批发物价指数	对外贸易总指数	出口贸易净值	进口贸易净值	进口物量指数	出口物量指数
1923	137.0	139.0	133.4	172.2	75 290	92 340	108.5	137.3
1924	133.0	139.9	145.5	183.9	77 180	101 820	119.6	136.6
1925	146.0	137.9	163.5	177.1	77 640	94 790	109.9	132.9
1926	149.0	140.8	163.4	204.2	86 430	112 420	130.5	141.1
1927	157.0	148.4	167.5	198.4	91 860	101 290	109.8	154.1
1928	156.0	155.4	168.9	224.6	99 140	119 600	131.5	156.1
1929	162.0	160.9	174.5	234.4	101 570	126 580	139.9	149.2
1930	178.0	186.0	174.6	226.5	89 480	130 980	131.0	131.1
1931	190.0	194.0	156.5	240.7	90 950	143 350	129.9	136.5
1932	170.0	184.6	147.6	158.4	49 260	104 920	106.0	100.8
1933	152.0	168.3	119.4	129.1	39 270	86 370	97.5	124.7
1934	145.0	154.0	105.0	103.2	34 350	66 090	85.1	118.6
1935	150.0	155.2	133.9	98.6	36 960	59 000	83.6	126.7
1936	175.0	174.7	166.6	108.6	45 300	60 430	77.4	125.6
1937	206.0	196.5	182.7	—	—	—	—	—

资料来源：①批发物价总指数：1867—1913 系根据唐启宇指数，见《第一次中国劳动年鉴》，北平社会调查部 1928 年版，第 148—149 页；1913—1937 用沃尔赛姆指数，见杨蔚主编：《金陵物价指数汇编》，金陵大学农学院 1941 年版，第 4 页。②工业品批发物价指数和农产品批发物价指数：1867—1913 用唐启宇指数，见《第一次中国劳动年鉴》，北平社会调查部 1928 年版，第 148—149 页；1913—1937 用南开经济研究所编天津指数，见南开大学经济研究所编：《1913—1952 年南开指数资料汇编》，统计出版社 1958 年版，第 18—21 页。③对外贸易总指数、出口贸易净值、进口贸易净值、进口物量指数、出口物量指数据：见郑友揆：《中国的对外贸易和工业发展（1840—1948 年）——史实的综合分析》，程麟荪译，蒋学桢、汪熙校，上海社会科学院出版社 1984 年版，第 334—337 页。

注：表中指数均以 1913 年为 100。

附表 2-7　中国近代部分行业、部门生产和投资变动状况

年份	纱锭数/千锭	面粉生产能力/千包	生铁产量/千吨	煤产量/百万吨	消费品生产指数	工业生产指数	近代铁路营运里程/千米	国有铁路工资成本/元	近代生产投资/百万元	关内生产投资/百万元
1890	35	—	—	—	—	—	—	—	—	—
1891	42	—	—	—	—	—	—	—	—	—
1892	74	—	—	—	—	—	—	—	—	—
1893	39	—	—	—	—	—	—	—	—	—
1894	140	—	—	—	—	—	—	—	—	—
1895	181	—	—	—	—	—	—	—	—	—
1896	198	—	—	—	—	—	—	—	—	—
1897	407	—	—	—	—	—	—	—	—	—
1898	479	—	—	—	—	—	—	—	—	—
1899	510	—	—	—	—	—	—	—	—	—

续表

年份	纱锭数/千锭	面粉生产能力/千包	生铁产量/千吨	煤产量/百万吨	消费品生产指数	工业生产指数	近代铁路营运里程/千米	国有铁路工资成本/元	近代生产投资/百万元	关内生产投资/百万元
1900	510	3	26	—	—	—	724	—	—	—
1901	510	3	29	—	—	—	724	—	—	—
1902	510	6	16	—	—	—	1 320	—	—	—
1903	518	8	39	—	—	—	3 179	—	81	76
1904	538	13	39	—	—	—	3 878	—	72	71
1905	553	20	32	—	—	—	5 138	—	11	105
1906	598	25	51	—	—	—	5 368	—	15	145
1907	645	28	62	—	—	—	5 812	—	18	152
1908	673	33	66	—	—	—	6 291	—	154	112
1909	698	39	74	—	—	—	6 822	—	178	142
1910	726	44	119	—	—	—	7 385	—	223	158
1911	749	48	83	—	—	—	8 778	—	166	125
1912	749	54	178	9	8.3	11.9	8 592	15 959 272	163	12
1913	843	71	268	13	12.1	15.6	8 965	16 715 314	207	161
1914	956	78	300	14	16.2	20.1	9 043	17 630 648	267	214
1915	973	98	337	13	19.2	22.5	9 270	19 188 385	183	139
1916	1 042	127	370	16	20.7	24.0	9 742	21 327 244	243	158
1917	1 040	142	358	17	22.4	26.9	9 742	22 287 721	21	137
1918	1 188	168	329	18	24.0	27.8	10 227	25 025 875	223	134
1919	1 292	198	408	20	32.9	34.1	10 227	26 126 522	442	282
1920	1 451	346	430	21	39.5	40.2	10 256	27 267 255	476	352
1921	1 870	310	399	21	44.9	42.4	10 496	29 444 278	56	442
1922	2 561	338	402	21	30.6	34.7	10 611	31 199 456	639	532
1923	2 769	339	341	25	38.5	41.6	10 983	35 558 323	486	353
1924	2 977*	361	361	24	44.5	46.9	11 095	35 484 634	523	358
1925	3 320	366	364	24	53.6	55.7	11 157	37 037 009	514	376
1926	3 410*	385	407	23	59.6	59.0	11 390	39 525 339	634	444
1927	3 516	383	437	24	69.7	66.6	12 430	45 971 591	59	388
1928	3 664	386	477	25	76.3	72.1	12 651	48 692 839	746	505
1929	3 970	415	436	25	80.9	76.9	13 049	52 412 504	893	618
1930	4 198	441	498	26	85.3	81.6	13 255	55 108 204	848	613

年份	纱锭数/千锭	面粉生产能力/千包	生铁产量/千吨	煤产量/百万吨	消费品生产指数	工业生产指数	近代铁路营运里程/千米	国有铁路工资成本/元	近代生产投资/百万元	关内生产投资/百万元
1931	4 517	432	471	27	91.7	88.1	13 303	56 685 012	843	681
1932	4 611	422	548	26	93.7	91.6	13 483	51 817 407	865	704
1933	4 731	430	609	28	100.0	100.0	13 725	52 531 791	1 034	741
1934	4 939	411	656	33	98.1	103.6	14 584	53 700 702	1 271	741
1935	5 022	409	787	36	93.5	109.7	15 130	54 817 428	1 287	761
1936	5 103	447	810	40	99.5	122.0	18 076	64 176 634	1 398	873
1937	—	463	959	37	68.6	96.0	19 097	—	—	—

资料来源：①纱锭数，据丁昶贤：《中国近代机器棉纺工业设备、资本、产量、产值的统计和估量》，《中国近代经济史研究资料》第 6 册，上海社会科学院出版社 1987 年版。②面粉生产能力，据《中国近代面粉工业史》（中华书局 1987 年版）附表 11 整理。③生铁产量，煤产量，据严中平等编：《中国近代经济史统计资料选辑》，科学出版社 1955 年版，第 102—103、141—142 页。④工业生产指数、消费品生产指数，据章长基：《共产党中国以前的工业发展》，第 60—61、78—79 页。⑤近代铁路营运里程、国有铁路工资成本，据郝仁平：《戦前中国鉄道統計と鉄道事業所得の推計：国有鉄道を中心に》，载日本一桥大学经济研究所承担日本文部省重点研究项目：亚洲历史统计，Discussion Paper No. D99-28。⑥近代生产投资，关内近代生产投资，据〔美〕罗斯基：《战前中国经济的增长》，唐巧天、毛立坤、姜修宪译，浙江大学出版社 2009 年版，第 245 页。

注：标*号的数据为原来该年份没有统计，笔者根据前后两年的数据平均计算而来。

第一类指标是关于物价变动的指标，其中包括物价总指数、工业品和农产品的批发物价指数等。一般来说，在经济复苏和繁荣时期，生产扩张，对各种生产资料的需求将会增加，从而导致物价上涨；而在经济衰退的萧条时期，生产过剩、需求相对不足，必然导致物价下跌，尽管如前文所说，二者的变动会有一个时间上的差异。本文之所以运用这类指标来测度中国近代经济的周期性波动，其原因与采用第二类指标——进出口商品额一样，是因为这方面有比较长期的系列数据，而且本文所讨论的主要是经济繁荣与衰退的趋势和周期的划分。尽管中国近代仍然是一个以自然经济为主的国家，农产品商品化的程度就是在其高峰时期，也不过只有 30%左右。但是本文在前述周期理论部分就已经指出，近代商业周期的出现，本来就是由自给自足的自然经济转化为商品经济的结果。

第二类指标，即通过进出口贸易额的变动来度量国民经济的波动周期，其根据比较容易说明。因为，一个国家不同时期对外贸易额的增长或下降，自然是与该国生产状况的好坏相一致的，尽管流通状况还受到其他因素的影响，比如国外贸易会受到世界市场价格变动的影响等。中国是一个以国内市场为主的国家，对外贸易值占国民生产值的比重较低，但由于这方面的统计数据时间序列最长，而且可信度较高，所以本文仍以它们作为测度中国近代经济波动的重要根据。

第三类指标是直接反映生产状况的指标，本来在没有连续的国民总生产指标的情况下，这一类数据应该是计算经济周期波动较为理想的指标。在短期内生产函数未发生较大改变的情况下，生产要素的产量变动应能很好地反映总量产出水平的变动轨迹。由于数据的缺乏，笔者只能找到一些生产部门和行业如纺织、面粉、煤炭、生铁、铁路运输等的产量、产值、投资或生产能力指标的统计（附表 2-7）。虽然这些统计数据时间序列较短，一般为二十余年到三十余年，这些指标直接用来计算中国近代的中长周期性波动是不适用的，但恰是本文重点研究时段的指标，而且覆盖面涉及工矿业、运输业的生产和投资，所以笔者用同样的方法计算了这些数据的离差趋势，通过计算它们与前两类指标的拟合程度，作为本文用前两类指标计算的周期波动的补充和佐证。

2. 周期计算的方法

本文研究的对象不是短期的经济波动，而是中长期波动。因此，在计算方法上，笔者参考了康德拉季耶夫周期的计算方法。[①]他的计算方法的基本要点为：首先，尽可能地寻找和整理历史上

①　外国经济学说研究会编：《现代国外经济学论文选》第 10 辑，商务印书馆 1986 年版，第 15 页。

经济发展过程中较完整和较可靠的数据，尤其是那些具有综合性的主要数列。从性质上看，众多这样指标的分析可以反映一个国家经济活动的总体概貌。康德拉季耶夫所使用的指标有商品价格指数、利率、工资、对外贸易值，以及煤炭、生铁、铅的产量等。运用统计的方法求出这些数列的长期趋势（如果某种数列没有呈现长期趋势，可直接计算周期波动）。其次，根据数理统计原理将长期趋势消除。最后，为了更清晰地显示长期波动，康德拉季耶夫还使用了九年移动平均法，从而消除短周期和其他偶然因素所造成的波动。

我国经济学界在研究中华人民共和国成立以来的周期波动时，一般采用环比增长率指标来衡量周期性波动，这种方法在研究短周期时可能适用，但对中长周期研究来说则过于简单。这主要是因为，如果不作进一步的处理，很难消除不规则和偶然性因素的干扰，从而容易把经济周期波动的一般运动规律和外生因素作用下的特殊波动现象混淆起来。也有一些学者采用比较完善的残余法和直接法来测定周期，这两种方法较用简单的环比增长率测定周期进了一大步，但仍然有不足之处，即没有根据不同指标反映出的曲线特点采用不同的计算方法来测定不同的趋势。也就是说，由于没有考虑各曲线的不同特征，而简单地用一种方法计算周期，必然造成周期的不规则因素难以彻底消除，周期波动状况难以清晰地显示出来。

计算一个时间数列的长期趋势，其目的一般有三个：一是研究某经济数列在历史上向上成长或向下萎缩的趋势；二是探求趋势曲线，并将其延长，以预测未来；三是从趋势中计算其偏差，即当趋势曲线求出之后，进而计算原数列值与其对应趋势值的偏差，这种偏差中包括季节性波动、偶然性变化和周期性波动。年度数据不存在季节性波动问题，所以从偏差中消除第二项因素，资料就可清晰地显示周期波动。本文计算长期趋势，目的就是上述的第三点。

研究经济活动的中长期波动，既要剔除掉经济发展的长期趋势，又不可将经济系统内在的随机波动当成中长期的波动。同时描述经济波动的经济变量很多，其量纲和变化的趋势各不相同。因此，对数据处理的原则应该是数据的可比性；剔除长期的趋势；剔除经济系统的随机波动。基于以上原则，对各种指标进行下述处理：

首先，对序列进行平滑处理。处理的方法是三年加权移动平均，权数分配为前期1/4，本期2/4，后期1/4。

其次，选定某年为基期，以当年数量为100将其他数据指数化。

再次，对指数化的序列以时间为解释变量进行最小二乘法估计（为消除异方差，对序列先求对数），找出变量的时间趋势。

最后，求出变量对时间趋势的离差序列，对周期波动进行分析。

下面，将以附表2-8、附图2-1、附表2-9、附图2-2为例进行相关情况说明。

附表 2-8 中国近代批发物价总指数等经济数列的周期波动离差序列
（19 世纪 60 年代至 20 世纪 30 年代）

年份	批发物价总指数	工业品批发物价	农产品批发物价	对外贸易总指数	进口物量指数	出口物量指数	出口贸易净值	进口贸易净值
1865	—	—	—	0.216 225	—	—	0.234 419	0.231 992
1866	—	—	—	0.233 574	—	—	0.190 64	0.281 111
1867	—	—	—	0.214 766	—	—	0.190 224	0.263 578
1868	0.368 269	0.357 714	—	0.211 148	−0.102 47	0.031 334	0.230 396	0.236 499
1869	0.362 281	0.377 24	0.382 406	0.176 992	−0.104 04	0.031 146	0.192 052	0.206 25
1870	0.338 462	0.341 369	0.374 919	0.136 901	−0.106 05	0.033 995	0.149 055	0.169 605
1871	0.314 563	0.297 3	0.362 864	0.154 792	−0.094 77	0.105 464	0.211 669	0.144 664
1872	0.293 617	0.276 54	0.296 442	0.149 838	−0.106 85	0.143 072	0.249 427	0.095 455
1873	0.219 414	0.216 563	0.180 329	0.082 752	−0.104 91	0.098 705	0.184 039	0.022 005
1874	0.077 846	0.050 494	0.070 413	0.017 029	−0.042 95	0.075 145	0.106 49	−0.034 01
1875	−0.024 73	−0.080 3	−0.01 533	0.006 826	0.021 266	0.087 488	0.111 054	−0.056 97
1876	−0.043 63	−0.084 99	−0.03 529	0.003 829	0.049 445	0.072 288	0.110 331	−0.065 59
1877	−0.030 92	−0.089 4	0.016 724	−0.055 63	0.032 812	0.032 6	0.013 735	−0.094 44

续表

年份	批发物价总指数	工业品批发物价	农产品批发物价	对外贸易总指数	进口物量指数	出口物量指数	出口贸易净值	进口贸易净值
1878	−0.018 95	−0.093 52	0.042 686	−0.099 85	0.032 634	0.015 673	−0.062 13	−0.111 5
1879	−0.041 45	−0.086 78	−0.003 12	−0.091 16	0.049 79	0.040 723	−0.051 03	−0.103 83
1880	−0.071 74	−0.088 62	−0.065 39	−0.092 98	0.035 338	0.052 045	−0.061 69	−0.097 15
1881	−0.090 53	−0.084 88	−0.118 5	−0.143 54	0.013 706	0.023 568	−0.144 75	−0.122 67
1882	−0.121 12	−0.101 3	−0.155 13	−0.240 26	−0.046 22	0.013 865	−0.231 18	−0.232 42
1883	−0.155 98	−0.147 23	−0.157 39	−0.327 75	**−0.122 35**	0.035 924	−0.280 88	−0.357 04
1884	**−0.170 89**	−0.180 59	−0.143 46	**−0.366 91**	−0.120 05	0.039 348	−0.344 99	**−0.374 55**
1885	−0.161 89	**−0.194 04**	−0.108 3	−0.357 08	−0.100 31	0.036 61	**−0.371 22**	−0.333 09
1886	−0.138 17	−0.155 98	−0.107 53	−0.310 15	−0.110 72	−0.000 43	−0.308 41	−0.300 59
1887	−0.115 9	−0.076 73	−0.173 67	−0.233 14	−0.033 41	−0.113 52	−0.240 91	−0.218 59
1888	−0.109 14	−0.040 27	**0.209 76**	−0.188 2	0.041 771	−0.173 78	−0.211 23	−0.163 72
1889	−0.099 35	−0.025 49	−0.029 78	−0.214 36	0.055 228	−0.182 99	−0.240 11	−0.190 02
1890	−0.096 98	−0.01	0.095 308	−0.231 92	0.136 934	**−0.199 7**	−0.287 85	−0.187 36
1891	−0.143 19	−0.065 75	−0.072 77	−0.221 31	0.211 263	−0.165 04	−0.281 02	−0.176 49
1892	−0.190 41	−0.134 67	−0.248 49	−0.207 72	0.203 87	−0.100 75	−0.248 61	−0.179 28
1893	−0.176 54	−0.107 33	−0.256 01	−0.169 62	0.111 948	−0.032 25	−0.199 86	−0.151 97
1894	−0.163 47	−0.086 76	−0.252 86	−0.125 41	−0.045 53	0.027 765	−0.137 49	−0.125 67
1895	−0.185 29	−0.126 73	−0.192 12	−0.095 61	−0.098 01	0.026 741	−0.125 8	−0.085 47
1896	−0.179 58	−0.142 55	−0.111 2	−0.068 98	−0.060 71	−0.030 5	−0.128 43	−0.038 73
1897	−0.128 67	−0.098 97	−0.094 48	−0.053 34	−0.073 79	−0.043 93	−0.091 54	−0.040 6
1898	−0.064 02	−0.030 82	−0.078 42	−0.012 87	−0.013 92	−0.034 88	−0.042 72	−0.009 28
1899	−0.030 13	0.020 132	−0.075 85	0.000 403	0.040 025	−0.088 58	−0.040 39	0.010 198
1900	−0.070 57	0.009 754	−0.158 84	−0.058 51	−0.019 09	−0.158 65	−0.122 13	0.065 539
1901	−0.091 23	−0.001 31	−0.188 83	−0.023 97	0.019 755	−0.149 79	−0.124 7	0.195 8
1902	−0.017 68	0.058 348	−0.090 97	0.068 151	0.090 133	−0.131 04	−0.037 76	0.194 669
1903	0.028 973	*0.102 824*	−0.038 27	0.096 304	−0.006 33	−0.158 39	0.000 621	0.135 314
1904	0.038 641	0.091 996	0.004 081	0.132 096	0.009 143	−0.174 92	−0.000 61	0.193 303
1905	*0.045 347*	0.071 06	0.052 885	*0.165 494*	0.247 306	−0.184 76	−0.033 54	*0.263 846*
1906	0.016 089	0.067 506	−0.009 54	0.146 023	*0.331 541*	−0.187 41	−0.042 48	0.235 574
1907	0.008 389	0.059 896	−0.015 06	0.111 434	0.223 992	−0.161 33	−0.010 28	0.157 996
1908	0.031 049	0.013 047	0.106 341	0.102 62	0.096 795	−0.065 76	0.049 972	0.099 833
1909	0.011 526	−0.058 44	*0.151 896*	0.142 893	0.057 342	0.078 533	0.149 359	0.092 643
1910	−0.031 55	−0.113 32	0.109 141	0.180 765	0.067 507	0.158 24	*0.206 415*	0.112 502
1911	−0.046 45	−0.157 75	0.105 62	0.162 243	0.067 697	*0.160 187*	0.180 923	0.097 247
1912	−0.066 13	−0.201 98	0.108 741	0.152 463	0.112 524	0.134 321	0.147 034	0.103 955
1913	**−0.095 49**	−0.221 33	0.030 859	0.163 67	0.167 036	0.055 929	0.110 433	0.147 861
1914	−0.067 63	**−0.222 28**	−0.054 79	0.112 76	0.086 666	**−0.029 56**	**0.067 02**	0.089 263
1915	−0.015 09	−0.206 75	**−0.078 86**	**0.059 176**	−0.080 89	−0.01 213	0.110 78	−0.041 41
1916	0.004 195	−0.170 97	−0.035 27	0.069 219	−0.153 41	0.041 826	0.162 925	**−0.070 06**
1917	0.008 023	−0.121 96	0.005 237	0.069 133	−0.191 92	0.054 869	0.144 395	−0.05 615
1918	0.001 333	−0.058 3	−0.046 87	0.096 413	**−0.234 58**	0.110 956	0.186 837	−0.044 95

续表

年份	批发物价总指数	工业品批发物价	农产品批发物价	对外贸易总指数	进口物量指数	出口物量指数	出口贸易净值	进口贸易净值
1919	0.000 643	0.003 313	-0.060 55	0.164 631	-0.216 41	0.182 474	0.245 168	0.029 642
1920	0.023 331	0.034 284	0.033 03	0.214 309	-0.144 62	0.160 919	0.212 509	0.144 437
1921	0.027 659	0.028 752	0.065 027	0.269 606	-0.007 12	0.134 213	0.204 019	0.229 024
1922	0.020 346	0.018 811	0.048 269	0.306 472	0.095 404	0.153 269	0.264 493	0.234 741
1923	0.020 452	0.024 006	0.083 096	0.307 351	0.119 885	0.161 262	0.316 259	0.209 176
1924	0.027 649	0.022 556	0.156 043	0.288 856	0.115 483	0.141 454	0.318 765	0.184 892
1925	0.057 277	0.013 173	0.212 811	0.277 473	*0.119 078*	0.118 698	0.311 558	0.168 164
1926	0.088 339	0.024 428	*0.224 954*	0.286 08	0.118 872	0.141 959	0.338 314	0.160 06
1927	0.102 946	0.058 654	0.217 577	0.291 988	0.097 813	*0.180 676*	0.369 773	0.142 466
1928	0.107 243	0.094 317	0.214 419	*0.312 149*	0.137 46	0.174 281	*0.384 452*	0.164 941
1929	0.134 239	0.152 49	0.211 212	0.308 3	0.170 659	0.101 543	0.340 319	0.190 944
1930	0.192 575	0.235 179	0.171 575	0.271 254	0.128 178	0.012 058	0.242 903	*0.195 743*
1931	*0.205 528*	*0.268 841*	0.081 411	0.156 425	0.037 168	-0.092 62	0.051 467	0.128 545
1932	0.125 353	0.223 44	-0.046 68	-0.121 98	-0.108 54	-0.202 62	-0.330 53	-0.094 08
1933	0.013 526	0.134 329	-0.218 7	-0.446 21	-0.260 78	**-0.212 68**	-0.718 85	-0.389 51
1934	**-0.045 98**	**0.058 395**	**-0.299 3**	-0.672 3	-0.378 17	-0.194 25	**-0.875 38**	-0.653
1935	-0.014 67	0.061 334	-0.168 94	-0.777 78	**-0.464 55**	-0.198 94	-0.861 74	**-0.829 29**
1936	—	—	—	**-1.082 3**	—	—	—	—

资料来源：原始数据见附表 2-6。

注：黑体字表示周期的低点，斜体字表示周期的高点。

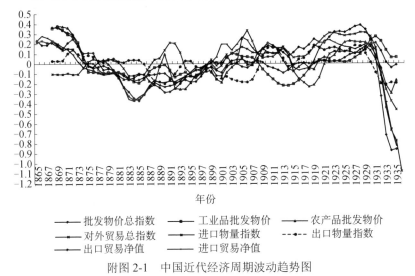

附图 2-1　中国近代经济周期波动趋势图

附表 2-9　中国近代部分行业与部门生产和投资波动离差序列
（19 世纪 90 年代至 20 世纪 30 年代）

年份	纱锭数	面粉生产能力	生铁产量	煤产量	消费品生产指数	工业生产指数	铁路运营里程	国有铁路工资成本	近代生产投资	关内生产投资
1891	**-0.939**	—	—	—	—	—	—	—	—	—
1892	-0.862 63	—	—	—	—	—	—	—	—	—
1893	-0.814 05	—	—	—	—	—	—	—	—	—
1894	-0.363 2	—	—	—	—	—	—	—	—	—
1895	0.014 905	—	—	—	—	—	—	—	—	—
1896	0.211 856	—	—	—	—	—	—	—	—	—
1897	0.543 01	—	—	—	—	—	—	—	—	—
1898	*0.727 984*	—	—	—	—	—	—	—	—	—
1899	0.707 777	—	—	—	—	—	—	—	—	—
1900	0.631 171	-0.929 75	-0.261 6	—	—	—	—	—	—	—
1901	0.538 888	**-1.15 232**	-0.514 94	—	—	—	**-1.391 91**	—	—	—
1902	0.450 495	-0.862 74	**-0.656 69**	—	—	—	-0.918 86	—	—	—
1903	0.375 465	-0.553 15	-0.454 33	—	—	—	-0.326 54	—	—	-0.082 33
1904	0.312 889	-0.259 7	-0.375 48	—	—	—	0.015 928	—	0.209 322 25	**-0.088 87**
1905	0.263 384	0.003 94	-0.452 31	—	—	—	0.170 254	—	*0.253 761 2*	0.097 617
1906	0.236 007	0.122 625	-0.314 34	—	—	—	0.235 371	—	0.242 193 5	*0.295 773*
1907	0.211 735	0.147 236	-0.178 97	—	—	—	0.258 87	—	0.184 383 25	0.250 857
1908	0.168 732	0.170 568	-0.164 72	-0.047 73	—	—	0.291 611	—	0.135 013 5	0.096 448
1909	0.115 141	0.196 412	-0.067 56	*-0.006 16*	—	—	0.324 769	—	0.122 509 5	0.092 621
1910	0.059 439	0.191 327	0.014 056	-0.010 24	—	—	0.380 893	—	0.128 264 25	0.073 929
1911	-0.007 42	0.165 52	0.048 973	-0.134 22	—	—	*0.434 78*	—	0.128 312 75	-0.099 56
1912	-0.062 35	0.185 673	0.348 233	-0.265 96	**-0.348 95**	—	0.430 913	—	0.138 676	-0.177 9
1913	-0.064 07	0.246 559	0.677 328	-0.189	-0.294 73	0.138 362 563	0.401 991	**-0.074 64**	0.147 785 5	-0.042 85
1914	-0.059 49	0.290 147	0.770 661	-0.096 41	-0.101 34	0.132 900 688	0.376 162	-0.073 7	0.097 355 75	-0.007 8
1915	-0.094 39	0.363 673	*0.785 924*	-0.086 37	-0.013 86	0.088 530 313	0.356 158	-0.050 07	0.011 624 25	-0.193 21
1916	-0.148 49	0.449 342	0.759 026	-0.030 37	-0.003 27	0.022 876 688	0.340 205	-0.023 5	**-0.029 097 5**	-0.345 52
1917	-0.191 34	0.483 086	0.650 336	-0.165 78	-0.016 98	-0.017 712 06	0.317 785	-0.004 54	-0.024 277 5	**-0.463 17**
1918	**-0.196 6**	0.507 225	0.559 216	**-0.316 16**	0.026 876	**-0.018 621 94**	0.295 095	0.016 714	0.003 164 75	-0.396 71
1919	-0.184 65	0.642 038	0.564 39	-0.071 24	0.158 315	0.013 137 938	0.260 967	0.019 434	0.070 499 75	-0.047 62
1920	-0.134 5	*0.805 818*	0.531 305	0.135 893	*0.271 391*	0.078 155 75	0.221 183	0.012 312	0.168 458 75	0.233 342
1921	0.007 692	0.783 131	0.414 454	0.107 189	0.196 081	0.162 995 75	0.189 199	0.017 425	0.244 565 75	*0.376 108*
1922	0.155 581	0.670 724	0.263 909	0.119 092	0.004 584	0.230 834	0.162 062	0.039 819	0.265 745 75	0.350 314
1923	*0.199 064*	0.580 624	0.103 305	0.183 033	*-0.029 46*	0.256 503 188	0.137 569	0.060 71	0.249 955 5	0.122 238
1924	0.189 78	0.487 325	-0.001 71	0.198 34	0.057 654	0.248 371 625	0.105 668	0.044 617	0.227 829 75	-0.033 85
1925	0.177 401	0.393 66	-0.049 85	0.135 418	0.124 192	0.229 337 313	0.069 175	0.023 311	0.211 734 25	-0.037 08
1926	0.133 992	0.292 186	-0.068 61	0.074 682	0.173 67	0.212 791 813	0.055 765	0.045 845	0.199 869	**-0.048 24**
1927	0.073 423	0.175 27	-0.077 69	0.063 376	0.211 861	0.201 782 313	0.062 045	0.093 566	0.195 657	-0.081 04
1928	0.028 875	0.067 064	-0.133 02	0.065 68	*0.221 642*	0.200 422 375	0.053 462	0.120 041	0.210 506 5	-0.005 32
1929	0.000 965	-0.008 49	-0.217 27	0.055 897	0.197 545	0.212 319 875	0.030 289	*0.125 31*	0.232 609 5	*0.086 661*

续表

年份	纱锭数	面粉生产能力	生铁产量	煤产量	消费品生产指数	工业生产指数	铁路运营里程	国有铁路工资成本	近代生产投资	关内生产投资
1930	-0.025 03	-0.09 407	-0.281 63	0.050 528	0.167 521	*0.225 098 5*	-0.000 21	0.117 39	0.224 668 5	0.086 543
1931	-0.061 59	-0.223 95	-0.332 85	0.039 15	0.133 102	0.203 496 313	-0.038 11	0.063 134	0.132 038 75	0.072 578
1932	-0.118 84	-0.365 04	**-0.339 13**	**0.020 625**	0.089 019	0.103 676 5	-0.073 02	-0.029 73	-0.074 04	0.055 453
1933	-0.182 37	-0.501 72	-0.324 36	0.052 787	0.032 927	-0.089 449 06	-0.092 57	-0.098 29	-0.341 755	0.016 531
1934	-0.242 55	-0.649 75	-0.309 73	0.148 302	-0.061 63	-0.335 765	**-0.095 57**	-0.137 17	**-0.585 51**	-0.036 84
1935	**-0.311 75**	-0.770 19	-0.287 35	0.235 933	-0.164 12	**-0.513 098 75**	-0.064 52	**-0.140 42**	-0.539 62	**-0.062 04**
1936		**-0.847 12**	-0.279 66	*0.242 728*	-0.327 22	-0.416 187 5	0.000 375	—	—	—

资料来源：同附表 2-7。

注：黑体字表示周期的低点，斜体字表示周期的高点。

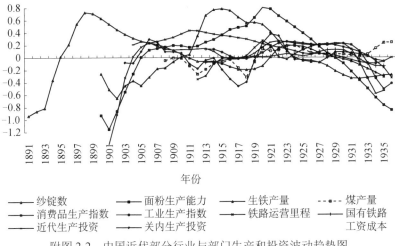

附图 2-2　中国近代部分行业与部门生产和投资波动趋势图

（三）中国近代经济发展中的中长周期波动特点

本文在对一系列原始数据加以各种处理以后，本节将进入讨论的中心问题，即中国近代经济发展过程中的中长期波动的划分。经过处理的数据将更清晰地显示周期性的波动，下面我们将所选择的指标分类加以分析。

1. 物价指数水平的变动

有关物价指数的序列，本文选择了三种指标体系，即批发物价总指数、工业品批发物价指数和农产品批发物价指数。这一时期中国是一个以自然经济为主的国家，农产品商品化的程度较低，所以笔者认为比较而言，工业品物价的变化更能反映经济发展过程中的周期性波动，从根据附表2-8绘制的附图2-1我们可以看到工业品批发物价存在着明显的周期性波动。

第一个中长周期的上升期从1886年开始，大约到1903年上升到高点，1904年以后开始下降，到1914年降至低点。第二个周期从1915年开始，上升期到1931年为止，1932年后开始下降，至1934年降至低点。1935年后又开始了一个新的经济周期。这一新的周期为全面抗日战争的爆发所打断，本文将不再加以讨论。

英国以棉纺织品为代表的工业品真正打开中国市场是从19世纪70年代开始的，我们从附图2-1可以看到从那个时期开始工业品价格呈明显的下降趋势，说明中国经济已开始纳入世界市场。因此在19世纪80年代中期以前中国经济中已经出现某些近代商业周期的征兆，但由于资料不全，我们无法对其做出准确的判断。

中国批发物价总指数的变动情况，虽然不像工业品批发物价指数的走向那样清晰，但基本轮廓是一致的，附图2-1显示1885年以前中国的批发物价总指数呈下降趋势。第一个周期的上升期从1885年开始，到1905年上升至高点，从1906年后开始下降，至1913年降至低点。第二个周期性波动从1914年开始，上升期至1931年为止，其后为下降期，至1934年降至低点。

农产品批发物价指数的变动趋势与工业品批发物价、批发物价总指数的变动趋势并不完全一致，这可能是由于农产品的价格有时受到自然灾害和收成的影响。尽管如此，我们从附图2-1中仍然可以看到，其周期波动除在19世纪80年代末至90年代初有一次较工业品物价指数更大的波动外，其几个关键性转折点，即同期的高点和低点，与工业品批发物价指数和中国批发物价总指数是基本一致的。它们为 1888 年、1909 年、1915 年、1926 年和 1934 年。

2. 对外贸易指数的变动趋势

有关对外贸易额和指数的序列的资料较为丰富，本文没有全部录入，只选择了中国对外贸易总指数、出口净值、进口净值、进口物量指数和出口物量指数。在这五种指标中，经过观察，以进口净值的变动周期性波动最为明晰，与前述物价指数的变动趋势一致。

从附图 2-1 可以看出，19 世纪 80 年代中期以前中国进口的净值的增长速度是下降的，到 1884 年降至低点。其第一个周期波动从 1885 年开始到 1905 年升至高点，1906 年后下降，到 1916 年降至低点。第二个周期波动从 1917 年开始，至 1930 年升至高点，1931 年开始下降，到 1935 年降至低点。

在进出口各项指标中，进口额的变动可能会更贴近国内经济发展的趋势，因为当国内经济增长加速时，将会导致对进口消费品和生产资料的需求增加，而当国内经济不景气时，这些需求自然会减少。这一时期中国的出口商品主要是农产品和矿产品。其出口额则较多地取决于世界市场的需求，但可以看到，出口净值和中国进出口贸易总值的周期波动状况与进口净值的波动状况基本上是相同的。进出口物量指数的变动曲线虽然与进出口净值的轨迹不尽相同，但其所呈现的周期波动的上下转折点与前述几个系列基本还是同步的，本文不再一一图示。

3. 生产性指标的变动趋势

如前所述，因为资料的限制，笔者能够找到的与生产相关的数据序列，长短不一，有的不能完整地覆盖一个中长周期，但是在数据比较集中的 20 世纪 10—30 年代，尽管不同的指标由于各自的在经济发展中的不同角色，存在着超前或滞后的不同特征，但都呈现出与第二个中长周期波动大致接近的周期波动。为了使本文的分析更具说服力，笔者把附表 2-7 中所列的 10 个反映生产和投资的指标数据作周期趋势处理，与本文计算中长周期所用的 8 个数列和时间进行拟合①，其结果为：纱锭数为：$R^2=0.92$；面粉生产能力为：$R^2=0.88$；生铁产量为：$R^2=0.85$；煤产量为：$R^2=0.92$；消费品生产指数为：$R^2=0.944$；工业生产指数为：$R^2=0.98$；国有铁道营运里程为：$R^2=0.80$；国有铁道工资总成本为：$R^2=0.96$；近代生产投资为：$R^2=0.96$；关内生产投资为：$R^2=0.93$。可见，生产和投资类指标同样存在着明显的周期波动趋势。从生产类指标波动的特点来看，附表 2-9 和附图 2-2 显示，除了铁路运营里程、国有铁路工资成本、面粉生产能力三项指标只呈 25 年左右的中长周期波动以外，其他如纱锭数、煤产量、生铁产量、近代投资、关内投资、工业生产指数、消费品生产指数等生产和投资指标，在其所在的第二个中长周期波动中，还呈现明显的 10—12 年的中周期波动。其中两项投资指标还呈现出 5 年左右的短周期波动特点。进入 20 世纪 20 年代以后，近代生产投资在较高水平上发展，在整个 20 年代呈现出一个马鞍形波动的状态，进入 30 年代开始急剧下降，这与日本的入侵和外国在华投资的撤出不无关系。因为影响中国近代生产和投资的因素错综复杂，不同的生产部门差别很大，本文篇幅所限，不能对其具体原因分别展开分析，将另文再作详细研究。

---

① 拟合方程，以煤产量为例：煤产量 $\log(m) = -81.6+0.04t$ $R^2=0.92$（15.44）$F=238.3$。其中 R^2 是估计方程的可决系数，F 为 F 统计量，括号内为估计系数的 t 统计量。

4．综合指标分析

到此为止，本文已经对中国近代经济增长过程中各种经济序列的周期波动状况分别做了仔细的观察，将其加以综合分析，我们可以得到以下的结论，即经过处理后的各种经济数列及其所绘制的图像，显示了在时间上基本一致的上升或下降，其同期性波动的波峰和谷底亦集中于有限区间的年份（附表2-10）。这种同步性绝非偶然的巧合。因此可以判定，在中国近代经济发展过程中，存在着平均期限为25年的中长周期波动。从19世纪70年代中国近代化起步以后，起码经历了两个完整的经济周期。19世纪80年代中期至20世纪10年代中期为第一个周期；20世纪10年代中期至30年代中期为第二个周期。根据各有关数据的平均值和对经济发展状况的经验判断，本文将周期的下转折点分别确定为1887年、1914年和1936年；而将周期的上转折点分别确定为1905年和1931年。

附表2-10　中国近代经济发展中8个经济序列周期波动一览表
（19世纪60年代至20世纪30年代）

项目	第一个周期		第二个周期		第三个周期
	低点	高点	低点	高点	低点
批发物价总指数	1884 年	1905 年	1913 年	1931 年	1934 年
工业品批发物价指数	1885 年	1903 年	1914 年	1931 年	1934 年
农产品批发物价指数	1888 年	1909 年	1915 年	1926 年	1934 年
对外贸易总指数	1884 年	1905 年	1915 年	1928 年	1936 年
出口净值	1885 年	1910 年	1914 年	1928 年	1934 年
进口净值	1884 年	1905 年	1916 年	1930 年	1935 年
进口物量指数	1883 年	1906 年	1918 年	1925 年	1935 年
出口物量指数	1890 年	1911 年	1914 年	1927 年	1933 年

两次鸦片战争后，中国经济已经纳入世界资本主义市场体系，受其盛衰影响，从19世纪60年代开始，中国经济已呈现商业周期波动的迹象，但如前所述，由于统计资料的缺乏，无法做出明确的分析。1936年开始的第三个经济周期，被全面抗日战争

所打断，其后十余年间，由于外在因素的巨大影响，正常的经济运行及其内在规律受到严重的干扰和破坏。本文将 1937—1949 年的战时经济时期作为一种特殊的情况，不对其作周期的划分。

这里还需补充说明的是，据笔者对前述各种经济序列变动趋势图的观察发现，中国近代经济发展过程中的两个中长周期的上升期均非直线上升，而是在一段时间的增长加速后，出现增长率的一段下降期，然后又趋向上升。两个周期上升期中所出现的振幅较小的波动，分别出现在 19 世纪 80 年代末期至 90 年代前期和 20 世纪 10 年代后期和 20 年代前期。经济数列不同，这两次波动所表现的严重程度不同。以此种观察为依据，认为中国近代经济增长过程中还存在着 10—12 年左右的中周期波动。

中国近代经济发展过程中的中长周期波动与其他发达国家相比较，有相同之处，也有不同之处。相同之处为，中国近代经济增长中的周期性波动的平均长度，与美、日等国基本相同。中国的中长周期波动平均长度为 25 年，而日本为 22 年，美国为 20 年。[1]另外，与美国、日本比较，中国的经济周期也具有明显的上升趋势。1887—1936 年的两个经济周期所经历的 50 年间，上升期为 37 年，下降期为 13 年。而日本在 44 年所经历的两个周期中，上升期为 25 年，下降期为 19 年。第三个相同之处表现为中国近代经济的周期波动与世界主要资本主义国家的经济波动基本同步。

中国这一时期经济周期性波动的特征在于它很大程度上与资本主义发展早期阶段的商业周期相似。这种周期波动比较突出地表现在流通领域，诸如本节前述的物价指数、进出口贸易和国内贸易额等的变动曲线最为典型。中国的近代化和近代经济的发展，本来是外国资本主义入侵的直接结果，因之中国近代经济的

---

① 〔日〕木船久雄：《经济的长期波动与能源》，载外国经济学说研究会编：《现代国外经济学论文选》第 10 辑，商务印书馆 1986 年版，第 133、139 页。

周期波动也自然是其逐步纳入世界资本主义市场体系，为西方资本主义国家经济周期性波动波及所致。在生产领域中，由于从 19世纪 70 年代中国近代工业刚刚起步，而且如前章所述，在第一次世界大战前的三四十年间发展速度缓慢，就其自身而言尚不具备发生生产过剩和经济危机的充足条件。一些工业部门的生产下降或固定资产投资增长速度下降，主要是西方资本主义国家经济的不景气，加剧了在中国市场上倾销和竞争的结果，所以其严重程度似不如列强自身。

（四）中国近代经济中长期波动的因素分析

关于中长周期形成的原因，国外学者进行了大量的讨论。总的说来，可以把它归纳为内生经济周期论和外生经济周期论两大派别。主张内生经济周期的学者认为，经济周期发生的原因是由经济自身因素引起的，有技术和管理的变革、利润推动、货币和信贷、金融性过度投资、非金融性过度投资、心理因素及消费不足等理论。他们认为外生因素只对经济周期的发生起重要的影响作用，但不起决定性的作用。主张外生经济周期的学者则认为，经济周期的发生主要是经济以外的原因，这些理论包括太阳黑子论、气候论、人口论，以及政治、军事事件和政策性变化等，经济内部的因素只是对周期波动产生某些影响。

本文认为，中国近代经济周期的形成是多种因素作用的结果，各种因素在各个时期所起的作用的程度不尽相同。其中有内部的因素，也有外部的因素，但总的说来是经济运行内在的各种因素起主要的作用。这些因素包括技术和管理的进步、国内投资和外国投资规模、国际和国内市场的变化、政府的经济政策和行为、制度的作用、战争和政局稳定的影响等。由于资料的缺乏和某些因素自身的特点，笔者无法将这些因素加以量化，因此得出的结论只是初步的、探索性的。

1. 技术和管理制度的进步是中国近代经济发展过程中两次繁荣的决定性因素

洋务运动引进了近代工厂制度，这种新型的产业，无论从设备、技术，还是从管理方式方面看，与中国旧有的传统手工业相比，都发生一次质的飞跃，使中国经济在生产力和生产关系两方面都跨进了一个新时期。19 世纪 80 年代中期以后中国的私人资本工业进入规模发展阶段，洋务派企业，也从官办向官督商办、官商合办乃至完全商办的方向转化。在管理制度方面，封建色彩逐步减弱，以与其生产力的性质和生产的发展相适应。经营方式和经营方向也发生了转化。

但从 19 世纪六七十年代开始的这一次技术引进所产生的能量到 20 世纪初年以后已逐渐释放殆尽。经历了 1905 年左右开始的近 10 年的经济不景气后，从第一次世界大战时期开始直至 20 世纪 20 年代，中国工业中一些近代生产发展较早的行业，竞相更新设备，进行技术和生产管理的改革。而另一些以生产较为落后的手工工场为主体的行业，则掀起了向机器工业过渡的热潮。这次技术进步的最主要特征是电力的普遍采用，陆续用蒸汽或电力代替人力，并从国外购进新型的工具机，更新技术和已经落后的旧设备，或对旧有的设备加以改造。设备和技术的改进增加了产量，大大提高了工人的劳动生产率。

为了给采用新设备、新技术扫清道路，中国工业在这一时期开始对旧的生产管理体制和方法进行改革。用懂得生产技术的工程师、公务员代替工头，在劳动管理上实行计件、奖罚的办法，对工人实行技术培训和考核，以适应技术和设备的改革，提高劳动强度和效率。

总之，从第一次世界大战时期开始的电力普遍应用和生产设备更新，以及与之相适应的管理制度的进步，是中国近代经济发展过程中第二个周期的上升期的主要动因。

2. 投资规模的扩张和收缩是经济繁荣和衰退的直接原因

19 世纪末 20 世纪初洋务派企业、民族资本企业和外资企业的相继兴办和发展是中国近代第一次投资高潮的直接结果。19 世纪 80 年代后期至 90 年代政府投资近代企业的规模，由以前的几百万两，扩大到 1000 万两左右。中日甲午战争后，列强取得在华设厂制造的合法权利，掀起对中国投资的高潮。一般来说投资的变动总是滞后于商品市场价格的变动，因为从对市场的分析，到集资建厂，形成生产能力有一个时间过程。所以从 1905 年起，中国经济虽然已经转入衰退，但投资规模的减少大约是到 1908 年方才从统计数据中得到反映。1919 年起投资大幅度回升，到 1931 年增至 6.81 亿元，十余年间增长了 4 倍还多。而 1931 年后增长速度则明显下降。这里需要说明的是，由于日本帝国主义的入侵，加速了其他外国资本，尤其是英国资本从中国撤出的步伐，而且对中国的经济衰退起了推波助澜的作用。投资的兴旺与衰退，与经济的上升与下降有一个时间差，但变动的曲线则是一致的。另据刘佛丁先生对两次世界大战之间私人资本投资的研究，1919—1922年，中国私人资本的工矿交通业投资年增长率为 13.94%，是这一时期中增长最快的阶段；1923 年后投资增长速度一度下降，造成战后经济在短期内陷于衰退。从 1927 年起投资又以较快的速度增加，到 1931 年的 4 年当中共计增加 3.21 亿元，是这一时期中增长幅度最大的一个阶段，年增长率为 13.43%。1931 年后投资增长速度再次下降，1931—1935 年，年增长率仅为 3.17%，是这一时期中增长率最低的阶段[①]，而这一阶段正是第二个经济周期的下降

---

① 刘佛丁：《试论我国民族资本企业的资本积累问题》，《南开学报（哲学社会科学版）》1982 年第 2 期。

期，中国经济陷入空前严重危机的阶段。

3. 国际和国内市场的影响

如前所述，中国近代经济的发展本非传统经济自发成长的产物，而是外国资本主义入侵的结果。中国近代经济的周期性波动与世界主要资本主义国家经济周期的同步性，是中国经济纳入世界市场体系，为西方列强经济周期波动波及所致。

以英国为代表的西方列强的商品重炮打开中国市场是在 19 世纪的 70 年代，廉价的棉纺织品是从那时才开始使中国农村的自然经济分解，从而为近代工业的发展创造了条件。因此由外国入侵所创造的国内市场的进一步扩大，正是 19 世纪 80 年代中期开始的中国近代经济增长第一次周期波动中经济繁荣的前提条件。

世界资本主义经济在度过 1882 年那一次经济危机后，到 80 年代中期进入兴盛时期，这也是诱发中国近代经济第一个周期上升期的原因之一。而 1890 年的世界性不景气，与中国第一个周期上升期中那一次轻度的衰退是同步的。1905 年后中国经济的再一次衰退与 1907 年世界主要资本主义国家同时发生的经济危机在时间上也是基本一致的。

第一次世界大战开始以后，外国来华商品减少、国内市场则明显扩大和世界市场对中国众多品种产品需求的猛烈增加，是从 1914 年开始的中国近代经济增长第二个周期繁荣期的基本原因之一。

第一次世界大战结束后，1920 年世界资本主义各国经济再一次陷入危机，它们竞相回到中国市场，加剧了竞争，进口贸易额随之剧增，入超回复到比第一次世界大战前更为严重的局面，1921 年高达 3 亿海关两以上，这对中国工业的发展无疑是个沉重的打击，成为 1923 年开始的中国经济短期萧条的基本因素之一。

1929 年空前严重的世界性经济危机和 1931 年日本帝国主义发动"九一八事变"是造成中国近代经济发展史上最典型的一次市场危机的基本原因。物价空前跌落这一事实已为人所共知，所以无须做更多的说明。

如前所述，中国近代经济发展过程中除存在平均为 25 年的中长周期外，还存在 10—12 年的中周期。从对中外周期同步性更详细的观察，似乎看到的是中国这种中周期与通常所说的世界资本主义的周期性危机显示出更清晰的一致性。

4. 政府经济政策和行为的作用

在洋务运动和戊戌变法的过程中，清政府所实行的政治改革和经济措施，虽远没有日本明治维新那样的成绩，但它们毕竟使中国近代经济发展的社会环境有所改变：对民间办实业的限制逐步放开，由阻挠转为提倡，颁布了各种工商法规，对兴办实业有贡献者实行奖励，政府的经济管理机构也相应进行了改组。这些变化对 19 世纪末和 20 世纪初中国近代经济的第一次繁荣是有推进作用的。

1911 年辛亥革命的成功，结束了中国的封建君主制度，建立了中华民国，这就为发展资本主义工商业提供了制度上的保障。

南京国民政府成立后，从 1928 年起，基本上收回了关税自主权，此后四次提高进口税率使一些竞争性工业品的税率提高，同时降低了部分工业原料的进口税率，这些措施起到了保护和促进本国工业发展的作用。此外，裁撤厘金的实施虽然尚不彻底，但还是在很多地区免除了浮征、勒索，在一定程度上促进了国内商品生产和商业流通。这一时期国民政府的财政收入比北洋政府时期有大幅度的增长，其对经济建设、文化教育、社会福利事业等方面的投入也相应有所增长。这些措施对 1927 年后中国经济的再一次回升，无疑起了推动作用。而 1935 年的币制改革，扭转了 4 年之久的市场危机，使物价回升，中国经济从 1936 年走出低谷，进入了新的一轮增长，但是被抗日战争的全面爆发所打断。

5. 政局的相对稳定是经济繁荣的前提条件

总的说来，中国近代社会是一个充满灾难的时代，即使在 19世纪 70 年代至 20 世纪 30 年代这个没有大的战乱的时期，也并非一个和平发展的经济建设过程。这期间政局的安定与否和国民经济的繁荣与衰退是密切联系在一起的。

从 19 世纪 70 年代太平天国及其余部被镇压后，中国出现了一段相对稳定的发展时期，从而为中国近代经济增长第一个繁荣期创造了条件。而 1905 年后清王朝临近灭亡，国内政局动荡，这对第一次世界大战前的一次经济衰退是有影响的。中华民国的建立，使辛亥革命前的混乱局面一度有所好转，但时间不长又被北洋军阀的混战所破坏。南京国民政府的建立，在一定程度上实现了国内政治的统一，但这种局面很快又被日本帝国主义的入侵所破坏。这一系列政局的变动都与第二个经济周期中生产和市场的变动相联系。

综观近代中国经济发展，缺乏和平的环境是中国近代经济发展缓慢的一个基本因素。因为在政治不稳定的时期，政府的注意力和行为只顾及政治和军事目标，必然会脱离经济和文化建设，而国内外的投资者也会由于政局的动荡，担心收益难以确保，对新投资裹足不前，从而对经济的增长造成不利的影响。

三、中国近代经济增长的总趋势与发展阶段

综上所述，中国近代经济的发展在 19 世纪 80 年代开始起步

以后，到 20 世纪中期，不论从增长速度和产业结构的优化等方面，都呈现朝着近代化和工业化的目标发展的趋势，其中 20 世纪 20 至 30 年代中期发展较快，尤其是近代工矿交通运输业发展速度很快，是近代中国经济发展最好的时期。但是由于近代经济在国民经济中的比重太小，所以国民经济从整体看发展速度不快。

近年来，随着对中国近代经济发展研究的深入，20 世纪 20—30 年代是近代中国经济发展较快的时期的观点已经被普遍接受，但是有关中国近代经济史的教科书和著作中，对近代中国经济发展阶段的划分，还是沿用传统的划分方法，没有新的突破。传统通常采用以 1895 年和 1927 年为界限的三分法，或以 1919 年为界限的两分法。这些分期方法均未摆脱革命史和通史的框架，根源于以往以生产关系的发展变化作为经济史研究对象的指导思想。而经济周期的划分则反映了经济运行的客观内在规律，因此本书认为中国近代经济史的阶段划分，应以中国近代经济发展过程中的周期运动作为分期的依据，将其划分为四个阶段，即第一阶段为 1850—1887 年，第二阶段为 1887—1914 年，第三阶段为 1914—1936 年，第四阶段为 1936—1949 年。

统计分析的结果表明，在近代中国经济发展的四个阶段中，第三阶段，亦 1914—1936 年是中国近代经济增长最快的时期，其次是第二阶段，即 1887—1914 年，这一阶段经济增长虽然缓慢，但仍有发展。而第一阶段 1850—1887 年和第四阶段 1936—1949 年，中国的国民收入和人均国民收入不但没有增长，反而呈下降的趋势，尤其是第四阶段，下降的幅度超过第一阶段，国民经济的衰退最为严重。

如果从严格的近代经济增长的意义上来讲，从 19 世纪 80 年代中国近代工业产生中国近代经济发展才开始。那么，中国近代经济的发展只有三个阶段，即 1887—1914 年为第一阶段，这一阶段是中国近代经济的初步发展时期；1914—1936 年为第二阶段，这一阶段是中国近代经济进一步发展时期；1936—1949 年为第三阶段，这一阶段是中国近代经济的衰退时期。

参 考 文 献

陈振汉：《我国历史上国民经济的发达和落后及其原因》，载孙健编：《中国经济史论文集》，中国人民大学出版社 1987 年版。

丁昶贤：《中国近代机器棉纺工业设备、资本、产量、产值的统计和估量》，载《中国近代经济史研究资料》第 6 册，上海社会科学院出版社 1987 年版。

郝仁平：《戦前中国鉄道統計と鉄道事業所得の推計：国有鉄道を中心に》，载日本一桥大学经济研究所承担日本文部省重点研究项目：亚洲历史统计，Discussion Paper No.D99-28。

刘大中：《浅论国民收入和战后中国的工业化》，《大公报》1944 年 5 月 21 日。

刘佛丁：《试论我国民族资本企业的资本积累问题》，《南开学报（哲学社会科学版）》1982 年第 2 期。

刘佛丁主编：《中国近代经济发展史》，高等教育出版社 1999 年版。

刘佛丁、王玉茹：《中国近代的市场发育与经济增长》，高等教育出版社 1996 年版。

刘佛丁、王玉茹、于建玮：《近代中国的经济发展》，山东人民出版社 1997 年版。

上海市粮食局、上海市工商行政管理局、上海社会科学院经济研究所经济史研究室编：《中国近代面粉工业史》，中华书局 1987 年版。

王玉茹：《近代中国价格结构研究》，陕西人民出版社 1997 年版。

王玉茹、刘佛丁、张东刚：《制度变迁与中国近代工业化：以政府的行为分析为中心》，陕西人民出版社 2000 年版。

巫宝三：《〈中国国民所得，1933〉修正》，《社会科学杂志》1947 年第 9 卷第 2 期。

巫宝三：《中国国民所得，1933、1936 及 1946》，《社会科学杂志》1947 年第 9 卷第 2 期。

巫宝三主编：《中国国民所得（一九三三年）》（上、下册），中华书局 1947 年版。

刑慕寰：《我国国民所得数字的商榷》，《资本市场》1948 年第 1 卷第 5 期。

严中平等编：《中国近代经济史统计资料选辑》，科学出版社 1955 年版。

章有义：《近代中国人口和耕地的再估计》，《中国经济史研究》1991 年第 1 期。

郑友揆：《中国的对外贸易和工业发展（1840—1948 年）——史实的综合分析》，程麟荪译，蒋学桢、汪熙校，上海社会科学院出版社 1984 年版。

〔美〕伯恩斯：《走向未来的基石》，转引自〔美〕爱德华·夏皮罗：《宏观经济分析》，杨德明、王文钧、闵庆全，等译，中国社会科学出版社 1985 年版。

〔日〕木船久雄：《经济的长期波动与能源》，载外国经济学说研究会编：《现代国外经济学论文选》第 10 辑，商务印书馆 1986 年版。

Chang J K. *Industrial Development in Pre-Communist China: A Quantitative Analysis*. Edinburgh: Edinburgh University Press, 1969.

Clark C. *The Conditions of Economic Progress*. London: Macmillan,

1940.

Feuerwerker A. *Economic Trends in the Republic of China*, 1912-1949. Ann Arbor: Michigan University, 1977.

Kuznets S. *Modern Economic Growth: Rate, Structure, and Spread*. New Haven: Yale University Press, 1966.

Liu T C. *China's National Income, 1931-1936: An Exploratory Study*. Washington: Brookings Institution, 1946.

Liu T C, Yeh K C. *The Economy of the Chinese Mainland: National Income and Economic Development*, 1933-1959. Princeton: Princeton University Press, 1965.

Perkins D H. *China's Modern Economy in Historical Perspective*. Stanford: Stanford University Press, 1975.

Rawski T G. *Economic Growth in Prewar China*. Berkely: University of California Press, 1989.

Schumpeter J A. *History of Economic Analysis*. New York: Oxford University Press, 1954.

附录三
城市批发物价变动与近代中国经济增长[*]

　　价格运动是市场机制的核心，考察一个国家和地区一定时期的物价水平，是研究该国家或地区相应时期经济发展的重要方面。以往我们见到的只有利用对外贸易资料推算的批发物价指数序列，但是我们不能找到推算的方法和所依据的资料，因此无从判断其科学性。由于资料的限制，至今还没有一个覆盖全国的长时期的批发物价指数可以利用。本文运用可以找到的资料，对 20 世纪 10—40 年代的天津、上海和广州三座城市的批发物价统计资料按照生产和消费的用途进行划分，并运用加权平均方法重新进行推算。以此为基础，对黄河流域——以天津为代表、长江流域——以上海为代表和珠江流域——以广州为代表的三个流域的人口数作为权重，对城市批发物价指数做加权平均，推算出中国近代城市批发物价指数，并对其变动趋势和影响变动的主要因素进行初步分析。

* 本文是教育部博士点基金项目"近代中国物价、工资和生活水平研究"的阶段性研究成果，原载于《山西大学学报（哲学社会科学版）》2006 年第 5 期，收入本书，有订正。

一、问题的提起

价格运动是市场机制的核心，考察一个国家和地区一定时期的物价水平，是研究该国家或地区相应时期经济发展的重要方面。1994 年，笔者的博士学位论文就选择了近代中国的价格结构变动，题为"相对价格变动与近代中国的经济发展"。在笔者的博士论文中引用了唐启宇和沃尔塞姆编制的批发物价指数相接作为中国批发物价总指数，分析了中国物价变动总水平的变动。但是这两个指数都是用对外贸易物价资料，而不是根据中国市场上实际的批发价格编制的。当时笔者也曾经试图利用已经找到的上海、天津和广州批发物价指数重新编制一个全国批发物价指数。但是因为受到经费、时间等限制，没有找到作为广州批发物价指数编制依据的原始物价资料，从而无法详细考证这个批发物价指数系列的可靠性，重新推算也就无法进行，因此就留下了一个遗憾。此后，编制一个以近代中国市场物价为原始资料的、新的批发物价指数成为笔者一个亟待解决的研究任务。1998 年 9 月笔者结束在日本一桥大学经济研究所的研究工作之前，应邀参加了日本文部省的重点研究项目——"亚洲历史统计"的研究工作，这个机会使笔者通过资源共享获得了大量的资料信息，并且解决了经费短缺的困惑，尽最大的努力寻找可以利用的资料，使重新编制中国近代批发物价指数成为可能。本文是笔者的一个初步的研究成果，还有待于进一步的充实和完善，诚恳地希望得到各位学者的评论和建议。

二、中国近代物价指数编制历史的简要回顾

旧中国的物价指数编制始于 19 世纪末，可以分为三个阶段，

第一阶段即 1805—1919 年，外国人编制中国物价指数阶段。最初于 1895 年刊发在英国皇家殖民委员会 1894—1895 年报告书中，有英国人温德莫根据海关报告编制的 1873—1892 年中国批发物价指数，以及日本币制调查委员会（Japanese Monetary Commission）编制的 1874—1893 年的批发物价指数，但后者的物价资料来源不详。第二阶段始于 20 世纪的 1919 年，即中国人编制中国的物价指数开始的阶段，为修改关税则由财政部设立驻沪调查货价局，调查进出口货价之变迁。从该局调查的物价资料中选择 150 种，编为上海物价指数。同期，金陵大学卜凯（J. L. Buck）教授通过学生开始对河北盐山和山西武乡两处农村八九种物价进行搜集，据此编制物价指数，发表于 Publication of the American Statistical Association（美国统计学会出版物）。第三阶段即 1926 年以后，中国物价指数的编制开始发达的阶段。这一阶段出现了政府部门、研究机构、大学，以及学者个人竞相进行的局面。我们目前能够找到的大多数都是这一时期的成果。例如，唐启宇博士以进出口物价编制的批发物价指数；各个研究机构和个人编制的部分城市的批发物价指数、零售物价和生活费指数；进出口物价指数；外汇指数；等等。

　　到目前为止笔者所看到的 20 世纪 20 年代以后编制的城市批发物价指数有天津（1913—1947 年）、广州（1912—1937 年）、上海（1921—1944 年）、南京（1930—1937 年）、青岛（1930—1937 年）、汉口（1930—1932 年）、辽宁（1930—1932 年）、重庆（1937—1944 年），以及中华人民共和国成立后由国家物价局组织各省工农产品比价调查研究办公室搜集编制的《工农产品比价问题调查资料汇编》中所载 1930—1936 年的批发和零售物价资料。但是在城市批发物价指数系列中，时序较长、被广泛引用的批发物价指数是南开大学经济研究所编制的天津（华北）批发物价指数（1913—1936 年、1938—1942 年）、财政部驻沪调查货价局编制的上海物价指数（1926—1948 年）、广东省农工厅编制的广州批发物价指数（1912—1925 年）和国立中山大学大学经济调查处编制的广州批发物价指数（1926—1934 年）。这些指数的编制方法都采用简单几何平均法或算术几何平均法。可喜的是找到了编制这三座城市批发物价指数使用的原始物价统计资料。虽然这些物价统计资料因为获取的时间、搜集的渠道以至统计口径的不同而存在着各自的问题，但是终究为我们重新推算提供了可以操作的数据。笔者则是利用前辈编制物价指数时搜集的物价资料，在尽可能找到的资料基础上，重新对中国近代城市批发物价指数进行了推算。

三、中国近代城市批发物价指数的编制

如前所述，笔者此次编制的城市批发物价指数，选择了序列较长，而且有原始物价统计的天津（华北）、上海和广州的物价资料，采用加权平均法计算出三座城市和全国的生产性消费和生活性消费的批发物价指数。然后以此为基础，对三座城市的批发物价指数进行加权平均，推算出全国城市批发物价指数。具体的资料选择和计算过程如下。

1. 资料的选择

笔者编制的天津、上海、广州三座城市的批发物价指数所用的物价资料，其中天津的物价资料根据《南开经济指数资料汇编》所载天津批发物价。这部分物价资料系统性最好，而且是由南开大学经济研究委员会在天津市场通过实际调查取得的，时间序列最长，为 1913—1942 年，除了其中 1937 年的数字因为抗日战争全面爆发，只有 6 个月的记录，笔者根据 6 个月的物价数字平均算出该年的物价外，其他年份的统计商品种类都是一致的，所以可信度最高。广州和上海的物价统计都存在着阶段不同、统计的品种种类

不一致的问题。上海的物价 1925—1944 年取自于国定税则委员会出版的《上海货价季刊》刊登的，财政部驻沪调查货价处编制物价指数所用的资料，但是 1942 年以后的物价因为当时中国战时币制变化和通货膨胀剧烈，没有可利用的官方统一的货币换算比价，所以没有采用。上海的物价资料不是全部来自市场的批发物价，有一部分来自进出口物价，所以其可信度比天津的资料略差。广州 1912—1925 年的批发物价取自于广东省政府农工厅统计科编《统计汇刊》第 1 期刊登的、广东省农工厅编制广州批发物价指数时使用的物价统计资料，1926—1934 年使用国立中山大学大学经济调查处丛刊黄荫普、罗剑声、秦咢生编制广州批发物价指数时使用的物价统计资料（载《广州批发物价指数汇刊》，民国十六年至二十二年；《广州批发物价指数季刊》，民国二十三年全年合刊），1935—1936 年的物价资料取自于广东省工农业商品比价调查研究办公室编印《工农产品比价问题调查资料汇编》所载广州批发物价资料。因此存在两个阶段统计商品品种和数量的不一致问题。

2. 权重和基期的选择

如前所述，中华人民共和国成立前编制的各种物价指数都是采用简单算术平均和简单几何平均的方法。此次笔者则是采用加权平均法进行计算，按照经济学和统计学的理论，最理想的权重是用各类商品的产量，次之则为产值。不过，中国历史上没有连续的国民经济核算的统计资料，目前能够找到的只有 20 世纪 30 年代的国民收入的统计。这个统计根据 1933 年的工业普查资料，分别由巫宝三等在《中国国民所得（一九三三年）》和刘大中、叶孔嘉在《中国大陆的经济：1933—1959 年国民收入和经济发展》中所做的 1933 年（在 1933 年估计的基础上又推算出 1931—1936 年的国民生产总值）的两种估计。因为当时中国尚未开征所得税，缺乏工资、租金、利润、利息等收入资料，估计国民生产总值只能用价值增加法，即各经济部门的净产值和服务价值相加而成，然后用生产价格指数推算的。虽然两种估计使用的方法相同，估计的结果却不一样，巫宝三估计 1933 年的国民生产总值为 199.5 亿元，修正后为 203.2 亿元；刘大中、叶孔嘉的估计则为 298.8 亿元。两个估计巨大的差额是因为，占国民生产总值 60% 以上的农业净产值估计的不同，其原因在于对所用资料中中国水稻产量的估计差距，而这又是一个一直争论没有最终结果的问题。[1] 在这一问题上，笔者更倾向于巫宝三在吸收西蒙·库兹涅茨的意见之后所做的修订的估计。因此笔者推算中国近代城市批发物价指数，先把各城市的商品按照刘大中、叶孔嘉在《中国大陆的经济：1933—1959 年国民收入和经济发展》中的分类方法，和巫宝三主编的《中国国民所得（一九三三年）》中估计的各行业产值，分成生产品（即用于生产消费的商品）和消费品（即用于生活消费的商品）两大类，共 23 小类（其中生产品 11 类，消费品 12 类），见附表 3-1，以各类商品的总产值作为权重进行推算。

附表 3-1　巫宝三估计 1933 年中国制造业总产值　单位：千元

部门	总产值	部门	总产值
生产品		消费品	
木材业	134 748.2	木制品业	82 723.2
机械制造业（包括运输设备）	178 024	金属制品业	22 756
金属和金属制品业	48 799	饰物仪器制造业	24 156
水电气制造业	250 808	土石、陶瓷制品业	26 037
土石、陶瓷和玻璃制品制造业	101 696	化学品制造业	113 196
化学品制造业	56 815	纺织品制造业	838 362
纺织品制造业	1 403 129	服用品制造业	231 270
皮革制造业	47 389	皮革橡胶制品业	151 891
制纸印刷业	145 817	食品制造业	2 799 017
金属货币制造业	41 034	烟酒和饮料制造业	1 020 282
矿产品	367 439	纸制品业	41 300
		杂项物品制造业	53 785

　　资料来源：根据巫宝三：《〈中国国民所得，1933〉修正》，《社会科学杂志》1947 年第 9 卷第 2 期，第 141—142 页数字；根据刘大中、叶孔嘉在《中国大陆的经济：1933—1959 年国民收入和经济发展》（The Economy of the Chinese Mainland: National Income and Economic Development, 1933-1959. Princeton: Princeton University Press, 1965）第 61 页中估计生产品和消费品分类划分。
　　注：1933 年币值。

---

[1]　参见吴承明：《中国 GNP 的故事》，《经济学家茶座》2002 年第 4 期。

我们见到的前人所编物价指数的基期选择有多种，但是以
1913 年和 1926 年为基期的居多。究其原因，不外乎都是以资料选
择的起点为基期。此次本文所编的三座城市的批发物价指数，上
海的资料从 1925 年开始，因此不宜采用 1913 年为基期。1926 年
中国正值国内北伐战争时期，经济发展受政治动荡的影响，因此
不宜选作基期。1927 年南京国民政府建立，中国经济开始步入正
轨，到 20 年代末 30 年代初期进入正常发展的时期。另外，因为
中国当时采用银本位制，所以 1929 年的世界经济大危机对中国的
冲击起到了缓冲的作用，危机发生 3—4 年以后才波及中国，1933
年才开始出现物价波动的市场危机，而且危机对中国经济的影响
要小于西方国家。基于上述原因，本文选择 1930 年作为中国城市
物价指数的基期是比较合适的。

3. 计算方法

每小类的商品的物价按照简单几何平均法，计算出分类的物
价，各小类的物价按照加权平均法计算以 1930 年为基期的物价指
数。计算公式如下：

简单几何平均法是指假设有 n 种商品，价格分别是 P_1，P_2，
P_3，…，P_n；则计算公式为 $P=(P_1*P_2*P_3*\cdots*P_n)^{1/n}$ 即：

$$P = \sqrt[n]{p_1 * p_2 * p_3 * \cdots * p_n}$$

加权平均法公式中 0 指基期，t 指报告期，q_{1930} 指 1930 年的
各小类的产值为权重，即：

$$P_{t/0} = \frac{\sum p_t q_{1930}}{\sum p_0 q_{1930}}$$

计算出的 1930 年为基期的天津、上海和广州的物价指数情况如下
（附表 3-2、附图 3-1、附图 3-2）。

附表3-2　天津、上海、广州批发物价指数（1912—1947年）

1930年=100

年份	天津		上海		广州	
	生产品	消费品	生产品	消费品	生产品	消费品
1912	—	—	—	—	14.72	28.31
1913	53.61	85.38	—	—	15.40	29.27
1914	47.56	85.11	—	—	16.62	30.89
1915	51.15	84.65	—	—	16.84	32.91
1916	62.86	85.39	—	—	17.79	36.70
1917	72.38	88.88	—	—	18.57	40.69
1918	80.31	89.73	—	—	20.75	43.06
1919	83.87	92.44	—	—	21.88	40.19
1920	78.41	100.74	—	—	24.09	39.14
1921	70.01	107.03	—	—	24.24	41.07
1922	73.07	107.34	—	—	25.24	42.39
1923	87.48	111.87	—	—	26.14	43.72
1924	96.53	116.27	—	—	26.77	47.36
1925	95.29	131.52	102.51	80.42	30.67	53.72
1926	96.39	86.39	91.95	81.23	95.28	90.66
1927	82.72	92.30	89.43	83.79	93.57	94.08
1928	87.52	95.58	99.07	93.50	102.60	94.93
1929	95.64	94.97	97.94	93.54	105.16	96.58
1930	100.00	100.00	100.00	100.00	100.00	100.00
1931	105.82	102.92	106.22	107.07	107.95	100.55
1932	89.89	96.80	89.23	103.49	108.95	99.01
1933	80.81	91.51	81.30	96.45	101.25	96.05
1934	79.28	75.97	72.13	87.61	92.42	88.44
1935	77.66	83.00	69.19	87.18	70.28	97.28
1936	43.22	95.31	82.19	93.82	89.09	97.08
1937	121.74	105.45	82.51	89.39	—	—
1938	113.19	130.48	91.39	101.94	—	—
1939	207.33	196.96	100.30	103.44	—	—
1940	388.66	310.08	111.09	100.91	—	—
1941	479.95	337.45	119.21	102.43	—	—
1942	517.52	458.82	1 895.52	2 560.63	—	—
1943	—	—	8 030.89	7 667.41	—	—
1944	—	—	49 531.82	43 689.79	—	—
1945	—	—	36 840 045.00	6 523 986.00	—	—
1946	—	—	1 407 508.00	627 062.80	—	—
1947	—	—	14 140 968.00	6 152 000.00	—	—

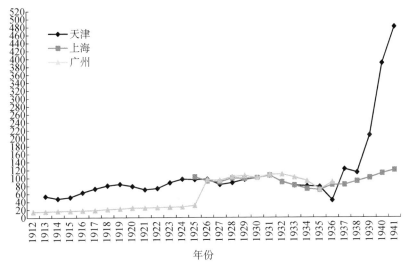

附图 3-1　天津、上海、广州批发物价指数（生产品）变动趋势（1912—1941 年）

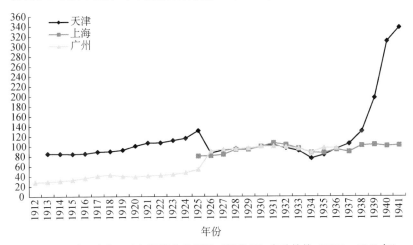

附图 3-2　天津、上海、广州批发物价指数（消费品）变动趋势（1912—1941 年）

　　因为仅有以上三座城市的物价资料，而没有全国各城市的物价资料可资利用，因此要推算全国的城市物价指数，权重的选择至关重要，但是巫宝三和刘大中、叶孔嘉的估计都没有地区国民生产总值的统计，因此不能用产值做权重。中国近代的商品流通除了边远地区以外，在本文研究的这一时段基本上是以大的水系流域为中心的。根据这一特点和笔者可以找到的资料，采用人口数字作为加权的权重。据陶孟和与王士达的估计，1928—1935 年全国人口数为 438 407 927 人，其中黄河流域、长江流域、珠江流域人口数为 368 747 096 人，占全国人口总数的 84.11%。本文采用黄河流域、长江流域、珠江流域人口数作为权重，对天津、上海和广州的城市批发物价进行加权平均，由此推算出全国的批发物价指数具有较强的代表性。推算结果如附表 3-3 所示。

附表 3-3　中国近代城市批发物价指数权重表

地区	人口数/人	地区	人口数/人	地区	人口数/人
长江流域	195 554 469	黄河流域	118 465 638	珠江流域	54 726 989
江苏	31 455 565	河北	26 740 391	广东	31 406 057
浙江	20 208 429	河南	32 623 930	广西	13 385 215
安徽	22 020 591	山东	34 623 930	福建	9 741 794
江西	15 724 412	山西	10 881 690	汕头	193 923
湖南	28 335 031	陕西	10 112 230		
湖北	26 551 264	青岛	524 415		
四川	46 823 665	天津	1 209 696		
上海	3 703 430	北京	1 561 027		
南京	732 082	西安	188 329		
比重/%	53.03		32.13		14.84

资料来源：Tao M H, Wang S T. Statistic of Chinese Population. *The Chinese Year Book* (*1936-1937*). Shanghai: The Commercial Press, Ltd, 1937: 104-107.

这里需要说明的是，因为 1937 年抗日战争全面爆发后，中国的经济发展受战争的影响，通货膨胀日渐严重。到全面抗日战争中期，滥发货币严重，法币、金圆券、银元券、中储券等币制频繁更换，只是在更换时公布一个比价，但实际上全不照之实行，没有官方逐年的统一的货币比价可资利用。因此，本文做全国加权时只选取通货膨胀不甚严重的 1941 年以前，推算出全国的城市批发物价指数（附表 3-4、附图 3-3）。

附表3-4 中国近代城市批发物价指数（1913—1941 年）

1930 年=100

年份	生产品	消费品
1913	41.54	67.65
1914	37.78	67.98
1915	40.31	68.30
1916	48.62	70.01
1917	55.38	73.65
1918	61.49	74.98
1919	64.29	75.93
1920	61.25	81.27
1921	55.55	86.19
1922	57.96	86.82
1923	68.10	90.34
1924	74.49	94.50
1925	89.53	92.88
1926	93.87	84.28
1927	87.89	88.05
1928	95.89	94.38
1929	98.27	94.45
1930	100.00	100.00
1931	106.35	104.77
1932	92.37	100.68
1933	84.11	94.80
1934	77.44	83.99
1935	72.07	87.33
1936	70.69	94.78
1937	97.31	95.45
1938	99.61	112.71
1939	140.68	138.72
1940	215.81	179.82
1941	255.31	191.10

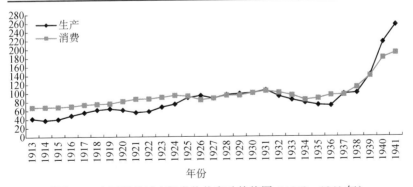

附图3-3 中国近代城市批发物价变动趋势图（1913—1941 年）

四、城市批发物价变动与经济增长

通过附表 3-4 的批发物价指数和附图 3-3 的变动趋势，我们可以对中国近代中国城市物价的变动趋势有一个大概的了解。本文编制物价指数是为了分析相应时期的经济发展状况。

首先，由附表 3-4 和附图 3-2，我们可以看到，1913—1925 年天津和广州的物价水平有较大的差距，1926 年开始到抗日战争全面爆发前，天津、上海、广州的批发物价水平几乎没有差别。这从一个侧面上反映了中国近代市场的发育状况，1927 年以前，中国是军阀割据，政治经济不统一。1927 年南京国民政府成立以后，为全国的经济发展提供了制度上的保证。而且这一时期铁路、公路等新式交通业的发展，新式通信工具的普及和使用，方便了价格信息在地区之间的传递，交易成本趋向下降，从而为各地区市场向全国统一市场的发展提供了条件。据统计，1912—1927 年，共修筑铁路 3422.38 千米，平均每年修筑 213.89 千米。而 1928—1937 年的 10 年间共修筑铁路 7995.66 千米，平均每年筑路达 799.6 千米，其中 1932—1937 年年均筑路更高达 1132.88 千米。[①] 国有铁路的货物运输也由 1912—1926 年的年均 242 224 吨增长为 1927—1936 年的年均运输 438 987 吨。[②] 作为另一个重要的新式交通运输工具——公路同期也得到了迅速的发展。1912—1927 年，共修建各级公路 3719.23 千米，年均修路约 250 千米。1927—1937 年，新修建公路 88 126 千米，年均修路达到 8812 千米。[③] 这一时期，国内生产的商品流通额 1913 年为 9.30 亿元，

[①] 严中平等编：《中国近代经济史统计资料选辑》，科学出版社 1955 年版，第 180 页。

[②] 郝仁平：《戦前中国の鉄道統計と鉄道事業所得の推計：国有鉄道を中心に》，Discussion Paper No. D99-28, Institute of Economic Research Hitotsubashi University, March 2000.

[③] 中国公路交通史编审委员会编：《中国公路史》第一册，人民交通出版社 1990 年版，第 187 页。

1920 年为 14.9 亿元，到 1930 年增加为 24.64 亿元。^① 但是，我们仍然不能忽略另外的一个侧面，就是伴随着现代经济增长，大都市之间的联系日渐密切市场渐趋统一的同时中国的广大农村，尤其是边远地区农村，交通不便、市场分散，地区差价、季节差价依然很悬殊。^② 因此就全中国范围来讲，统一市场还远远没有形成。

附表 3-5　中国主要工业部门的生产指数（1912—1941 年）

年份	消费品	煤	黑色金属	其他矿产品	电力
1912	8.3	23.5	4.7	84.7	2.5
1913	12.1	25.9	29.3	85.0	3.3
1914	16.2	36.3	37.2	90.2	3.7
1915	19.2	38.6	41.9	89.4	4.6
1916	20.7	43.2	46.1	85.4	5.2
1917	22.4	47.7	44.5	110.9	5.9
1918	24.0	50.6	49.3	98.5	6.8
1919	32.9	58.2	60.3	81.0	7.2
1920	39.5	64.3	70.2	98.9	7.8
1921	44.9	60.7	62.9	66.8	11.4
1922	30.6	64.0	51.3	85.8	14.1
1923	38.5	77.2	48.7	74.1	21.3
1924	44.5	84.2	51.9	66.4	27.7
1925	53.6	79.8	48.7	142.0	34.0
1926	59.6	71.1	53.4	128.5	36.2
1927	69.7	80.5	59.7	111.7	37.2
1928	76.3	81.8	69.7	98.9	42.5
1929	80.9	85.8	76.5	96.0	49.0
1930	58.3	90.5	81.7	96.4	53.6
1931	91.7	95.9	78.6	106.9	62.0
1932	93.7	91.9	89.1	85.0	86.3
1933	100.0	100.0	100.0	100.0	100.0
1934	98.1	117.4	114.8	103.7	111.6
1935	93.5	136.9	187.1	129.2	128.0
1936	99.5	153.8	227.7	157.7	148.3
1937	68.6	142.7	283.0	173.0	89.9

---

① 许涤新、吴承明主编：《中国资本主义发展史》第二卷《旧民主主义革命时期的中国资本主义》，人民出版社 1990 年版，第 996 页。

② 参见王玉茹《近代中国价格结构研究》（陕西人民出版社 1997 年版）第三章"商品的比价和差价"。

续表

年份	消费品	煤	黑色金属	其他矿产品	电力
1938	31.4	130.8	289.2	196.7	112.3
1939	37.6	157.8	323.8	198.9	113.6
1940	38.9	201.8	368.4	117.0	160.7
1941	32.0	252.2	438.1	186.9	187.6

资料来源：Chang J K. *Industrial Development in Pre-Communist China*: *A Quantitative Analysis*. Edinburgh: Edinburgh University Press, 1969: 78.

注：1933 年净产值=100。

其次，从附表 3-4 的数据和附图 3-3 的曲线可以看出，在本文研究的这一时期，中国批发物价是在波动中缓慢地上升，其中生产品波动的幅度大于消费品。这与中国近代的国民经济发展是基本一致的。因为没有连续的国民生产总值的统计数据可资利用，本文以同期中国主要生产部门的生产指数的变动与物价的变动加以比较，也可以在一定程度上反映经济增长与物价变动之间的关系。从附图 3-4 可以看到，除了主要矿产品的波动幅度较大，而且变动的方向不一致之外，其他包括消费品生产在内的四项生产指数 1937 年以前的变动趋势和幅度都相差不大。笔者把批发物价指数的变动趋势与生产指数的变动做成一个图（附图 3-5）就可以更直观地看到它们之间的关系。从总体上讲，1913 年至抗日战争全面爆发前的 1937 年，批发物价的变动趋势与主要工业部门的生产指数变动趋势是一致的，是在波动中上升的趋势。这与笔者多年对近代中国经济增长的研究得出的结论也是基本吻合的，即中国近代部门在 20 世纪前半期的三十余年有较快的增长，1914—1936 年，其年均增长率高达 7.19%。但是由于其在国民经济中的比重较小，到 1936 年仅占国民经济的 6.35%，同期整个国民经济的年增长率仅为 1.45%。[①] 因此，到抗日战争全面爆发前的 1936 年，中

① 参见与刘佛丁、王玉茹、于建玮：《近代中国的经济发展》，山东人民出版社 1997 年版，第 70、187 页。

国经济的近代化还远远没有实现。

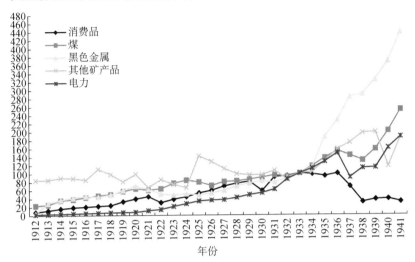

附图 3-4　中国主要工业部门生产指数变动趋势（1912—1941 年）

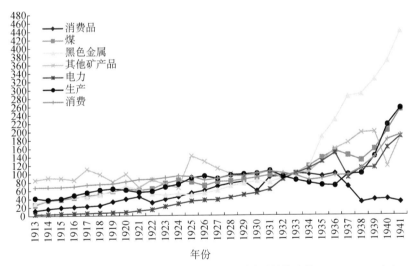

附图 3-5　主要工业部门生产指数与批发物价指数变动趋势比较（1912—1941 年）

参 考 文 献

冯华年：《中国之指数》，《经济统计季刊》1932 年第 1 卷第 4 期。

郝仁平：《戦前中国の鉄道統計と鉄道事業所得の推計：国有鉄道を中心に》，Discussion Paper No. D99-28, Institute of Economic Research Hitotsubashi University, March 2000.

刘佛丁、王玉茹、于建玮：《近代中国的经济发展》，山东人民出版社 1997 年版。

王玉茹：《近代中国价格结构研究》，陕西人民出版社 1997 年版。

巫宝三：《〈中国国民所得，1933〉修正》，《社会科学杂志》1947 年第 9 卷第 2 期。

吴承明：《中国 GNP 的故事》，《经济学家茶座》2002 年第 4 期。

许涤新、吴承明主编：《中国资本主义发展史》第二卷《旧民主主义革命时期的中国资本主义》，人民出版社 1990 年版。

严中平等编：《中国近代经济史统计资料选辑》，科学出版社 1955 年版。

中国公路交通史编审委员会编：《中国公路史》第一册，人民交通出版社 1990 年版。

Chang J K. *Industrial Development in Pre-Communist China*: *A Quantitative Analysis*. Edinburgh: Edinburgh University Press, 1969.

Liu T C, Yeh K C. *The Economy of the Chinese Mainland: National Income and Economic Development, 1933-1959*. Princeton: Princeton University Press, 1965.

附录四
近代中国农村物价指数变动趋势分析[*]

中国历史上是一个农业国，农村和农民问题一直是中国经济发展的重要问题。近代中国虽然已经开始工业化进程，但是到 1949 年中华人民共和国成立，农业依然占国民生产总值的近 70%，就业人口的 80% 依然是农民。但是由于资料的缺乏和问题的复杂性，对近代中国农业和农村的问题研究还是远远不够的。价格作为市场经济的核心机制，研究和分析农村物价的变化，是研究农村经济和社会发展的关键。根据可以取得的资料，我们的研究从农村物价的变动开始。

一、农村物价资料及其相关研究的考察

中国近代统计数据缺乏是众所周知的，而农村和农业统计资料的缺乏尤甚。与城市批发物价资料相比，农村批发物价资料显得更为匮乏。关于中国农村的物价统计资料和相关研究，我们见到的 20 世纪 30—40 年代比较权威的出版物有金陵大学农业经济

* 本文为教育部博士点基金项目"近代中国物价、工资和生活水平研究"的阶段性研究成果，原载于《广东外语外贸大学学报》2008 年第 3 期，收入本书，有订正。

系张履鸾对 1910—1932 年江苏武进物价的研究及所编制的物价指数[①]；张景瑞对 1907—1932 年江西南城县物价的调查研究[②]；金陵大学农业经济系卜凯对 1929—1933 年中国 22 个省 168 个地区 16 786 个田场 38 256 个农家状况的研究以及编制的相关指数[③]；国民政府农林部中央农业实验所农业经济系对 1933—1939 年 13 个省 59 处乡村物价的调查资料[④]；以及国民政府相关统计资料中刊载的农村物价统计资料。中华人民共和国成立后出版的主要有许道夫对近代以来几种主要粮食作物价格的较为系统的研究及所编制的物价指数[⑤]；张培刚对 20 世纪以来中国的粮食价格变动的量化分析[⑥]；河南大学彭凯翔对清代以来米价做的计量研究[⑦]。另外需要补充说明的是，王业键等对清代粮食价格的研究，也涉及本文研究时段的 20 世纪初期。

　　以上所列各研究存在的主要问题是研究地域覆盖面较窄（如张履鸾的研究仅限于江苏武进一个县），或时间序列较短、统计方法的差异。因此很难直接使用某一个或几个资料对近代中国农村物价变动做出趋势分析，更不用说深入分析影响其变动的主要因素。本文的研究要在这些可以找到的资料的基础上，进行归纳、整理，重新编制出农村批发物价指数序列，并在此基础上展开分析。

---

① 张履鸾：《江苏武进物价之研究》，《金陵学报》1933 年第 3 卷第 1 期。
② 江西省政府秘书处统计室：《二十六年来江西南城县物价变动之研究》，《江西经济丛刊第十二种》，江西省政府秘书处统计室 1935 年版。
③ Buck J L. *Land Utilization in China*. Shanghai: The Commercial Press, 1937.
④ 杨铭崇编：《近七年我国十三省五十九处乡村物价调查》，农林部中央农业实验所 1941 年版。
⑤ 许道夫：《中国近代农业生产及贸易统计资料》，上海人民出版社 1983 年版。
⑥ 张培刚、廖丹清：《二十世纪中国粮食经济》，华中科技大学出版社 2002 年版。
⑦ 彭凯翔：《清代以来的粮价：历史学的解释与再解释》，上海人民出版社 2006 年版。

二、近代农村物价指数的编制

1. 资料的选择

如前所述，目前我们见到的序列较长的农村物价资料只有张履鸾调查的 1894—1931 年江苏武进的物价资料①；国民政府农林部中央农业实验所调查的 1933—1939 年 13 个省 59 处乡村的物价资料②（但是这个资料不包括华北、华东部分地区和东北地区）和卜凯所做的调查③三种。虽然卜凯的调查与前述两个资料相比覆盖面最广，但其编制的物价指数却未说明所依据的原始数据和计算方法。而其他农村物价统计不过是不系统的零星资料。故本文编制农村物价指数资料只能是量米下锅，根据可以找到的合用资料来进行。

张履鸾调查的江苏武进的价格资料虽然地域覆盖面只是江苏武进一个县，但是它的统计从时间上跨越了 1894 年到 1932 年的 39 年，国民政府农林部中央农业实验所调查的数据覆盖了 13 个省 59 处乡村，时间从 1933—1939 年的 7 年时间。这两个资料内容的系统性较好，而且均可以找到他们编制指数时使用的数据资料，时间上也可以相衔接，本文可以据此进行新指数的推算，所以本文的推算和编制工作以这两个资料为基础进行，对那些不够系统的其他零星资料，本文将在指数分析时参考使用。

2. 权重和基期的选定与计算方法

本文编制物价指数时涉及的所有加权平均指数的权重都以巫宝三主编的《中国国民所得（一九三三年）》中对 1933 年各部门

---

① 张履鸾：《江苏武进物价之研究》，《金陵学报》1933 年第 3 卷第 1 期。
② 杨铭崇编：《近七年我国十三省五十九处乡村物价调查》，农林部中央农业实验所 1941 年版。
③ Buck J L. *Land Utilization in China*. Shanghai: The Commercial Press, 1937.

国民生产值估计的比重为基础来设定。因为只有 1933 年一年的年度产值估计数据资料，所以在本文编制的指数中采用固定的权重。在指数的编纂方法上，本文采用拉氏指数计算方法。指数的计算公式如下：

$$\overline{p}_t = \sum_{i=1}^{n} p_t^i v^i \bigg/ \sum_{i=1}^{n} v^i$$

式中，i=1, 2, …, n 表示 n 种商品，v^i 表示第 t 年的商品产值权数。

3. 中国近代农村物价指数的编制

本文将计算农民所得物价和农民所付物价两个指数序列。农民所得物价是指农民出售各种农产品时所得到的价格；而农民所付物价则指的是农民为满足生产和生活的需要，购买各种生产和生活资料时所支付的物价。可见，所得物价和农民收入水平相关，而所付物价则与农民的生产和生活费用密切相关。

关于所用物价资料商品种类的选择，因为使用巫宝三对农业生产估计的结果作为权重，但是巫宝三估计 1933 年农业生产时与本文使用资料中的农产品种类不尽相同，当年巫宝三估计全国的农业产值依据的是针对全国范围而言的主要农产品种类，本文使用的资料中有些是地域性的农产品，因此本文估计是只能选择两种资料都有的农产品物价资料，而不得不放弃了武进资料中关于其他商品的大量的物价记载。按照这样的标准，计算平均所得物价时，只选取了白米、糯米、小麦、黄豆、豌豆和蚕豆 6 种商品，而放弃的物价记载则包括粳稻、小麦、元麦、黄豆、豌豆、蚕豆、棉籽油及地价和地税等 10 种。计算平均所付物价时，选取了白米、糯米、小麦、大麦、黄豆、蚕豆和棉花等 7 种商品，放弃了其他的 57 种在巫宝三资料中找不到产值数量的次要商品。另外，计算加权算数平均数时，白米和糯米的权数以巫宝三资料中的稻和糯稻的 1933 年产值数代替。

推算中国近代农产品物价指数的过程分两步，其一，分别处理本文选用的两种资料：

（1）武进农产品价格资料因为只是一个地区的资料，本文直接用武进的价格资料用巫宝三估算的产值做权重，分别计算"1894—1932 年农民所得物价"和"1910—1932 年农民所付物价"的加权算术平均数，作为各年度的农民所得和所付的平均物价。

（2）国民政府农林部中央农业实验所调查的资料的时间虽然仅跨越 1933—1939 的 7 年时间，但地域范围却覆盖了 13 个省 59 处乡村，具有很强的代表性。具体的处理过程是：第一步，计算各县市各商品价格的加权算术平均数，得到作为该县市农民所得和农民所付的平均物价；第二步，采用简单几何平均法计算各省的平均物价，然后仍然用简单几何平均法计算所有省份（即以代表全国）在 1933—1939 年的平均物价，包括农民所得和农民所付物价两类数据。简单几何平均法的公式如下：

$$\overline{p}_t^{\text{总}} = \sqrt[n]{\prod_{i=1}^{n} \overline{p}_t^i}$$

式中，$i=1, 2, \cdots, n$ 表示各地区，$\overline{p}_t^i$ 表示各地区 t 年平均价格。

其二，将上述两种资料所得的计算结果，即各年度平均物价资料合并。得到 1894—1939 年农民所得平均物价，以及 1910—1939 年的农民所付平均物价两个长序列，然后计算物价指数和绘图。这里计算出了三种物价指数：一是以 1933 年为基期计算农民所得物价的定基指数。二是考虑武进资料截至 1932 年，而农林部资料始自 1933 年，两种资料记载的商品种类不同，所以合并之后存在逻辑上的瑕疵。尤其是农林部调查的资料中关于农民所付物价的记载，经筛选只有"水牛或黄牛"一种商品的资料可用，这就使 1932—1933 两年所求之平均价格因本质不同而相去甚远，实际上不能直接合并，故分别以 1932 年和 1933 年为基期重新计算了农民所得物价指数和所付物价指数，然后再将指数合并。这样，1932 年和 1933 年的指数都是 100%。

按照上述的编制方法，本文编制出中国近代农村所得物价指数与所付物价指数两个指数系列，如附表 4-1，根据附表 4-1 的数据，笔者绘制出了中国近代农村物价指数的变动趋势图，如附图 4-1 所示。

附表 4-1　中国近代农村物价指数（1894—1939 年）

年份	所得物价指数	所付物价指数	年份	所得物价指数	所付物价指数
1894	28.85	—	1917	60.17	54.81
1895	28.84	—	1918	57.69	53.00
1896	49.59	—	1919	56.92	52.10
1897	42.58	—	1920	75.51	65.64
1898	49.38	—	1921	81.37	69.99
1899	40.95	—	1922	95.37	80.43
1900	37.36	—	1923	99.17	84.31
1901	37.17	—	1924	89.08	80.50
1902	53.46	—	1925	96.77	83.26
1903	53.93	—	1926	123.99	105.95
1904	45.77	—	1927	123.21	113.71
1905	38.51	—	1928	96.48	100.21
1906	48.00	—	1929	114.16	109.27
1907	62.98	—	1930	143.10	136.34
1908	59.39	—	1931	104.76	105.11
1909	50.12	—	1932	100.00	100.00
1910	60.82	56.63	1933	100.00	100.00
1911	66.63	61.82	1934	96.08	104.89
1912	63.56	58.04	1935	96.64	105.90
1913	62.73	53.33	1936	102.59	106.60
1914	58.46	52.92	1937	113.01	114.02
1915	65.84	56.18	1938	119.62	119.48
1916	64.30	55.78	1939	178.50	168.39

注：1932 年以前以 1932 年为基期，1933 年以后以 1933 年为基期。

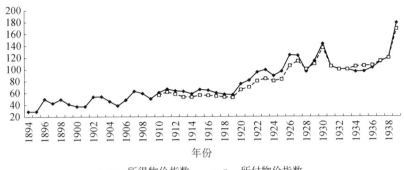

附图 4-1　中国近代农村物价指数的变动趋势（1894—1939 年）

资料来源：根据附表 4-1 数据绘制。

三、近代中国农村物价变动趋势分析

1. 近代农村物价变动的总趋势

（1）由附表 4-1 和附图 4-1 所显示的变动趋势可以看到，中国农村自 19 世纪末期至 20 世纪 30 年代末，物价虽有波动，但总趋势是上升的。所得物价指数 1910 年以前在波动中略有轻微上升，1910—1920 年所得物价与所付物价都比较稳定，中国农村的农产品价格基本上是在微小的波动中略有上升，如果我们给变动的曲线做一条移动平均的趋势线，这种变动趋势就看得十分明显。三年移动平均，可以看到还有较小的波动，如果是五年移动平均，则看到的是一条几乎没有波动，微微向右上方倾斜的线。1920 年开始农村物价有明显的上升，1920—1935 年经历了一个上升又下降的完整周期，这个周期的最高点是 1930 年。1936 年开始一个新的上升期。

（2）近代中国农村所得物价（农产品售出价格）与所付物价（农民支出所付物价）的变动总趋势大致相同，但是两者相比，所得物价指数的变动幅度大于所付物价的变动幅度，只是个别年份例外。1928 年以前所得物价指数高于所付物价指数的水平,但是 1928 年开始,特别是 1930 年以后,所付物价指数一直高于所得物价指数;尤其表现在 20 世纪 30 年代以来,所付物价巨幅膨胀,而同时所得物价却增速缓慢。同期所得物价在 1936 年下降到谷底然后开始回升。

2. 中国近代农村物价变动的影响因素

如前所述,农村物价变动实际上就是以粮食为主的农产品的物价变动,影响农村物价变动的因素是多方面的,包括人口因素、通货因素、农产品生产成本因素等。下面,笔者将逐一分析这些因素对物价的影响,寻找导致近代农村物价变动趋势的根本原因。

1)人口因素

按照经济学最普通的资源配置原理,人口、耕地与粮食价格的关系通常是当人口增加速度超过了耕地面积扩大的速度,会直接导致人均耕地面积下降、粮食需求增加;在粮食产出不变,即单位面积产量没有增加的情况下,会引致粮食价格上涨。即在农业生产力水平没相应提高,种植的作物品种没有改变的情况下,人口的骤增与耕地近乎停滞性增长的矛盾必然表现为粮食供需紧张,表现出粮价的持续性增长。

虽然 1840 年鸦片战争后由于西方国家的入侵,中国的传统经济受到冲击,但是中国传统经济真正开始解体,现代经济产生都是在 19 世纪的 70—80 年代。所以我们对中国近代经济的考察始于 19 世纪 80 年代。在本文研究的这一时段,人口和耕地的统计都有多种。但是据笔者以前的研究,清代中国从 17 世纪中叶到 19 世纪中叶的 200 年间耕地面积扩大了 1 倍,但是人口的增长速度更快,增长了 2.28 倍,结果到 19 世纪中叶,人均耕地面积下降到了约 40%。① 这一时期耕地面积的扩大与清晚期对东北等地开发的解禁有直接的关系，当然这一时期随着社会分工的发展，有一部分人从农业部门转移到非农部门，如果按照农业从业人口计算耕地面积，会更高一些。19 世纪末到 20 世纪 30 年代，笔者见到的比较有代表性和权威性的研究当推美国学者珀金斯（Dwight H. Perkins）和中国学者吴承明的研究成果。珀金斯是较早对中国农业经济进行系统研究的外国学者，他对这一时期中国的耕地（他定义为所有种植作物的土地）和人口做出过估计。②吴承明先生也曾对相同时期的中国耕地和人口进行过研究，并做出了相应的估计。③笔者在他们估计的基础上计算出同期人均耕地面积，整理为附表 4-2。

附表 4-2　珀金斯、吴承明对中国近代人口和耕地的估计

年份	珀金斯的估计			吴承明的估计		
	耕地面积/万市亩	人口/万人	人均耕地面积*/市亩	耕地面积/亿市亩	人口/亿人	人均耕地面积*/市亩
1873	121 000	35 000	3.46	11.451	3.453	3.32
1893	124 000	38 500	3.22	11.889	3.801	3.13
1913	136 000	43 000	3.16	12.679	4.380	2.89
1933	147 000	50 000	2.94	14.047	4.500	3.12

　　资料来源：①〔美〕德·希·珀金斯：《中国农业的发展（1368—1968 年）》，宋海文等译，伍丹戈校，上海译文出版社 1984 年版，第 15 页（耕地的估计误差为±5000 万亩，人口的估计误差为±2500 万人）。②吴承明：《中国近代农业生产力的考察》，《中国经济史研究》1989 年第 2 期。
　　注：*为笔者根据珀金斯和吴承明估计的耕地面积和人口数推算而来。

　　20 世纪 80 年代末彭南生也对这一时期的人口与耕地做了研究。④虽然他选择的具体年份、使用的材料不一，推算结果的具体数字也不尽相同，但却都反映出近代中国人均耕地面积是一种下降的趋势。因此，人地比例关系恶化，人均耕地面积降低，是造

① 刘佛丁、王玉茹、于建玮：《近代中国的经济发展》，山东人民出版社 1997 年版，第 28 页。
② Perkins D H. *Agricultural Development in China, 1368-1968*. Edinburgh: Edinburgh University Press, 1969.
③ 吴承明：《中国近代农业生产力的考察》，《中国经济史研究》1989 年第 2 期。
④ 彭南生：《近代农民离村与城市社会问题》，《史学月刊》1999 年第 6 期。

成中国近代农产品价格上涨的趋势的一个重要因素。

2）粮食生产率及生产成本因素

粮食是人们生活的不可替代的必需品，在一定时期内（撇开人口因素）需求弹性较小。同时我们知道，一般商品法则从量的规定性来说，其需求的伸缩性较大，定性只是一种假象。而粮食这种商品则相反，即有极强的需求定量性，其需求量不能随着市场价格而做出相应变化。相对于粮食需求量而言，粮食的供应则随着生产和价格变动而富有极大弹性，因为粮食生产的特点是受自然变化影响大且生产周期长，生产量的多少直接影响到市场供应量的多少，同时市场价格高低对粮食生产者和粮商影响较大：价格上涨时，便猛向市场抛投粮食，而当价格下跌时，便囤积不卖，待价而沽。从总的粮价变动与供需关系看，粮食供应的弹性大和粮食需求的弹性小必然导致粮食价格的持续性增长。价格的形成取决于凝结于商品中的价值量，而价值量则是由社会必要劳动时间决定的，即在一定的现有的社会正常的生产条件下，在社会平均的劳动熟练程度和强度下，生产某一单位产品所需要的劳动时间，这就使我们必须来探讨近代粮食生产率的问题。

从近代整个农业生产力发展看，粮食生产能力尽管有一定提高，但主要是以耕地面积一定程度的扩大和高产作物的推广和普及获得的，属于外延性的增长，土地生产率与劳动生产率增长极为缓慢。清朝自雍正以后，随着可垦荒地减少，农业生产的发展一般地表现为密集的劳动投入和精耕细作程度加深，小农以不惜浪费其家庭成员的劳动力、牺牲其牲畜体质的可怜办法，在十分有限的耕地上集约投资经营。这就涉及农业生产中的一般规律——报酬递减法则，即在技术构成不变情况下，对有限耕地连续追加投资，超过其所需最佳标准量时，相对于投入而言便会产生报酬下降或边际效益趋于零。

笔者认为，在近代粮食生产中，在生产工具、技术、品种改良及肥料水利设施诸方面都没有大的改进和提高的前提下，随着劳动量投入的增加，这种低层次的集约经营是存在着报酬不变或报酬递减问题的。报酬递减的产生势必提高生产每一单位粮食所需的成本，而粮食价格的形成最终则是以生产成本的高低为基础的。同时，随着人口增长，越来越多的荒地纳入耕垦之列。随着优中等耕地的开垦殆尽，大量属于不毛之地的劣等土地必然被不断垦耕。尽管这种劣等耕地所需要投入的资金和劳动量大大超过优中等耕地，但却得不到等同于优中等耕地的经济效益。用开垦劣等土地的办法来增加粮食总生产能力，必然会增加生产单位面积产品的价值量。而粮食价格的形成，则必须在原则上以劣等耕地生产的粮食价值和成本作为基础，否则下等耕地将不能维持再生产。由此看来，粮食价格随着生产粮食成本的增加而持续性上涨是有一定根据的。

3）货币因素

粮食价格变动的长期趋势，始终要受到货币购买力的影响。笔者认为，造成近代中国物价上涨的主要因素是货币价值量下降，也即货币供应量增长的结果。中国近代粮食价格是由货币——白银来表示的，白银流通量及购买力的变化会直接影响粮价变动。价格是商品价值的货币表现，因此必须从货币本身和商品价值本身来考虑。清朝实行银铜平行本位制，铜钱与白银相权而行，二者均为法定货币，都具备无限法偿资格。但实际上，清代市场上大宗交易基本以白银流通为主，我们所看到的有关清代粮食价格计算材料，大多都以白银来计算，即使在零售市场上用铜钱表示，但在奏呈皇帝时也必折算为银两，这样，白银流通量的多少就直接影响到粮食价格。

众所周知，工业化的先驱英国从 1816 年开始就率先实行金本位制度。19 世纪 70 年代以后，世界主要工业化国家相继放弃银本位制度，改行金本位，只有中国继续实行银本位。到 1935 年的币制改革时，中国已是世界上唯一一个实行银本位的重要国家。这种长期拒绝与世界经济接轨的做法，一方面说明中国自然经济的坚韧性，其在国家经济政策上的反映是对参与国际经济循环的冷漠，并力图维持一种经济上的封闭性。旧货币体系对中国经济的影响得失兼备。其现象的复杂性和不确定性，使中央政府在币制改革的问题上犹豫不决。由于这一政策的弊病，最后还是迫使其不得不最终放弃银本位，改行现代的各国通行的货币制度。在银价跌落时期，白银的流入往往给中国带来表面的繁荣，而这正是 19 世纪 70 年代至 20 世纪 30 年代金银比价变动的基本趋势。中国放弃银本位不是由于银价下跌，而是美国收购白银政策所造成的银价上涨和白银外流的结果。

由于中国 1935 年以前一直实行银本位制，世界其他国家则改行金本位制，所以白银在中国是货币，而在别国为商品。但中国既不是大量产银的国家，又不是白银的主要消费国，所以白银的价格和流向非中国所能左右，而为其在世界市场，特别是英国、美国市场上的价格所决定。根据笔者在《近代中国价格结构研究》中的研究，在 1836—1873 年，世界市场上金银比价十分稳定，维持在 1∶15 左右；但是从 1874 年起银价开始下跌，20 世纪 80 年代末为 1∶22 左右；1891 年后银价下跌加速，1898 年时达到 1∶35.03；其后一段时间下跌的趋势减慢，到 1915 年，最低时几近 1∶40，银价仅为 1873 年以前的 40%；其后一段时间银价急速回升，1920 年时比例为 1∶15.31，基本恢复到 1873 年以前的水平；其后银价又开始下跌，1929 年时接近第一次世界大战期间银价最低的 1915 年水平，为 1∶38.54，1930 年后猛烈下跌，金银比价达到 1∶53.28，1931 年更跌至 1∶71.30，该年银价仅为 1873 年的 22%，也即不到 60 年的时间里银价下跌了 4 倍还多；其后银价下跌趋势减缓，并从 1934 年后回升，到 1935 年时金银比价回复到 1：54.90。因而从总的趋势看，在中国近代化开始起步后的约 60 年中，世界银价的变动是一种下跌的趋势。这种下跌的趋势主要是白银购买力下降所致。当然，这并不排除金银比价在短期内变化有些是金购买力变动的结果。[①]

另据笔者的分析，中国近代化起步后的 50 年间的物价总水平呈上涨趋势主要是银价下落的结果。通过比较银价变动与物价变动的图像发现，二者呈相反方向变动。若再将中国的金价指数作一曲线，则可以看出，金价的变动与物价总水平的变动趋势相同。这就证明，中国近代物价的上涨几乎全系银价下跌所致，而非商品本身价值量变动。[②]

4）其他因素

近代中国天灾人祸的不断发生，是导致农产品价格不断波动的重要原因。频繁的自然灾害（邓拓《中国救荒史》中有详尽的描述）和兵匪战乱，常常破坏甚至中断农业生产，导致农业产出时有跌落，农产品价格不同幅度地上涨；同时，受世界资本主义经济的影响，外来商品的大量入侵，抢占了中国农产品的销售市场，又会迫使中国农产品的物价下跌。这些不同因素的交互作用，使得农村物价水平出现不断地上下波动的现象。

参 考 文 献

江西省政府秘书处统计室：《二十六年来江西南城县物价变动之研究》，"江西经济丛刊"第十二种，江西省政府秘书处统计室

[①]　王玉茹：《近代中国价格结构研究》，陕西人民出版社 1997 年版，第 45—46 页。
[②]　王玉茹：《近代中国价格结构研究》，陕西人民出版社 1997 年版，第 46 页。

1935 年版。

刘佛丁、王玉茹、于建玮：《近代中国的经济发展》，山东人民出版社 1997 年版。

彭凯翔：《清代以来的粮价：历史学的解释与再解释》，上海人民出版社 2006 年版。

彭南生：《近代农民离村与城市社会问题》，《史学月刊》1999 年第 6 期。

王玉茹：《近代中国价格结构研究》，陕西人民出版社 1997 年版。

巫宝三：《〈中国国民所得，1933〉修正》，《社会科学杂志》1947 年第 9 卷第 2 期。

吴承明：《中国近代农业生产力的考察》，《中国经济史研究》1989 年第 2 期。

许道夫编：《中国近代农业生产及贸易统计资料》，上海人民出版社 1983 年版。

杨铭崇编：《近七年我国十三省五十九处乡村物价调查》，农林部中央农业实验所 1941 年版。

张履鸾：《江苏武进物价之研究》，《金陵学报》1933 年第 3 卷第 1 期。

张培刚、廖丹清：《二十世纪中国粮食经济》，华中科技大学出版社 2002 年版。

Buck J L. *Land Utilization in China*. Shanghai: The Commercial Press, 1937.

Perkins D H. *Agricultural Development in China*, 1368-1968. Edinburgh: Edinburgh University Press, 1969.

初 版 后 记

　　本书是由我的博士学位论文《相对价格变动与近代中国的经济发展》修改而成的。近年来我的主要研究方向是近代中国的经济发展，参加了"近代中国的经济社会"和"中国半封建半殖民地国内市场"等国家社科基金和国家教育委员会博士点基金课题的研究，分别从经济增长速度、产业结构变化、国民收入分配、消费结构变化、市场的发育程度等方面对中国近代经济的发展与不发展的因素进行具体分析。近代中国经济是由传统的自然经济向近代市场经济过渡的经济，所以本书选择了价格结构这一市场经济的核心机制为主题，从近代经济的内在运行机制上分析其发展与不发展的原因。这一问题在国内外迄今未见系统的研究，而这一课题在理论上和资料上的困难也使我这个经济史学科的后辈深感力所不逮。所幸的是从论文的选题、资料的搜集、结构的构思，以至整个写作过程都得到了我的导师、中国社会科学院经济研究所吴承明研究员和南开大学经济研究所刘佛丁教授的悉心指导。

　　师从吴承明先生攻读博士学位以来，先生在经济学、经济史学方面的高深造诣、严谨的学风，为人谦逊豁达的品格，使我获益无限。在我写作博士论文期间正值师母洪达琳先生病重，每每我去求教，守候在病榻前的吴先生总是诲人不倦，为我解难释疑，指点迷津。

是刘佛丁教授把我引入经济史学的门槛。先生严谨求实、勇于创新的学风，以及在我攻读硕士学位期间对我严格扎实的科研基本功的训练，为我在这一学科的发展奠定了坚实的基础。在我的博士学位论文构思和写作过程中，刘先生给了我许多启示和建议，并在初稿完成后认真审阅，提出了具体的修改意见。

从事经济史研究 10 年，如果说我能在这一学科有所作为，则要归功于我的二位导师。他们在学问和人格上的风范将使我受益终生。在此向二位恩师的培养致以衷心的感谢。

我还要衷心感谢北京大学经济系陈振汉教授，中国社会科学院经济研究所张国辉研究员、中国社会科学院近代史研究所从翰香研究员、南开大学国际经济系杨敬年教授、天津师范大学政法系孙德常教授、南开大学经济研究所曹振良教授、澳大利亚莫道克大学（Murdoch University）的蒂姆·赖特（Tim Wright）教授等国内外专家学者对我的博士学位论文评审和答辩过程中的指教，以及对论文修改提出的宝贵意见。

在此我还要感谢在我的博士学位论文搜集资料和写作过程中帮助我的人。他们是南开大学图书馆殷礼训、乔福慧两位老师和其他工作人员；天津市人民银行蔡鹰扬老师和《天津金融志》编写组的同志慷慨提供了《天津金融志》书稿和他们搜集的有关资料；南开大学经济研究所张灿老师协助我进行了论文的周期计算和绘图工作。

本书由日本早稻田大学山冈道男教授资助出版，同时还得到了南开大学经济研究所谷书堂教授的推荐和陕西人民出版社朱玉先生的热心相助，本书的责任编辑朱小平先生为本书的出版付出了辛勤的劳动，在此一并表示衷心的感谢。

王玉茹

1996 年 1 月于南开园

再 版 后 记

　　博士研究生毕业 28 年之后，再次翻开恩师吴承明先生在论文手抄稿上做的修改和补充意见的批注，当年先生在师母病榻前为我上课、指导论文的情形历历在目。再翻看当年博士论文答辩时的合影照片，时年 82 岁高龄的陈振汉先生刚刚做过白内障手术即专程从北京到天津为我主持答辩，86 岁的杨敬年先生、77 岁的恩师吴承明先生、72 岁的张国辉先生与 57 岁的刘佛丁先生、46 岁的蒂姆·赖特教授，组成平均年龄 70 岁、可称为泰斗级的答辩委员会。各位先生、前辈给我的论文评语，言犹在耳，勉励我在学术探索的道路上前行。如今参加我的博士论文答辩的六位专家中的五位（导师吴承明先生，答辩委员会主席陈振汉先生，答辩委员杨敬年先生、张国辉先生、刘佛丁先生）已经先后作古。我与亦师亦友的英国著名经济史学者蒂姆·赖特教授依然保持密切的学术交流，虽然近年因新冠疫情暴发带来的出行阻碍使我们不能见面畅谈，但是现代化的通信工具让我们仍然一如既往，每年圣诞和新年互致问候，交流学术。

　　《近代中国价格结构研究》第二版得以由科学出版社如期出版，在此首先感谢弟子石涛、刘成虎的经费支持使本书再版得以实现；还要感谢弟子杨济菡、金靖壹对书中数据的录入、图表的制作、文献的核实校对等的辛勤工作；最后要感谢本书的责任编辑李春伶女士的建议和为此书出版付出的辛勤努力。

王玉茹

2023 年春于天津